"粤商文化"丛书

主编　申明浩

粤商好儒

YUESHANG HAORU

刘正刚 ◎ 著

版权所有 翻印必究

图书在版编目（CIP）数据

粤商好儒/刘正刚著.—广州：中山大学出版社，2016.8
（"粤商文化"丛书/申明浩主编）
ISBN 978-7-306-05683-2

Ⅰ.①粤…　Ⅱ.①刘…　Ⅲ.①商业经营-研究-广东省　Ⅳ.①F715

中国版本图书馆CIP数据核字（2016）第092938号

出 版 人：	徐　劲
策划编辑：	李　文
责任编辑：	李　文
封面设计：	林绵华
装帧设计：	林绵华
责任校对：	赵丽华
责任技编：	黄少伟
出版发行：	中山大学出版社
电　　话：	编辑部 020-84111997，84110779，84113349
	发行部 020-84111998，84111981，84111160
地　　址：	广州市新港西路135号
邮　　编：	510275　传　真：020-84036565
网　　址：	http://www.zsup.com.cn　E-mail:zdcbs@mail.sysu.edu.cn
印 刷 者：	广州家联印刷有限公司
规　　格：	787mm×1092mm　1/16　14.5印张　334千字
版次印次：	2016年8月第1版　2016年8月第1次印刷
定　　价：	80.00元

如发现本书因印装质量影响阅读，请与出版社发行部联系调换

"粤商文化"丛书编辑委员会

顾　　问：顾作义
主　　编：申明浩
编　　委：谭元亨　范小静　刘正刚　冷　东
　　　　　谢　英　蓝　天　曾楚宏　谢　俊
策　　划：张海昕

总　序

"千年粤商，百年崛起"。粤商的变迁和发展，在近现代世界范围内创造了财富的辉煌和人文的荣耀，对当代中国改革开放和社会进步产生了巨大的影响。一代代广府商人写下一个个传奇故事，雄踞海内外的潮汕商人笑看商海潮起潮涌，勇于开拓的客家商人显示出商界精英的大气魄。在风云变幻的年代，他们走出本土生存之道，又跨越海洋闯世界，放射出一道道耀眼的光芒。在改革开放之初，他们迈出市场经济第一步，领先于人，在民营领域大放异彩；同时也在转轨之痛中探索经验，吸取教训；在走向新世纪的征程中，他们与祖国母亲一道融入世界经济大潮，抗争中进去，创造中升华，为岭南大地带来新的血液和希望。

百年粤商，敢为人先，勇闯天下；一脉相承，致富行善，叱咤风云，充满创新与活力的粤商群体创造了蔚为大观的财富奇迹，为推动广东乃至中国经济持续快速发展做出了重要贡献。

中国现代化进程的推动者

自古以来，粤商就在中国商界中占据主要位置。秦汉时期"海上丝绸之路"粤商就已开展着艰辛的海外贸易商旅。近代史上，"粤商"与"徽商"和"晋商"鼎足而三，成为著名的商帮之一。粤商始于贸易业，广州"十三行"曾是中国与世界通商的主力，在中国经济史和世界贸易史上，都留下了令人瞩目的印迹。随着西风东渐，粤商在大力传承传统文化的同时，也受到了西方商业思想的影响。岭南地区粤商包容性强，容纳吸收了西方商业文明的结果。近现代香山地区（泛指珠海、中山、澳门等地）的粤商创办

"粤商文化"丛书
粤商好儒

的先施公司、永安公司、新新公司、大新公司，成为现代中国百货业和集团公司的先驱。现当代的李嘉诚、郭炳湘兄弟、霍英东等著名粤商，成为中国企业家效仿的楷模。

改革开放后，广东商人依靠天时（先行一步）、地利（毗邻港澳）、人和（华侨港澳同胞）之优势，大批现代工商企业应运而生，从发展"三来一补"企业、外资企业到创办个体企业、私营企业，从搞活国有集体企业到探索混合型企业、股份制企业，粤商都发挥了至关重要的作用。时下的李东生、何享健、马化腾等，正是在这一时期涌现出的粤商杰出代表，他们引领着新一轮粤商振兴的潮流。

粤商对于中华民族的进步，对于我国与世界的经贸交往，对于中国的现代化做出卓越的贡献。然而对粤商的研究却仍存在极大的空白和巨大的空间。或许是由于岭南文化低调务实的风格，粤商并没有像晋商、徽商那样被媒体和学者高度关注。而长期忽视对粤商的研究，不能不说是我国经济学和管理学界的一大缺陷。

现代人的印象中，粤商是一个历史概念，实际上，粤商并未像晋商、徽商一样随着历史变革而断代，而是在不断变化的社会中发展。近年来，广东省委省政府高度重视粤商的发展，2008年5月召开的首届新粤商大会，引起了海内外众多政界名人及许多工商社团、企业家的关注。学者对粤商这一题材的研究也开始升温。促使社会各界逐渐重视粤商研究的原因主要有两点：①20世纪90年代，港澳台及东南亚等地区华人企业取得的经济成就令世人瞩目。世界华人经济对日本的经济地位大有取代之势，华人企业家团体把亚洲经济推向巅峰，并逐渐向西方经济领域扩展。海外华人企业家多半为粤籍商人，粤商的身影遍及世界。②20世纪70年代末以来，珠三角地区引领中国的改革开放，一批新粤商脱颖而出，承接了港澳等地的产业转移，迅速建立起一大批产业集群，产品行销全球，家电、IT产品、灯饰等产量占据世界重要份额，被称之为世界工厂，成为世界经济的新引擎。

从学理背景看，粤商精神体现了岭南文化的突出特征，而岭南地区较好地保留和积淀了中国几千年的家文化和儒家伦理。这些文化与伦理对中国近现代企业发展历程起着至关重要的作用，影响着新兴的珠三角企业家群体。"敢为人先，和气生财，利己而不损人"的文化传统熏陶了一代代粤商，保障了粤商不断演绎历经磨难而不断代，游历海外而不衰落的传奇。粤商是一个跨学科的研究领域，涵盖了包括家族企业、跨国公司、公司治理等诸多研究方向。很多典型的粤商为家族企业，繁衍数代而不衰，破除了中国

"富不过三代"的诅咒,对我国家族企业的继承问题提供了很好的研究范本;粤商较早走出国门,成功开辟海外市场并实现本土化,成长为著名的跨国公司,值得我国企业走出去和本土化研究方面借鉴;粤商组织经历数代变迁,由传统的家族式经营过渡到现代企业制度,其内外部治理结构的完善是我国公司治理理论和实践的补充。因此,重视粤商在以上方向的研究,可以使人们加深对华人企业组织制度形式与组织行为以及与社会经济制度环境之间的互动变迁关系的认识,可以引发我们去深入探讨中国传统文化规则与现代市场经济规则以及现代企业制度规则的衔接点、结合点,进而从学理上探讨富有效率的中国特色的企业管理模式。所以,粤商研究是一个具有现代意义的话题。

粤商的概念界定

如何定义粤商,是粤商研究中不可回避的问题。目前学者对粤商的定义纷争较多,无法统一。从地理区位划分者认为,粤商就是指广东商人,即出生于广东或者籍贯是广东的商人;从广义和狭义划分者认为,广义的粤商泛指所有从事工商业活动的人,狭义的粤商则指以零售业经营者为代表的商贸流通业的投资者或经营者;从时间维度划分者则认为,粤商包含两个时代,一是近代以来在广东创业和经营的人士,二是改革开放以来在广东创业与经营的人士(欧人,2002;王先庆,2007;刘光明,2007;谭建光,2008)。

上述界定均有偏颇,粤商概念不应局限于地域、时间等单一层面,而应是包含地域维度、行业维度和文化维度三个方面。粤商概念应该具有更大的内涵和更广阔的范畴,不能局限于传统商贸流通业,而应与现代产业体系发展同步,涵盖现代工商业的各种业态。所以,首先要认识到粤商不是完全不相关的一群人,而是有着共同点的商人形成一个商帮,这个共同点应该是超越了时间和地域、不限于某行某业的文化和价值取向。所以,粤商的定义可统一为,认同广东文化(岭南文化)的"粤地商人"或"粤籍商人",包括广东出生和在广东经营,或广东籍贯在外地经营,且价值观与岭南文化呈现高度相关的企业家群体。

地域维度: 粤商应该包含"粤地"、"粤籍"两个方面。所谓粤地,即在广东省境内经营的企业家群体,这其中包括非广东本土人,比如,十三行中的"潘卢伍叶"四大家族,除了卢家是广东新会人外,其余皆为福建侨居广东人士,他们当然是粤商中典型

"粤商文化"丛书

粤商好儒

的代表。广东地处中国南部边陲，历史上即为一个移民的重要区域，自秦始皇统一六国的秦兵南下开始，一直到今天改革开放的孔雀东南飞，新老移民共同为广东的经济建设做出各自的贡献。所谓粤籍，即广东籍贯的商人在外地经营，主要是海外经营的粤商。粤人是走向海外较早的群体，现在很多东南亚国家（如新加坡、印尼、马来西亚和泰国）的经济命脉都控制在海外粤商手中，他们所掌握的财富仅次于日本企业的海外资产，而港澳与广东同宗同源，其商人巨富更是为大家所称道，比如香港四大富豪中，皆为广东籍贯，李嘉诚为潮汕籍，其余三位是广府人。

行业维度：粤商始于贸易，兴于贸易，中国近代的对外贸易为十三行所垄断。现在广东仍然是中国第一贸易大省，其外贸总量长期在全国占四分之一强的比重，且中国的顺差主要来自广东。有争议认为，粤商是否应属于流通行业，这里我们从19世纪郑观应的《盛世危言》中可以找到答案，他提出了商战理论，认为西方实际上是通过商战来剥夺中国的财富，指出政治不改良，实业万难兴业。之后的洋务运动中涌现出无数经营实业的粤商，如中国第一个民营企业家陈澹浦的"联泰号"机器厂，中国第一家机器缫丝厂陈启沅的继昌缫丝厂；改革开放后广东珠三角兴起了大批加工贸易企业，他们都是粤商的重要组成部分，没有他们，粤商的历史将被割裂。所以，粤商所从事的行业应该包含传统服务业和现代服务业，也应包括与商贸有关的制造业，以及创新商业模式的新兴产业。

文化维度：基于地缘关系，粤商汇集了中原文化与海洋文化的特点，形成鲜明的文化特征，如"敢为人先"、"务实包容"、"利己而不损人"、"和气生财"等，因为粤商具有强烈的对外性，所以在接受新鲜事物上能够占有先机，近现代广东开风气之先，最早形成商业化市场经济，且与西方的商业文化有一定的融合，属于较为成熟的商业文化，使得粤商能够敬业守职，不会过多地向政治倾斜和靠拢，这也是粤商能够繁衍数代而不衰亡的一个基因。

粤商三大帮

广东本地有三大族群之分，广府、潮汕、客家，分别讲不同族群的方言。

广府族群是三大族群当中影响最大的一支，其方言（当地叫白话）也就是通常我们所知的粤语，集中分布于珠三角地区，此外还广泛分布于广东省中西部地区的肇庆市、清远市、阳江市、茂名市、云浮市等，在民国以前，分布一直比较稳定。抗日战争爆发以后，大批广府人从珠三角地区逃往粤北的客家族群区和粤西的福佬族群区，很多最后定居下来，以至于今天韶关市、湛江市都有着大片的粤语方言岛。广府人是最早到达广东的，占有西江流域及其下游的珠江三角洲，早已成为海上丝绸之路上扬帆万里的主角。现在以广州为中心分布于珠三角及周边地区的人被称为"广府人"，这里是海上贸易的重要口岸，滋养了一代代的广府商人。

潮汕族群（人类学称福佬族群）方面，在唐宋时期，由于人口的自然增长，地狭人稠的闽南地区难以承载更多的人口，因此大批福佬人迁居到与闽南地区毗邻的潮汕地区、海陆丰地区以及惠州的部分地区，这里成为福佬人在广东省最大的聚居地。到达潮汕和海陆丰地区的一部分福佬人，随后又继续沿海西迁，前往雷州半岛以及海南岛。抗日战争爆发以后，很多福佬人逃往北部的丰顺县，不少人最终在此定居，这加剧了丰顺县"潮客交错"的局面，今天丰顺县城依然是闽南方言（潮汕话）与客家方言并存的双语区。相较于广府人，潮汕人稍后才到广东境内，占有了潮汕平原，濒临大海，商贾活跃，那里曾被恩格斯称之为"最具有现代商业意味"的港口，其商品意识也早已形成。

客家族群的迁移最为复杂，与其他族群交错分布的情况也最为常见。根据各市县地方志以及罗香林（1989）的记载，早期到达广东的客家人，主要是为了躲避几次大的战乱（黄巢起义、金人南下、满清入关）而南迁的。而客家人在广东省内的迁徙主要是由以下几次事件引发的：①明朝万历年间瑶民起义被镇压后客家人迁入；②清朝顺治、雍正年间，开平、鹤山招募客家人开荒；③清朝顺治、康熙年间，"迁海令"后"复界"，客家人形成"沿海客"；④清朝咸丰、同治年间，受太平天国运动影响，"天地会"起义演化为"土客械斗"，形成客家人西迁。客家人的祖先源自中原，是从中原迁徙到南方，是汉民族在中国南方的一个分支。经过长年累月的变迁和繁衍，客家文化一方面保留了中原文化主流特征，另一方面又容纳了所在地民族的文化精华。

粤商内部三大商帮天然形成于三大族群，具体是因为，数量庞大的粤籍商人或企业家，有着相同或类似的性格特征、价值取向、经营理念和行为模式，他们来自同一个文化共同体，即同一个族群，他们基于语言和文化背景形成的思维习惯对其经营行为都具有一定的共性影响。近现代以来，粤商能够垄断中国外贸百余年；鸦片战争之后，粤商能够开风气之先，民族工商业在广东率先兴起，粤商创造出近现代中国商业史无数第

总 序

"粤商文化"丛书
粤商好儒

一，都有一定的族群共通性。中国式企业遵循着基于族群内部的信任和学习机制导致了某种业态高度集中于某一族群内部，香山走出的四大百货缔造出中国商业第一街等案例都是佐证。

20世纪50年代，中国大陆经历了资本主义工商业的社会主义改造，民营资本退出了大陆的经济舞台，而粤商继续发扬其外向型风格，在港澳及东南亚一带做出了惊天的伟业，是一个现代华商崛起的年代。

这一时期的代表性人物有霍英东、李嘉诚、曾宪梓。三人不仅仅代表着粤商的地理属性划分，即广商、潮商、客商，他们也代表了中国商帮在清朝、民国之后的辉煌，而他们更能代表的是中国商人在国际上的巨大影响力。

雄踞港澳及东南亚的富商相当多出自广府。香港富豪前五位除李嘉诚为潮商外，其余四位皆为广府人，分别是香港地产界霸主新鸿基集团郭氏父子、"珠宝大王"新世界集团主席郑裕彤（此三家与李嘉诚并称为香港"四大天王"）、澳门首富"赌王"何鸿燊。还有著名爱国商人霍英东，"碧桂园"创始人杨国强，恒生银行联合创办人何善衡、梁銶琚、谢瑞麟，美心食品集团创始人伍沾德、伍舜德兄弟，新浪网创始人王志东，腾讯联合创办人张志东，"真功夫"全球华人餐饮连锁董事长兼总裁蔡达标，利丰集团总裁冯国纶，香港"蚝油大王"李锦记集团主席李文达等，都是广府商人的代表。

潮商在亚洲占据着天时、地利、人和的三大要素，掌控着亚洲的商业版图。经常去东南亚办事的商人会发现，如今去东南亚办事，潮汕话是必须要懂的。如果你不懂潮汕话，那在东南亚的国家，很难与人沟通，更谈不上把生意谈成了。潮商在全球华人富豪榜上占据着1/4的财富，亚洲的潮商则占半壁江山，足见潮商在亚洲商业版图上的地位。潮商在全球商业上的地位，通过几个数据一目了然——全球潮商中，本地潮商占了1/3、亚洲其他地区占了1/3、欧洲和美洲占了1/3。其中，在亚洲其他地区中，又以泰国的华人最多，达到了1000万人左右。在总资产10亿美元以上的"全球华人富豪榜"中，按籍贯分析，以潮商的经济实力最强，有60人上榜，占富豪榜的1/6，总财富达820.5亿美元，占总财富近1/4，其中李嘉诚、马化腾、谢国民等为亚洲潮商的典型代表。在东南亚地区，潮汕的实力尤为突出，该地区11个国家中，70%的资产掌握在华人手里，而潮商约占其中一半。

客家人常常以那些英才男儿为榜样，启发教育儿孙，向事业有成的前辈们学习。广东北部和东部地区是世界著名的客都,"哪里有阳光,哪里就有客家人;哪里有一片土,客家人就在哪里聚族而居,艰苦创业,繁衍后代"。由于客家人行走天下,移民世界,在海外商界成功者众多,不断演绎着中华民族的商界传奇。从近代第一个投资铁路的华侨张煜南到"中国葡萄酒之父"张弼士,再到"领带大王"曾宪梓,客家商人在穿越历史的烟雨中演绎着惊心动魄而又鲜为人知的商业传奇。他们当中有立足实业、锻造品牌的田氏化工田家炳,永芳化妆品的姚美良,"印刷大王"香港星光集团林光如,共享发展的"国货大王"余国春,以及东南亚政商共荣的李显龙等一批杰出商人代表。

千年传承的粤商外向型基因

有学者对明清以来中国形成的商帮归纳为"十大商帮",其中以徽商和晋商规模最大,影响最广,前后叱咤风云几百年,代表了中国古代农业文明情境中商帮的形象。与之形成鲜明对照的是粤商和浙商,特别是改革开放以来"新粤商"的异军突起,这支远离政治中心的商人队伍,具有明显的近代海洋文明的特征,从而也从一方面决定了它与旧的商帮形态不同的命运(程宇宏等,2009)。众所周知,晋商、徽商在极度辉煌之后是覆灭的结局,现在的山西、安徽境内的商人群体,从严格意义上并未继承历史上的晋商与徽商的事业和商业精神,实际上出现了历史断代。而粤商则成功地延续至今,从海上丝绸之路的奠基,到十三行转手贸易的辉煌时代,再到现代的珠三角加工贸易和产业集群的兴盛,粤商千年传承,生生不息,不断在新的时期创造新的辉煌。搞清楚粤商世代繁衍,发展壮大的动因,对我国的企业发展具有重大的战略意义。

粤人经商的历史可远溯汉代,汉武帝时期开通了"经南中国海过马六甲海峡,入印度洋,到波斯湾、阿拉伯半岛以及非洲东海岸"的"海上丝绸之路",与中国途径西北地区的陆上丝绸之路相比,这条海上丝绸之路的航行更为艰巨,风险更大,但船舶的容量更大,利润更为可观,因而吸引了大量的粤人从商,粤商的海外贸易经营从此展开。及至近代因为清政府一口通商的政策,广州得天独厚的垄断了中国的对外贸易,外国客商都必须经过"十三行"从事与中国的贸易,粤商成为闻名天下的商帮,承接西方各国工商业产品转销内地,及收集内地陶瓷、茶叶、银钱转销海外的业务;随着业务的扩大和新一批通商口岸的建立,粤商也逐渐转型,开始走遍全国各地进行交易,并前往海外进行贸易。

"粤商文化"丛书

粤商好儒

　　作为中国的著名商帮之一，粤商具有晋商、徽商不同的特征，因而也拥有不同的命运。由于地理位置远离封建政治中心，粤商从形成的第一天起就具有强烈的对外性，较少依附于政治权力，商贸活动的开展基本上遵循着"对外"的营销方向。这一"对外"性质对于粤商抵抗近代资本主义经济的发展和冲击具有非常重要的作用。粤商不仅避免了晋商、徽商在政治、经济环境剧变时迅速消亡的厄运，还纷纷走出国门，到世界各地开拓市场，寻求更大的发展机遇，在世界商业大舞台上展露出中国人的商业才智，把中国和世界市场紧密连接在一起。粤商的这种对外交往活动对中国近代的思想进步、经贸发展和社会变革产生了巨大的影响。粤商的发展和演化过程，就是中国近代对外贸易发展的一个缩影。正是粤商这种外向性，使得粤商在不断的政治、社会动荡中得以留存和延续，粤商较早走出国门，进入不同的社会和法律环境开辟市场，形成了机动灵活、适应力强的特点。正是这种不局限于国内市场的国际化视野，使得粤商在晋商、徽商等因为固守传统而日渐式微的时候，却能伴随着近代海外移民的高潮而崛起于东南亚和香港、澳门等地区。从而在中国大陆改革开放之初率先脱颖而出，快速建立起外向型的工商业体系，成为中国经济改革的排头兵。

粤商精神与文化内涵

　　近现代中国，粤商一直是我国对外贸易的中流砥柱，尤其是近30多年来，粤商敢为天下先，成为改革开放的先行者，引领改革的步伐，启动了中国成为"世界工厂"的历史变革。改革开放30多年来，粤商对外经济贸易取得辉煌的成就。广东省进出口贸易从1978年的16亿美元增加到2014年的超万亿美元，年均增长达21%。广东省生产总值约占全国的1/8；财政总收入占全国1/7；进出口贸易总额约占全国的1/4。在改革开放的大好机遇中，粤商认清形势，抓住时机，不断发展壮大，成为外经贸的中坚力量，无论是目前广东的各大知名品牌，还是众多不知名的外贸公司、外向型生产企业，他们所实现的6000多亿美元的进出口额足以让粤商赢得世界的关注，长期的贸易传统令粤商充分发挥"广交会"的优势，产品行销全球。可以说，众多粤商成长的历程就是广东甚至中国改革开放过程的缩影。

　　支撑这一骄人战绩的是广大粤商所秉持的粤商精神，这种精神也是中国商界的瑰宝。粤商文化内涵非常丰富，我们可以通过"语言—观念—态度—行为"逻辑体系来界定粤商文化内涵。粤商三大族群属于广府民系、福佬民系和客家民系，其方言要么是古代中原汉语，要么融合了古代中原汉语和当地土话，民风与传统兼容了古代中原文化传统和近代海洋文化传统；长年海外贸易兴盛导致民间重商传统浓重，开放观念深入人心；天生的国际化基因使之具备兼容的营商态度，能够吸纳东西方的文化和商业模式，敬业乐天的天职意识让其以知足乐观的态度对待身边的人和生意，养成了"和气生财，利己而不损人"的营商态度和准则；中庸文化的熏陶，老庄哲学的浸泡，让粤商深谙"人怕出名猪怕壮"、"生意就是生意"的道理，促使其低调、务实的行为；粤商不安现状的探索海洋的精神蕴蓄了其创新精神，能够在不同时代抓住时机转型升级，创新商业模式，创造新型业态。

1. "敢为天下先"的精神是粤商在很多方面引领改革开放的根源

粤商深受岭南文化的影响，远离政治中心，不受所谓"正统"、"权威"观念的束缚，正是这种勇于尝试的精神使得粤商在很多方面成为第一个吃螃蟹的人，使广东经济迅速成为全国的排头兵。当代粤商的崛起背景，是在经历过"文化大革命"闭关自守、百业凋零之后，"对外开放，对内搞活"从而获得了发展机遇。当时的粤商大胆革新，借鉴国外，敢于尝试。曾经流传的"红绿灯"理论就是形容粤商善于利用政策发展经济，善于创造条件变革经营，绝不等待，绝不观望，敢为天下先。

2. "开放、包容"的文化是粤商能长期保持昌盛的根本

较之国内大多数地区的商人，广东商人有更多的机会了解世界，获取新知，采用从外国学来的经营方式，在内地再创业或去海外经营。"广东的文化，历来不是封闭型的文化。"从国内来说，广东吸收了楚文化和中原文化，并改造了南越的风俗习惯和"刀耕火种"或"水耕火褥"的农业，特别是广州成为对外贸易的重要口岸之后，广州又成为中国与世界文化交流的重要窗口之一。因此，岭南地区各类人员在生存和发展的过程中，对中原文化与海外文化既没有明显的偏向，也没有明显的排斥，包容、融合外来文化的特征就在内外交往和交流的过程中形成了。

粤商深知"地低成海，人低成王"。不断地低下自身的姿态来向别人学习求教，在吸收外来优秀文化的同时壮大自己的实力，"师夷长技以制夷"的精神流传广泛。因而粤商走遍全国及世界，以全方位的开放心态，对内地、对海外都同样有强烈的开放态势。粤商对于各种有能力的人才以及新生事物，普遍能够虚心学习接受，并对于企业发

展有利的批评建议能够包容和接纳。这也是珠三角一些农民商人虽然自身没有文化，但却能办大型批发市场、高档连锁酒店以及商业街的原因。

3. "和气生财"、"利己而不损人"的理念构筑了广东企业有序的竞争环境

粤商有一个良好的商业风气，就是讲究和气生财，相安无事，各发其财。大家各算各的账，只算自己是否能够盈利，而不去计较对方是否赚得更多。这就是为什么广东形成众多的产业集群专业镇，在狭小的地域，那么多的企业依然和平相处、共同盈利的原因。

4. "低调务实，灵活变通"促使民营企业迅速发展壮大

粤商大都是实干家，敏于行，讷于言。他们不在乎所谓的虚名，越是有钱的反而越低调，怕惹祸上身，目标太大不安全。在众多的中小企业中，分布着许多的隐形冠军，他们是一些在各自行业里占有极高市场份额的企业。"不事张扬"使广东众多个体户发展成为颇具规模的民营企业。

粤商以灵活变通著称，从不把自己的生产经营局限于某一固定的框架之中，随时根据市场变化以及政策因素等各种条件及时调整自己的经营策略和经营方式。这种特征在官商关系处理上尤显突出。为了保护自身利益，粤商针对不同的历史条件，采取不同的策略，处理与政府之间的关系。他们处理官商关系既不曲意逢迎，也不一味抗拒，为了商业利益，总能抱作一团，一荣俱荣，有钱大家赚，既是合作伙伴也是竞争对手，无论是清朝特许的行商，还是民国时期的四大百货公司都是如此。这决定了他们能够在对外对内的开放中求新求变，不断输入新鲜血液，最终财源滚滚，兴盛持久。

5. "国际化视野"保障了粤商的代际传承、永续经营

作为中国的三大商帮之一，粤商具有晋商、徽商等商贸组织不同的特征。由于地理位置远离封建政治中心，粤商从形成的第一天起就具有强烈的对外性，较少依附于政治权力，商贸活动的开展基本上遵循着"对外"的营销方向，注重国际化视野。广州作为明清政府允许开放的唯一对外贸易港口，成为内地产品与外国商品、"洋货"与"土特产"的集散中心，粤商内部的"海商"、"牙商"和"内地长途贩运批发商"三大类型无一不是与海外贸易相关联或为目的的。这一"对外"性质对于粤商抵抗近代资本主义经济的发展和冲击具有非常重要的作用。粤商不仅避免了晋商、徽商等商贸组织在政治、经济环境剧变时迅速消亡的厄运，还纷纷走出国门，到世界各地开拓市场，寻求更大的

发展机遇,在世界商业大舞台上展露出中国人的商业才智,把中国和世界市场紧密连接在一起。粤商的这种对外交往活动对中国近代的思想进步、经贸发展和社会变革产生了巨大的影响。粤商的发展和演化过程,就是中国近代对外贸易发展的一个缩影。尤其在改革开放的30年中,粤商起着引领改革时代潮流,推动企业规范化和国际化的先锋作用。

改革开放之初,粤商就着眼全球,利用广东侨乡的优势,引进资金和技术这些自己稀缺的东西,发挥劳动力优势,以"三来一补"、"来料加工,进料加工"为主业,发展产品贸易。不管当时的舆论如何,粤商看准的国际化市场策略从未动摇,靠着这样的坚定,不断在世界市场中求得发展,粤商在短短30年间神奇般地在国内外各个市场站稳了脚跟。

6. 非政府组织"广东会馆"的凝聚力和媒介作用是商业竞争力的支撑

广东商人遍布海内外的"广东会馆"将粤商紧密地团结起来,以团体的力量参与商业竞争。在异地经营的粤商常常以家乡为招牌,通过会馆整合各种政治资源,增强商业竞争实力。

新时期应赋予粤商精神现代内涵,粤商精神可以分为两个层次:

第一层次是开放、兼容、创新。这对建设国际商贸中心、自贸区和21世纪海上丝绸之路而言是积极正面的;香港、新加坡是名副其实的国际商贸中心,靠的是良好的营商环境、高级人力资源禀赋、自由港的市场准入,这些恰恰对应了粤商精神的开放兼容创新精神。

第二层次是知足、低调、务实。这在目前新开放阶段可能会产生负面影响,知足则止步,阻止了转型升级步伐,过于低调和务实则没有远见卓识,缺乏开拓新业务的勇气和希望。需要因势利导,促进粤商精神真正成为广东国际商贸中心和改革开放排头兵建设的钻石体系支撑,把广东打造为钻石水乡、首善商圈。

粤商网络与21世纪海上丝绸之路建设

席卷全球的金融海啸导致国际市场急剧萎缩,广东的外向型经济受到巨大冲击,大量外向型企业倒闭,粤商面临着前所未有的重大危机。市场萎缩和成本上升导致粤商经

"粤商文化"丛书
粤商好儒

营风险大幅增加,如何破解源自外需减少的粤商经营困局,如何规避层出不穷的市场风险,是一个亟待解决的问题。与此同时,在欧美提出"再工业化"以及德国推行工业4.0、智能制造与分布式制造蓬勃发展等因素的共同作用下,全球范围内出现了高端产业和高端要素向德国和美国等发达国家回流聚集、低端产业和低端要素向劳动力成本较低的印度和越南等发展中国家转移扎根的新趋势。这种变化趋势将会给依靠劳动力成本优势和大规模制造发展起来的粤商模式带来重大挑战和冲击,如果不能适应并且提升自身在价值链重构中的地位,粤商将有可能陷入高端市场打不进、低端市场又被对手抢占的"夹心层"尴尬境地。粤商如何转型升级,如何继续发挥大规模制造优势,如何保持既有比较优势并创造新的优势,成为不得不解决的迫切问题。

  回顾历史,不难发现海上贸易历程其实不是一帆风顺的,粤商发展始终都伴随着巨大的自然风险、政治与法律风险、市场风险及管理风险,同时粤商也不断通过组织创新与技术创新来规避风险,学习乃至创造科学的经营与管理方法来控制风险,不断发展壮大。强大的海内外关系型网络与流动性产业资本的经营控制偏好是粤商繁衍壮大的关键。海外粤商对金融业的投资偏好非常明显,这种偏好是海外华人长期面临所在国经济与政治的不确定性的结果,在形势发生剧变,华人遭受突然打击时,只有流动资产是可以随时移动的,控制流动性资产可以保障资产的安全性。而且海外粤商在一些不稳定的政治经济环境中,很难从当地银行借款,只有创办华人银行才能解决关系网络中粤商的融资问题。这种差序格局式的关系型网络有助于形成商业联盟,产生网络外溢效应,帮助粤商在某地域、某产业集聚,迅速扩大市场份额,提升企业整体实力。

  粤商不仅在复杂的政治经济环境中得以生存和壮大,并且不断转型升级,成功实现了代际传承,百年老字号品牌不计其数,归纳和总结其经营治理模式,不仅可以为国内企业渡过危机提供借鉴,还能够补充和完善我国的公司治理理论,并对于我国民营企业正在面临的继承和守业问题也具有重要的指导意义。研究粤商发展成长历程,与其说是回顾中国企业的过去,不如说是在预测当代中国企业的未来,因为粤商发展繁衍千年,作为影响近现代中国最主要的商业力量之一,不仅演化时间远长于当代企业,而且走出了一条中国式的跨国经营道路,抗市场风险能力也比较强。据不完全统计,海外华商多为粤籍,他们控制了太平洋沿岸亚洲部分除日本和韩国之外的每个国家或地区的经济,他们联合在一起所能动员的力量远远超过日本的企业大亨。菲律宾华人占总人口不足2%,却拥有全菲商业出售额的35%,印尼华人占总人口2%,拥有全国资本的70

%，泰国华人占总人口10%，拥有泰国工商资本的90%和银行资产的半数以上。1993年《经济学人》杂志估计，海外华人（含港澳台）流动资产总额1.5万亿—2万亿美元，不含港澳台是1万亿美元，当年中国GDP不到5000亿美元。中国企业参与国际分工是借助华商尤其是海外粤商网络建立起来的，从吸引外资到加工贸易，到后来开拓国际市场进行国际并购，粤商网络功不可没。

新时期中国提出建设21世纪海上丝绸之路，不但要借助国内的政治经济文化优势，也要借助国外的一些力量。其中，粤商和粤商网络凭借其独特的优势，可以克服建设21世纪海上丝绸之路过程中的一些阻碍。近30多年来，粤商网络促进了对我国进出口贸易和对外投资的流入及流出。广东与海上丝绸之路沿线国家的经贸关系紧密，如2013年东盟是广东第三大贸易伙伴，贸易额超千亿美元，全国是4000多亿美元。

所以，海外粤商与内地粤商的互动网络可成为中国"走出去"的桥梁，有效研究和发挥粤商网络的作用具有重要的战略意义，符合国家的政治、经济利益。而研究粤商如何成功演化为具有世界影响力的跨国经营集团，对目前21世纪海上丝绸之路建设和中国企业"走出去"战略的借鉴意义也非常重大，粤商网络资源同所在国的经济结合在一起并在全世界范围内流动，促进了所在国与世界各国的经济互动，特别是对广东经济与世界经济的融合发挥了中介和桥梁作用。充分利用好这种社会资本，可以为广东企业开辟新兴市场，化解国际金融危机提供极大的帮助，海内外粤商联动甚至可以为中国企业"走出去"战略的实施另辟蹊径。

为呈现粤商在近现代中国社会经济制度变革中的推动作用，弘扬广东商业文化，中山大学出版社与广东省粤商研究会，组织粤商研究的知名专家学者精心打造"粤商文化"丛书，力争为广东建设文化强省打造一部精品。

2009年，全球金融危机袭来，中国经济遭遇寒冬。而困中困、难中难便是以加工制造、出口贸易为代表的广东。而欧美"再工业化"、要素成本上升和TPP等全球经贸规则的变化也对广东的产业带来严重冲击。"十二五"和"十三五"规划中经济转型成为重中之重，广东省委省政府高度重视。而在粤商的历史上，同样出现过因为外部环境变化而产生的变革（洋务运动、改革开放），当年的粤商如何敢为人先、大胆突破？而今天的新粤商又将如何解放思想，如何寻找路径？本套丛书力求在故事中探索展现经济转型升级的内在动力。

"粤商文化"丛书

粤商好儒

  2010年广东省委省政府发布《广东省建设文化强省规划纲要（2011—2020）》，力求在今后10年间，文化与经济两翼齐飞。广东的商业文化引领华夏，粤商开中华风气之先，影响着近现代中国社会经济文化等方方面面的变迁。在全球化和新经济变革的今天，粤商如何引领岭南文化融于世界？"粤商文化"丛书力求体现商旅文化的力量。

  粤商与徽商、晋商、苏商、浙商一道，在历史上称之为"五大商帮"。但《粤商》题材的学术作品却没有像《晋商》、《浙商》那样为大众所熟知，没有系统地进行学术梳理，粤商的知名度也远不及其他商帮。因其稀缺，所以珍贵，衷心希望"粤商文化"丛书能弥补这一缺憾。

申明浩

2016年5月于广州白云山麓

目录

序言

第一章　整理刻印文化典籍
一、伍家的粤雅堂丛书 /2
二、潘仕成的刻书与镌石 /13
三、潘正炜的听帆楼 /24
四、徐润创办石印书局 /31

第二章　报刊与出版
一、《广东七十二行商报》/38
二、邝其照创办《广报》/44
三、何廷光与澳门《知新报》/46
四、面向市场的《良友》杂志 /50
五、出版界翘楚王云五 /55

第三章　兴办新式学校与医院
一、粤商在各地办学 /60
二、行商投资新式医院 /70
三、旅沪粤商开办医院 /74
四、粤商的职业教育观 /78
五、行商共建文澜书院 /81
六、冯平山图书馆 /86

第四章　醉心于戏剧影视
一、粤商钟情粤剧 /92
二、粤商投资新式影院 /102
三、郑正秋的影视公司 /109
四、"鬼节"期间酬神演戏 /113

第五章 著书资治立说

一、郑观应探索强国路 /118

二、徐润自编年谱 /124

三、唐廷枢兄弟的《英语集全》/132

四、陈启沅的《广东蚕桑谱》/138

五、郑崇谦的译著 /143

六、行商家族士人辈出 /147

第六章 新式创意广告

一、张裕葡萄酒广告 /152

二、南洋兄弟香烟广告 /158

三、异彩纷呈的广告创意 /162

四、"俭德社"的公益广告 /166

五、百货公司的"洋玩意"/171

第七章 传播西方文化

一、广钟改变时间观念 /178

二、中西并蓄的画商 /182

三、百货公司的西式营销 /186

四、中西合璧的建筑文化 /191

五、模仿西方军事科技 /199

主要参考书目 /202

后记 /204

序　言

　　广东濒临海洋，海岸线相当漫长，自古以来就是我国重要的外贸基地。明清时期，在素被中原人视为南蛮烟瘴之地的广东，崛起了商界的一匹黑马——广东商帮（简称"粤商"）。粤商自此至今，称雄商界数百年，与广东的重商轻农社会风气不无关系。朝野对广东的各种议论，一方面是以"海盗""洋盗"等明显包含着海洋意味在内的贬义词居多，另一方面又直指广东人的好利之风，乾隆皇帝屡用"腥膻之地""腥膻恶习"等来表达对广东商业社会的印象。然而，粤商从来就没有因为受到这些外来带有蔑视话语的评价而停止追逐商机的行动；相反，他们灵活多变的商业营销活动，进一步刺激了广东社会重商轻农现象的普遍化。

　　广东地处祖国的最南端，南部濒临浩瀚的海洋，北部则是连绵蜿蜒的五岭山脉。秦始皇统一中国之后，在岭南设立郡县进行统治，征调人力开凿了灵渠，使得岭南与中原地区的联系更加密切。也正因为如此，广东社会经济的发展最先从广东西部的苍梧郡发展起来。唐宋以后，广东士人步入政坛不断增多，给广东发展带来了契机。在曲江人张九龄的号召下，大庾岭梅关古道终于开通，广东与中原的联系更加密切，广东社会经济发展也逐步由西部向东部、北部地区蔓延。宋代以来，北方大量的人口通过梅关古道的"珠玑巷"南下，又逐步掀起了珠江三角洲地区的开发热潮。

　　广东因为濒临海洋，所以自古以来就是我国海上丝绸之路最活跃的地区。从汉代西部的徐闻到中部的番禺，再到明代中部的澳门、东部的樟林港等，形成了诸多重要的沿海贸易口岸，而广东商人在长期从事海洋贸易积累的经验，终于在明清时期得益于王朝给予广东的特殊海洋贸易政策，异军突起，成为中国商界的一匹黑马，并最终列入十大商帮。粤商作为中国海洋商人的杰出代表，驰骋于海内外，他们向海内外贩运的"洋广货"，也成为大江南北、海内海外认识广东的重要标志。

"粤商文化"丛书
粤商好儒

然而，广东在中原士人的心目中，一直没有多少好印象。唐宋时期，王朝派遣或贬谪官员到岭南任职，也渐渐将中原文化带入岭南。与此同时，岭南士人也在渐渐成长，出现了张九龄、余靖、崔与之、李昂英等精英人物，儒家文化慢慢向社会的各个角落渗透。连不能参加科举考试的女性也在无意识中被卷入了读书的行列，部分女性开始以熟读儒家经典、才华横溢的形象而留在了历史文献中，清代广东顺德出现的才女李晚芳就是明证，她不仅著有《读史管见》《女学言行纂》等传世大作，而且对商业贸易也十分重视，积极指导儿子在江南经商，并因此而致富。

明代以后，广东的士大夫队伍不断发展壮大，尤其以南海籍的梁储、伦文叙、方献夫、霍韬、庞尚鹏等为代表的"南海士大夫集团"，他们以科举出仕或以宦绩闻名，在京城相连成势，互抱为团，共同参与制定国典国策，即使在地方任职也是为朝廷摸索重大经济改革，如一条鞭法的探路人。然而，有一点值得关注的，就是这些身居高位的士大夫也并没有忽视商业；相反，他们很看重商业，甚至提出"本末并重"的口号并亲自经商。明末清初，广东文人屈大均在《广东新语》卷九中描述广东社会经商现象时说："民之贾十三，而官之贾十七。……民之贾日穷，而官之贾日富。官之贾日富，而官之贾日多。……无官不贾，且又无贾而不官。"官员经商，因为有权力的笼罩，几乎都会"日富"，进而又带动更多官员投身商海。所谓"权生钱，钱生权"，权钱交易、官商勾结、亦官亦商，在广东社会表露得淋漓尽致，南海县佛山镇的霍韬家族就是典型代表。

清代朝廷实行的广州一口通商政策，十三行商人成为垄断海外贸易的唯一合法主体，广州因此而成为全球贸易的中心，海内外商人将天下财货运抵广州进行各取所需的交易。广州一口通商期间，十三行商人成为官方的代表，可谓是名副其实的"红顶商人"。他们独享中外商贸交流的特权，赚取大量的财富，得以跃升世界顶级商人行列，也彰显了广州"金山珠海"的繁盛形象。鸦片战争以后，西方列强用炮舰强行打开了中国的国门，粉碎了想

成为大国的美梦,朝廷为此被迫割地赔款,并陆续开放众多的贸易口岸,广州失去了先前的风光。然而,粤商利用长期与洋人经商打交道的经验,再度出现在已经开放了的所有贸易口岸,从买办做起,并逐渐独立经营,成为晚清中国最活跃的商帮,用美国著名学者郝延平的话说,这些十九世纪的中国买办就是沟通"东西间桥梁"之人。

其实,粤商中的大佬级人物,诸如唐廷枢、徐润、郑观应等名流,不仅是成功的大买办、大商人,率先接受西方近代商业文明的洗礼,相互提携,共同发展,而且成为中国近代保险、矿务、轮船等新式企业的创办人,是中国近代民族工商业的先行者。他们和从海外归国投资的华侨商人一起,投资近代中国工商业,引领着中国社会逐渐向近代化的道路迈进。

粤商在与西方洋商打交道的过程中,不仅首先接受了西学,而且也首先将西方新式的管理制度、医学、绘画、教育等引入广东及沿海都市。广东商人所从事的这些与近代文化发展密切相关的事业,既体现了自身实力的雄厚,也尝试了对现代社会生活潮流的引导。更有甚者,粤商面对近代中国日渐衰败的景象,勇敢地发出了"盛世危言"的呐喊,他们著书立说,发表自己对强国富民的看法,并亲身加以实践,在中国近代化的丰碑上留下了自己的印迹。

改革开放以后,广东得益于中央的特殊政策,社会经济发展先行一步,很快就成为中国经济发展的重心所在,一时间,全国各地不同层次的人才源源不断地南下广东,出现了"东西南北中,发财到广东""孔雀东南飞"等民谚民谣。广货得益于这些人才的深加工,也迅速占领了中国广大的市场,并逐渐向海外市场挺进。然而,广东给人的印象却是只会捞钱,而不重视文化建设,甚至媒体与坊间一度炒作广东是"文化沙漠"。

本书要回答的问题正是粤商是否只会赚钱?粤商是否向来不重视文化?究竟什么叫"文化"?粤商在商业经营中的创新取胜,是否也属于文化的创新?

序 言

粤商好儒

"粤商文化"丛书

　　何谓"文化",这是一个见仁见智的话题。传统文献在描述商人时,经常会用"贾而好儒"和"儒而好贾"表达商人具有文化内涵。这个"儒",就是我们所说的文化,而且是正宗的儒家文化。其实,就广东文化的整体来看,唐宋以前,文化发展明显滞后于中原内地,这是一个不争的事实。否则,广东人不会对韩愈、苏东坡等文化名流在广东的活动至今还顶礼膜拜。然而,明代以后,广东士大夫可以说是茁壮成长,蔚为大观,连海峡相隔的海南岛都出现了邱濬、海瑞这样的文化名人。换句话说,自明代开始,重文重教已经成为广东社会的流行风气,以"南海士大夫集团"为主体的广东人进入中国政治舞台的核心圈,广东文化也开始引人瞩目。

　　明代以来,以海商形象出现的粤商,几乎从未放弃对文化的追求,他们会随着市场的需要,主动学习文化。例如,十三行行商中的一些人就会讲几门外语,甚至出现《广州英语》的著述,并使得广州英语最终成为上海洋泾浜外语的滥觞。粤商对文化的重视,除了对家族子弟重教以博取科举考试的功名外,还可以从多个层面去理解:一是对传统文化的重视,诸如收集、整理与刊刻古代的典籍;二是适应时代要求,创办新式报刊、影视;三是不断创造新的营销文化;四是著书立说或翻译介绍西方应用型文化;五是对文化的发展走向,有一定的预见性;等等。所有这些不仅是中国文化发展进程中的厚重历史积淀的组成部分,而且其敢于求变求新的创新意识,也是中国文化与时俱进的重要表现。换句话说,广东商人既重视对传统文化的保存与利用,又重视吸收与创造适应时代的新潮文化,更具有对文化发展的超前意识,并在不少文化领域开风气之先。

　　粤商在中国文化发展的历史长河中具有举足轻重的作用。本书仅采撷粤商重视文化这个大花园中的几朵有代表性的人物和事件,以此帮助人们了解粤商对中国文化发展所做的贡献。

第一章
整理刻印文化典籍

"粤商文化"丛书

粤商好儒

中国文化博大精深，源远流长。其传播途径，在传统社会离不开书籍这一最重要的载体。流传至今，仍汗牛充栋、浩如烟海的历史典籍，在人类历史文化中是独一无二的。在常人的想象中，这些历史文化典籍应该是文人所为。其实，文人著书立说是他们关注国家、关注社会的体现，也是他们日常生活的重要组成部分。但要把这些书籍传播在偌大的中国各地，就不得不依靠雄厚的财力作为后盾。因此，文人和商人的结合，是这些历史典籍得以流传的重要因素。这一点在粤商的身上表现得淋漓尽致。

一、伍家的粤雅堂丛书

广东人在内地人的心目中，似乎只会赚钱、讲究吃穿、追求时尚，没有多少文化可言。改革开放以来，随着广东经济的迅速发达，坊间有关"广东无文化""广东文化沙漠"的言论，一度甚嚣尘上。

其实，广东人到底有无文化，到底重不重视文化，还是要具体地进行分析，至少从历史的发展脉络来看，自明代以来崛起于中国商界的黑马——粤商，他们在经商发财之后，除了享受事业成功所带来的人生喜悦外，不少大商人就开始投资于文化公益活动。

传统社会的文化发展与传播，离不开纸质媒介——书籍。在中国地域文化多元、方言极为复杂的情况下，纸质书写的文献成为人们交流的重要工具，也成为朝廷向全国各地下达各种旨意的重要工具。即使语言不能互通，但只要接受过文化教育，通过书籍的阅读就可以了解各地的自然和人文风情。而中国具有数千年历史的传承，书籍无疑是最为重要的媒介，通过阅读由不同时代人书写的书籍，我们仍可以在想象中和不同时代的人进行对话，通过书籍去了解他们生活的时代。

而书籍的书写是一回事，将书籍刊刻出版，并流传四方，却又是另外一回事。换句话说，刊刻和出版书籍是需要经费支持的。而刊刻数量多达数百部甚至上千部的书籍，非国家或商人支持则难以奏效。今天，当我们徜徉在各大公共图书馆，面对被历代不断翻印出版的古代典籍时，我们不得不由衷地感谢一代一代出资刊刻和保存这些书籍的文化使者们，这其中就包括不少大商人。而岭南在古代中国，在宋代之前，一直被中原士人视为烟瘴荒蛮之地，因此刊刻书籍以飨本土士人读书之需，这一历史重任就落到了粤商的身上。

当然，也不是所有的粤商都热心于刊刻书籍的工作，而即使是刊刻书籍的粤商，也很难判断他们就没有以此谋求利益的动机，但投资书籍这样的文化事业或文化产业，不仅需要胆识和勇气，而且还需要投入巨大的经费，否则粗制滥造地刻印就是对书籍著作者智力劳动的不尊重。清末重臣张之洞曾在《书目答问》中对刻书做了如此评说：

> 凡有力好事之人，若自揣德业学问不足过人，而欲求不朽者，莫如刊布古书一法。但刻书必须不惜重费，延聘通人，甄择秘籍，详校精雕。其书终古不废，则刻书之人终古不泯。如歙之鲍、吴之黄、南海之伍、金山之钱，可决其五百年之中必不泯灭，岂不胜于自著书、自刻集者乎？

张之洞所说的"重费"主要用途：一是聘请学养深厚的"通人"，二是甄别选择好的书籍，三是校对与精细刻版。在他列举的著名刻书家中就有广东"南海之伍"家。根据张之洞的说法，刻书若精，则不仅可以流传千古，而且刻书之人的名字也因此"不朽"。

张之洞所说的"南海之伍"，其实是清代十三行时期鼎鼎大名的红顶商人——怡和洋行的伍家。在广州刊刻书籍的大商人中，首屈一指当推伍崇曜。

伍崇曜（1810—1863），原名元薇，字紫垣，一字良辅，商名伍绍荣。其祖上为福建安海人，康熙年间，朝廷开海贸易后，其祖上由福建迁徙到广东，入籍南海。乾隆二十二年（1757），朝廷关闭了清初设立的四大海关中的三个，仅保留广州的粤海关，继续供中国商人与海外各国进行贸易，一时间广州成为云集天下各路商人的聚集地。清政府规定，所有外国商人到广州贸易，必须先到澳门报关，经批准后，在中国引水员的带领下抵达广州黄埔港，用小船将货物运到商馆；然后再寻找自己合意的行商，由行商负责销售货物，其需要在中国

"粤商文化"丛书

粤商好儒

购置的回头货也有行商负责采购，外商只需在商馆内等候即可。外国商人在广州的一举一动都在中国官府和行商的掌控之中。

广州一口通商造就了十三行商人。所谓十三行，并不是正好十三家。据统计，多时达四五十家，少时只有四家，只有道光十七年（1837）刚好十三家。因为大家叫惯了，无论数目增减，仍叫十三行，也叫公行、洋行、洋货行、外洋行。十三行商人多由"殷实诚信之商"承充，他们中的绝大部分人在经商致富后，会主动拿出不少银两上缴朝廷，捐纳一官半职，晋升到官僚行列，所以人们又称行商为"某官"。如伍秉鉴为"伍浩官"、潘振承为"潘启官"、卢观恒为"卢茂官"、梁承禧为"梁经官"等。因带有典型的官方色彩，又被称为"红顶商人"，也是顺理成章的。

十三行的著名行商有伍家怡和行、潘家同文行、卢家广利行等。因和外国人做生意，所以他们都有一个英文名，如：怡和行为EWO，商名为伍浩官HOWQUA；同文行为TUNGFOO，商名为潘启官PUANKHEQUA；广利行为KWONGLEI，商名为卢茂官（MOWQUA）等。

十三行首富伍秉鉴

怡和行是由伍崇曜的祖父伍国莹（1731—1800）于乾隆四十九年（1784）设立，以其第三子伍秉鉴（1769—1843）即伍崇曜之父的乳名亚浩为商名，洋商称为浩官（HOWQUA）。伍秉鉴经营怡和行的时间最长。伍秉鉴主持怡和行时，其在东印度公司的贸易额一直居行商首位，伍家因此成为东印度公司的最大债权人。1813年公司欠行商款总额约为75万两，其中欠伍秉鉴55万两，占73%；1823年为76万多两、1824年为85万多两等。

伍家同伦敦大银行家拜令兄弟公司有商业关系，还与后来成为侵略中国大本营的查顿·孖地臣行关系尤为紧密。

后者的中文行名就继承了伍怡和的老字号，称"怡和洋行"。

伍秉鉴从1809年起任十三行总商，他的经营使伍家在十三行商中财力最为雄厚。根据洋商的习惯，浩官成为伍家的经营品牌，伍氏父子、兄弟，凡经手怡和行务者，都被称为伍浩官。美国自1784年对华通商后，迅速跃居对华贸易的第二位。伍家和美国商人打得火热，1803年，波士顿的托马斯·普金斯公司在广州设立了普金斯洋行，以16岁的约翰·顾盛主事。伍秉鉴立即同他建立业务关系。在伍家的帮助下，1825年普金斯行已成为美国垄断对华贸易的四大行号之一，1829年足足占据了美国对华贸易的一半。约翰·顾盛的堂弟加雷·顾盛在鸦片战争后被任命为美国公使，强迫清政府签订不平等的《望厦条约》。

在约翰·顾盛的许可和帮助下，1823年美国旗昌洋行在广州挂牌。约翰·顾盛把普金斯行部分代理业务转让给旗昌，伍家也跟旗昌建立了密切联系。1830年8月，约翰·顾盛的普金斯行关闭，旗昌洋行成为美国在华的头号巨商。浩官一直为旗昌作担保，美商戏称他为"教父"。旗昌大股东约翰·福布斯，经顾盛推荐，担任伍秉鉴的私人秘书。

英国东印度公司在1834年退出广州贸易后，伍秉鉴只和旗昌洋行一家合作，他的对外贸易全由旗昌福布斯代理，福布斯分享10%的利润，旗昌船只将伍家的茶叶运销到英美等世界各地。当时在伦敦、阿姆斯特丹、纽约和费城，"行销着一种以他的行号为商标的质量甚佳的箱装茶叶"。在美国，凡带有伍怡和"图记的茶叶，就能卖得起高价"。所谓"图记"，应该就是今天所说的商标。

伍家的怡和行成了一个名副其实的跨国财团。伍秉鉴在西方世界有着重大的影响。亨特在获悉伍秉鉴去世时说，"这位举世闻名的公行最后的头人于1843年9月4日卒于广州河南，享年七十四岁，他和拿破仑、威灵顿都生于1769年"。能与拿破仑、威灵顿相提并论，确实名震天下。旗昌洋行为了纪念他，特将一艘船命名为"浩官号"。英国人则将他与林则徐的蜡像一同陈列在伦敦名人蜡像陈列馆。

伍秉鉴之后，从道光十三年（1833）起至鸦片战争爆发期间，广州十三行的总商则由其子伍崇曜即伍绍荣担任，此时的伍家在十三行贸易中的财力和地位都无人可比。伍崇曜经营怡和行时，其财力富可敌国。他不仅是商人，而且是著名的藏书家。鸦片战争期间，他还是中英交涉的主要参与者，受道光帝封赏三品顶戴。伍崇曜作为总商在中英之间斡旋调停，显得尤其活跃，以致后来"粤人多有只知伍紫垣一人曾充怡和行行商者，则因其在鸦片战后与外人交涉颇多，其名较为人所知耳"。当年林则徐到广州禁烟，他发给英美鸦片商的公告

第一章 整理刻印文化典籍

"粤商文化"丛书

粤商好儒

《谕各国夷人》，就是通过伍崇曜传递的，伍崇曜奔走忙碌于中方与西方各国之间。

伍崇曜因藏书、刻书而建造的粤雅堂、远爱楼闻名中外，经常成为中外官员、商人交往的重要场所。据史料记载，1848年9月，两广总督徐广缙、广东巡抚叶名琛宴请美国代表，地点就设在位于广州白鹅潭畔的伍崇曜粤雅堂内，以至在后来的中美交流中，美国方面多次提出要在粤雅堂与中方见面。

伍崇曜作为世界级的大商人，虽商务繁忙，对文化出版业却格外钟情。伍崇曜对中国文化学术事业发展做出最大的贡献，也最值得后人称道的就是刊刻了大量的典籍，他以自己最喜爱的居所，将之命名为《粤雅堂丛书》，从而在中国出版业乃至中国文化积累的建设工程上留下了深刻的印记。这套集大全式的巨型丛书，至今仍是海内外学者研究中国历史文化的重要典籍，充分印证了张之洞所说的"五百年之中"姓名必不泯灭的预言。

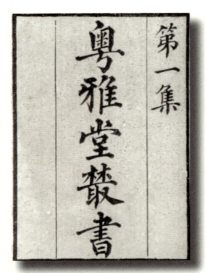

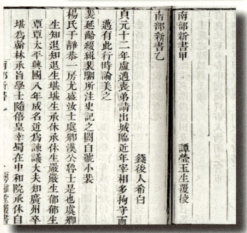

《粤雅堂丛书》影印

应该说，伍崇曜和其家族因在十三行时期所处历史地位，已经在中外交流的历史上留下了深刻的痕迹，但经商在中国传统社会毕竟被视为末业，商人的钱再多，其社会地位在人们的观念中属于低贱的地位，又加上伍家难以洗脱在鸦片贸易中有参与走私的嫌疑，其名声或多或少也沾染上了许多污点。我们不知道伍崇曜刊刻书籍是否有以善事清洗污点的想法，但他在传统社会倡导"万般皆下品，唯有读书高"的文化氛围中，刊刻书籍也许是为自己及其家族提升社会地位的绝好出路。

伍崇曜在广州城西的珠江南岸白鹅潭畔建造了富丽堂皇的粤雅堂，成为其刊刻书籍的重要场所。他重金聘请文化名人为其在各地"遍收四部图书，尤重此邦文献"。也就是说，他对广东历代典籍尤其重视。他将广东地方文献分别以《岭南遗书》《粤十三家集》《楚庭耆旧遗诗》等名目进行刊刻，而对中国典籍又以综合性的大型丛书《粤雅堂丛书》加以刊刻。此外，他还校刊了宋代王象之的《舆地纪胜》200卷。

伍崇曜的粤雅堂因为刊刻巨型丛书而声名鹊起，成为广东最著名的"出版社"之一，后人将其与潘仕成的"海山仙馆"、孔广陶的"岳雪楼"和康有为的"万木草堂"合称为"广东四大藏书家"。也就是说，伍崇曜不仅是刻书家，还是著名的藏书家。

孔广陶（1832—1890），字弘昌，号少唐，南海南庄罗格人，据说他是孔子70代孙。他也是以商起家，其商业业务主要是贩卖食盐。与伍崇曜一样，发家致富后的孔广陶也喜欢收藏书籍，并加以刊刻行世，成为广州著名的藏书家，以致在光绪年间，人们在谈论广州藏书名家时，有"城南孔、城北方"之说。这里的"城南孔"就是指孔广陶父亲孔继勋在道光年间曾踏雪登南岳，归来后建"岳雪楼"以藏书画图籍。因岳雪楼位于广州城南太平沙，故称为城南孔。而"城北方"是指寓居广州城北狮子桥聚龙里的广东道员岳阳人方功惠（号柳桥）所建的"碧琳琅馆"。于此可见，岳雪楼藏书之盛。

孔广陶在岳雪楼的藏书处称"三十三万卷书堂"，所藏之书以清朝皇家刻本的殿本、名人校抄本为特色，宋元版本的书籍也相当丰富。他精于鉴赏书画，收藏有唐代吴道子《送子天王图》、唐贞观年间《藏经墨迹册》和五代张戬、贯休，北宋董北苑、岳飞，元代赵孟頫、倪瓒，明代唐寅、文徵明、董其昌等著名画家作品。他还亲自编写《三十三万卷书堂目录》。孔广陶除了藏书，还尤喜好雕刻

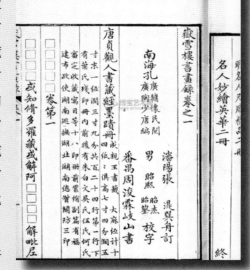

《岳雪楼书画录》影印

"粤商文化"丛书
粤商好儒

古籍。他聘请了曾任广州学海堂学长、广雅书局分校的番禺林国赓代为编校，所刻精良之书主要有《岳雪楼鉴真法帖》《北堂书钞》（唐代虞世南辑录的类书）160卷，合孙星衍、王引之、钱既勤、严可均、王石华诸家校勘，由周季贶所藏原本影录而来，精细详密，堪称佳本，是书最有功于艺林。他还刻成《古香斋袖珍》10种。孔广陶还喜欢收藏古钱币，曾将所藏拓成《泉谱》自赏，随后编有《清淑轩钱谱》，嘉惠士林。此外，他还著有《明清画家印鉴》《岳雪楼书画录》等书。

光绪三十四年（1908）后，清政府盐法改制，易商办为官办，孔家由此中落，岳雪楼的藏书也渐次散出。宣统元年（1909），两广优级师范学堂开办时，日本东洋史学家、文学家滕田封八到广州，将"岳雪楼"收藏的精本选择售往日本；其后陆续散出，广东按察使蒋式芬、提学使沈曾桐、按察使王秉恩均有搜采；继之，上海、北平书商也加入到购买岳雪楼藏书的行列。民国后，岳雪楼所剩书籍尽归康有为"万木草堂"，其中最巨者为殿本《古今图书集成》，据说该套书是孔广陶斥巨资买通宫中太监秘运出来的皇宫内府刻本。

孔广陶次子孔昭鋆，字季修，为光绪年间举人，在岳雪楼藏书未散出时，先取宋元精良刻本，建南国别业名"烟浒楼"藏之。由于其时孔家大势已去，孔昭鋆的家业亦迅速败落。孔昭鋆死后，烟浒楼易主。昔日书香舫咏之地，遂成为今广州南园酒家的场所。

近代版本目录学者东莞人伦明曾引述张之洞之语并发挥说："张文襄作《劝刻书说》言凡有力好事之人，若自揣德业学问，不足过人，而欲求不朽者，莫如刊布古书；但刻书必须不惜重费，延聘通人，甄择秘籍，详校精雕，其书终古不废，则刻书之人，终古不泯云云。吾粤若伍（崇曜）、潘（仕成）二氏及少唐，并足当之矣。"少唐，即为孔广陶。

书归正传，我们接着说伍崇曜刊刻的《粤雅堂丛书》。可以说，这部丛书是清代刊刻的最大型综合性丛书之一，其内容几乎包罗了自唐迄清全国各地学人的名著，不乏很多稀见的版本，整套丛书分为三编，共计180种书。

那么，《粤雅堂丛书》如此浩大的工程，其书目选定有何标准呢？伍崇曜作为一个商人，他本人即便有很高深的学问，也可能没有那么多时间来选择这么多书的版本。也就是说，这么浩大的刻书工程，其背后应该有高人操盘。这就要回到张之洞所说的"延聘通人"的话题上来，也就是说，刊刻这部大型的丛书，必须要延聘一位具有高深学问的文化人。而伍崇曜因为喜欢藏书的缘故，平时就与文化界名流交往甚多，清末刘锦藻在《清续文献通考》即说伍崇曜虽"以豪商起家"，但却始终能保持"与名流讨论著述"。在他结交的文化名人中，谭莹就是其中的一位。毫不客气地说，《粤雅堂丛书》的刊刻，若无谭莹殚尽竭虑的支持，是根本完成不了的。

那么谭莹何许人也？谭莹，字玉生，广东南海人。据说他少年时代就好学敏捷，当时在广州担任两广总督的阮元一次到南海游历某山寺，看见谭莹题写在墙壁上的诗，十分惊讶其文采，转身告诫在身边陪同的南海县令说："邑有才人，勿失之。"后来，阮元在广州开办学海堂培养人才，谭莹等成为第一批入学者，深得阮元的赏识。但他对科举考试中的更高等级很不适应，多次参加乡试，均败北而归，直到道光二十四年（1844）才考取举人。后来担任过广东化州学训导，又升迁为琼州府学教授。据说，谭莹记忆力特好，过目不忘，经他所看过的书，即使间隔很久，他都能一字不差地讲述出来，因而深受阮元和海内名流的喜爱。他后来执掌学海堂学长达30年之久，成为广东许多仕宦的恩师。晚年名声与广东大儒陈澧齐名。著有《乐志堂集》。谭莹一生中最精彩的篇章，就是在伍崇曜的支持下，"博考粤中文献，友人伍崇曜富于赀，为汇刻之曰《岭南遗书》五十九种，曰《粤十三家集》，曰《楚南耆旧遗诗》。益扩之为《粤雅堂丛书》"。民国年间赵尔巽编纂《清史稿》时，将谭莹收入列传中。

谭莹一生主要做三件事——写诗作文，教书，搜集整理古籍。其中搜集刊刻书籍，正是接受好友伍崇曜的邀请。而在伍崇曜刊刻《粤雅堂丛书》之前，广东虽以富饶甲天下，但藏书家很少，这对以重文著称的两广总督阮元而言，深感头痛。他在广州开设学海堂课士，但所用书籍多从外地转购，价值相当昂贵，普通学子对购买书籍有时只能望而却步。应该说，行商出身的伍崇曜也看到了这一市场行情，他资本雄厚，又一向钦佩谭莹的学问，所以就延聘谭莹帮助自己刊刻古书善本，以便市场流通。据说谭莹接受了伍崇曜的邀请后，挑灯夜战，亲自雠校，他和伍崇曜一起对所选录每部书的源流得失，均加以详细考辨，并以跋的形式附于书尾。

伍崇曜为了让谭莹能集中精力编辑、校勘书籍，建了一座辑书、校书的场所——粤雅堂，同时又建了一座专门用于藏书的地方——远爱楼。这座类似于今天图书馆的地方，据说里面不仅有大量的藏书，而且还存放着大量的酒，"储书万签，贮酒千斛"。他还将自己收藏的书，做了一本目录，以便检索查阅，这本书的名字叫《远爱楼书目》。

今天我们在翻阅《粤雅堂丛书》的本子时，都会发现在每本辑刻书的卷末，均有"谭莹玉生覆校"字样，以及"南海伍崇曜谨跋"的字样。我们相信这些以伍崇曜名字出现的简

要介绍每本书作者、年代、生平事迹、内容及其评价，以及得书经过与版本流传等，应该多出自谭莹之手，至少绝大部分是由谭莹代写的。正因为有谭莹的全面负责和大力相助，所以粤雅堂辑刻的书籍，错误、舛讹、脱落极少。也就是说，《粤雅堂丛书》的质量很高。可能正因为此原因，所以张之洞在《书目答问》才对伍崇曜十分推崇。这份推崇之心，可能不仅仅是因其刻印书籍数量之多，而且也包含着对其质量之高的认同。这也从另一个方面说明，伍崇曜对辑录、刊刻丛书之重视，而非完全出于牟利，否则他粗制滥造一通，也不是不行的。

谭莹总是用"读等身之书，勤淬掌之业"来形容自己的老朋友伍崇曜博学多才，而且十分识货，即对版本的熟悉。以今天的眼光来看，谭莹负责采撷各类书，但真正排版的则是伍崇曜。而伍崇曜对历代岭南文献的搜集与整理出版，不仅仅是对保存岭南文化做出了巨大贡献，而且对中国传统文化也是功不可没。

伍崇曜从道光十一年（1831）开始辑录刊刻《岭南遗书》第一集，其刻书一直持续到他逝世时的同治二年（1863），前后花费30余年时间，于此也可见，他对刻书业的重视。正因为如此，他最终能够代表广东而跻身于清代全国著名的刻书家和藏书家之行列，为粤商的重视文化留下了深刻的历史印记。

伍崇曜像

粤雅堂建筑早已消失在历史发展的进程中，但《粤雅堂丛书》却代代相传，沿袭至今。在今天广州繁华喧嚣的闹市——文德路，还存在着一处以"粤雅堂"命名的店铺——广州市文物总店。尽管两者之间也许没有什么内在的联系，但只要对岭南文化略知一二的人，自然会将此牌匾上的名字，和历史上的伍家粤雅堂联系起来，这或许也是一种对乡贤的怀念与推崇吧！

生活在同一个时代的谭莹和伍崇曜，一个以才闻，一个以财闻。两者出于共同的文化兴趣，又都有喜爱搜罗岭南乡邦文献乃至海内先贤书籍的共同爱好，使他们走到一起，成为朋友。刊刻丛书，无才难以筛选校勘精品，而无财则难以付梓流传。伍崇曜家饶资产，且喜藏书；谭莹也喜藏书，建乐志堂收藏书籍。伍氏延请谭莹主持几部丛书的选题、选材和编纂工作，谭莹也全力于访求搜集、研读鉴别，并加以校勘审定，直至丛书的序言，及丛书所收各种书的跋尾，他都亲力亲为，从中亦可见谭莹学识之广和精。如果没有对书本进行过深入的研究，这些序跋是无法写出来的。因此，清光绪庚辰（1880）科进士番禺人吴道镕在选辑《广东文征》中这样评价谭莹在丛书刊刻中的功绩：

  南海伍氏好刻古籍，延莹主其事。凡刻《岭南遗书》五十九种，三百四十三卷；《楚庭耆旧遗诗》七十四卷；又博采海内罕观书籍，汇为《粤雅堂丛书》一百八十种，共千余卷。皆手自校刊，凡为跋尾二百余通。生平精力略尽于此矣。

民国时期番禺人徐绍棨在其大作《广东藏书纪事诗》中，也对谭莹给予了高度评价。他说："玉生为伍氏校刊《粤雅堂丛书》，每集有序文，每书后有跋，可见其熟于流略。"又说："凡伍氏校刻者二千四百余卷，跋尾二百余篇，则玉生所为，而署名伍绍棠也。"于此也可见，谭莹在粤雅堂丛书刊刻中的贡献。

徐绍棨（1879—1948），祖籍浙江，生于广东英德，寄籍广东番禺，字信符，亦字舜符，室名南州草堂。这个名为草堂的建筑，实际上是他在民国元年（1912）专门为藏书而建，1928年又将南州草堂迁址重建，改名为南州书楼。1904年，他与朱执信等在广州组群智社，后曾在广东大学、中山大学、岭南大学等任过教，主要讲授目录学、版本学及中国文学史课程，还曾兼任广东省立中山图书馆馆长、广东编印局委员、广东省修志局编纂等职务。1941年叶恭绰等创办广雅印行所，刊行《广雅丛书》，聘为编辑委员，为广东大藏书家，所藏善本、文献等多达600余万卷，粤雅堂等藏书后来多被其所得。岭南著名学者、中山大学教授冼玉清女士曾撰《南州书楼所藏广东书目》。

广东东莞人伦明（1875—1944），近代藏书家、学者，其后任北京大学、北京师范大学、燕京大学、辅仁大学等校教授。他在所著《辛亥以来藏书纪事诗》也说："（谭莹）尝为伍氏校刊《粤雅堂丛书》，每书后有伍绍棠跋，其所捉刀也。"

不仅广东本土文化人如此评价伍崇曜与谭莹在刻书中的精诚合作，连外地文化人也极力推崇他们二人的关系。清末浙江宁波人陈康祺在《郎潜纪闻·初笔》卷14中以"粤东伍

"粤商文化"丛书
粤商好儒

氏刻书之多"为题评价《粤雅堂丛书》说：

> 近刻《粤雅堂丛书》百八十种，校雠精审，中多秘本。……每书卷尾必有题跋，皆南海谭玉生舍人莹手笔，间亦嫁名伍氏崇曜。盖伍为商贾富人，购书付雕，咸籍其力，故让以己作云。……贤主嘉宾，可谓相得益彰矣。

尽管这些序文和跋语均署伍崇曜及其子伍绍棠的名，但实际应为谭莹捉笔。所以，谭莹和伍崇曜的合作，是一个出钱，一个出智，实现了财与才的完美结合，就给后人留下了洋洋大观的几部较大型的丛书。可以说，没有谭莹、伍崇曜二人的精诚合作，就不可能使得广东刻书业在中国书籍的历史上留名千古。他们相辅相成，完成了岭南文化史上的一件宏大工程。

应该说，伍崇曜等一批粤商，本着"天下莫秽于聚财，莫雅于聚书"的理念，积极投资精神文化建设，造福士人，功德无量。光绪年间刊行的《广州府志》卷129的伍崇曜传记中，对他投资刻书的文化商业活动给予了很好的评价：

> 粤省号富饶，而书板绝少，坊间所售，惟科场应用之书，此外无从购。崇曜思刊刻书籍，以惠士林，乃延同邑谭莹与编订。首刊《岭南遗书》六十二种，《粤东十三家集》各种《楚庭耆旧诗》七十二卷，粤东文献略备。乃广搜秘本，刻王象之《舆地纪胜》二百卷。此外，零珠碎璧，集腋成裘，共成《粤雅堂丛书》二百余种，丛书诸体兼收，自明左氏《百川学海》，遍走四方，而我朝毛氏《津逮秘书》、鲍氏《知不足斋》、张氏《学津讨原》、吴氏《艺海珠尘》，搜罗或百余二百种，集成大观，而古笈亦赖以传。崇曜所刻多世不传本，与同时番禺盐运使潘仕成《海山仙馆丛书》，并为艺林所重，自此广州学者不出门，而坐拥百城矣。

可见，伍崇曜所刊刻的岭南各种书籍，基本上包罗了广东的所有文献，所以才会有"粤东文献略备"的好评。而他的《粤雅堂丛书》与潘仕成的《海山仙馆丛书》，作为商人投资的文化活动，更是对广东乃至全国产生了巨大的影响。

伍崇曜、潘仕成等一批粤商贾而好儒，以商养文，精印古籍，对广东乃至中国文化事业的薪火传承做出了巨大贡献。直到今天，他们刊印的这些书籍，仍是中华历史文献中的瑰宝。广东商人亦贾亦儒，商士合一，促进了广东地方文化的发展。研究岭南地方文献学家及乡土历史文献资深学者黄任恒在《番禺河南小志》卷9《杂录》曾说：

二百年来，粤东巨室，称潘、卢、伍、叶。伍氏喜刻书，叶氏喜刻贴，潘氏独以著作传。潘君鸿轩，所居双桐圃，春秋佳日觞咏无虚。君好佛、好客、好书、好画、好笛、好花，力勤性朴，乌衣子弟，居然名宿。殁前一日，自挽联：自问生前无大善，亦无大恶；倘传身后有新诗，复有新材。

所谓"乌衣子弟"，是指富贵人家的子弟。重点在"乌衣"二字，据传说，东晋时的世家大族王导、谢安等居住在乌衣巷。这里的"潘氏独以著作传"，是指清代粤商中的另一位大佬级人物——潘启官家族，我们稍后再谈。

可见，在广东商人中，一些文化素质较高的商人对文化事业十分看重。在广东儒学大家陈澧题签的书名——光绪刻本《驻粤八旗志》卷23《人物》中记载了八旗子弟樊梦蛟，他生活在乾嘉时期，曾在科举考试的途中，与一商船相遇，并与商人唱和诗作，由此对当时的商人留下了这样的评价："往时商贾类有士夫之风，近日士夫类有商贾之行。"这一说法，除了与他的亲身经历有关，还可能与他生活在广州有关。

谭莹和伍崇曜的成功合作，是社会经济发展带来文化发展的一个实例。当时广东商业贸易的兴盛，给伍氏以发财的机会。随着财富的增加，使他有余财注入文化爱好中，得以与谭莹一起广泛搜集收藏古代近代各种书籍，编成几部有影响的大型丛书。这对今天广东同样处于兴盛期的工商企业界来说，应该有所启发，就是如何利用手中较充裕的余资，为文化事业出一点力，做一点贡献，既造福社会，又能使自己留名千古。

二、潘仕成的刻书与镌石

潘仕成斥巨资建设"海山仙馆"，因为是室外的文化建设工程，所以其做法本身已是清代广东文化建设中值得称道的一大盛事。据记载，潘仕成在海山仙馆内共计竖立了1000多通石刻，这些石刻除了出自于当时的政要名流之手外，大多是他自己收藏的历代法书和法帖，其中《海山仙馆禊叙帖》就是由潘仕成搜集到多种王羲之的《兰亭序》版本而成。于此也可想见其珍贵。从某种意义上讲，潘仕成也是在刻书，只不过刻书的载体不一样而已，因为海山仙馆中的刻书是当时书法艺术的展现，是另一种书籍文化的展示。宣统《番禺县续志》卷40《古迹·园宅》说，海山仙馆又名荔香园，在广州城西荔枝湾，是潘仕成别业，"池广园宽，红蕖万柄，风廊烟溆，迤逦十余里，为岭南园林之冠。门联云：海上神山、仙人旧馆，集句天成。一时游客称盛"。

第一章　整理刻印文化典籍

粤商好儒

潘仕成，字德畬，号海山仙馆主人，广东番禺人，约生于嘉庆十年（1805），卒于同治十二年（1873）。潘仕成以盐商致富。道光十二年（1832），他赴京参加顺天乡试，获选副榜贡生。就在这次科举考试中，他做了一件轰动京城的大善事。据民国《番禺县续志》记载，时因"畿辅岁祲，饥民嗷嗷。仕成捐赈巨款，全活甚众"。就是说，这一年京城一带闹大饥荒，潘仕成慷慨解囊，捐出了一笔巨款，让很多百姓获救。他善有善报，因此而被皇帝钦赐为举人。后来他又捐了不少钱，朝廷就让他到刑部任职，担任郎中的官衔。潘仕成到了刑部，就开始不断和广东的一批仕宦交往，而且积极倡导他们也出来做善事，其中，在潘仕成的带动下，种牛痘之术开始在京城流行，并逐渐向全国推广。据他和当时在京师任职的广东籍高官骆秉章的信件往来中可知，潘仕成"在都与同乡诸公，倡种牛痘之局"。由于此事关乎民众生命，由此使得潘仕成的名声大震，"海内人士争延访之，以不识其人为憾"。

潘仕成不但刻石，而且还印刷书籍。当时参观过海山仙馆的美国商人亨特在《旧中国杂记》中说，海山仙馆大门外不远处有一个印刷所，这是潘仕成为将自己珍藏的书籍贡献给社会而专门设立的印刷所，他从收藏中精选了一批"足资身心学问"和坊间没有流传的孤本、善本，聘请当时广东最有名的学人谭莹帮助料理，最终汇集成了刊刻《海山仙馆丛书》475卷，共56种。他还刊刻了《佩文韵府》《经验良方》等巨著，囊括了经史子集四大传统书目。这在宣统《番禺县续志》卷19《人物》有记载，潘仕成"创筑荔香园于西门外半塘，颜曰海山仙馆，搜集故书雅记、足资身心学问而坊肆无传本者，刻为丛书，延南海谭莹校定之，世称善本"。

除谭莹外，还有一位东莞士人也参与了潘仕成的《海

行商潘仕成

山仙馆丛书》的辑录编纂，他就是蒋理祥。据宣统《东莞县志》卷72《人物》记载，蒋理祥，字汝宸，7岁能文，咸丰三年（1853）癸丑进士，选庶吉士。"时馆潘仕成家，仕成辑《海山仙馆丛书》，殚心检校垂二十年。后仕成获罪查抄，力为营救。"

在中国传统社会，商人发财致富后，会将相当一部分资金投入到购置田园屋产上，晋商中的乔家大院、王家大院，已经向世人印证了这一趋势。但晋商私家修建的豪华气派的各种大院，相对于粤商的园林式私家建筑，就显得比较单调乏味，就文化内涵来看，远远比不上粤商的园林式建筑。

比较而言，广东商人的庭院建筑则蕴藏着丰富的文化内涵：既追求豪华，又讲究细节；既有和晋商类似的一片片屋宇建设，又有江南园林式的山水构筑；还有西方建筑的某些痕迹。美国商人亨特在《旧中国杂记》中讲述了他在广州亲身游历富商家居的实况时，就记述了十三行潘家位于广州泮塘的园林式豪宅，给人的感觉绝对是园林式的享受。据他记载说：

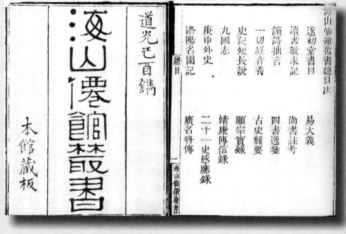

《海山仙馆丛书》影印

> 这是一个引人入胜的地方。外国使节与政府高级官员，甚至与钦差大臣之间的会晤，也常常假座这里进行。这里到处分布着美丽的古树，有各种各样的花卉果树，像柑橘、荔枝，以及其他一些在欧洲见不到的果树，如金橘、黄皮、龙眼，还有一株蟠桃。花卉当中有白的、红的和杂色的茶花、菊花、吊钟、紫苑和夹竹桃。……碎石铺就的道路，大块石头砌成的岩洞上边盖着亭子，花岗石砌成的小桥

粤商好儒

跨过一个个小湖和一道道流水。其间还有鹿、孔雀、鹳鸟，还有羽毛很美丽的鸳鸯，这些都使园林更添魅力。

整个园林由两三米高的砖墙围着，大门用泰国进口的柚木，非常厚重。园林内分布着各自独立的别墅，弯弯的屋顶，上面屋脊中央雕刻着一个大大的球形或兽形的东西，看上去很醒目。房子周围有宽阔的游廊，隔离房间的间壁多用镂花木雕，雕刻着花鸟或乐器。房中摆放有一些古代的青铜器、香炉、瓷花瓶；案台上则陈设着古铜钱，有圆形、方形和刀形，以及古代兵器等。

亨特认为这个园林是潘启官所有。但当今学者考证后认为，这实际上是潘启官的族侄潘仕成的海山仙馆，素有"岭南园林之冠"的美名。

海山仙馆又名潘园，原为南汉昌华苑旧址。清代嘉庆年间，广州绅士邱熙在此建成了"虬珠园"。该园以荔枝而出名，后来又被两广总督阮元及其子阮福"惜唐迹之不彰也"，而改名为"唐荔园"，阮福还撰《唐荔

海山仙馆上的亭阁

园记》。清代道光初年，湖北画家陈务滋游历广州时，根据实况绘制了《唐荔园图》。据文史专家黄汉纲先生研究，该图随唐荔园易主而归潘仕成所有，存海山仙馆。也就说，海山仙馆是在道光十年（1830）潘仕成从邱氏家族中购买的。他根据自己走南闯北的经历，对这座私家花园进行了重新改造，因为花园面临珠江和越秀山之间，风景怡人，落成后，他在大门入口处写下了"海上神山，仙人旧馆"楹联，故将此园命名为"海山仙馆"。

海山仙馆原址的具体位置在何处？今人已无法得知确

切的信息。据广州地方史专家考证,其范围大致在现今的荔湾湖公园一带,南至蓬莱路,北至泮塘,东至龙津西路,西至珠江边。这是一座集居住、游玩、休憩、聚宴、接待和收藏于一体的艺术园林建筑。园内的建筑格局不但有东方式的古典富丽,也有极其华贵的西洋装饰品,所以有"一草一木,备尽华夷所有"的说法。

据当时人描述,海山仙馆规模宏大,一眼望不到边,园中原有一高阜,潘仕成相度地势,又命人"担土取石",将其垒成一座小山。山上栽种松柏,郁郁葱葱,地上铺着曲折迂回的石径小道,拾级而登,俨然苍岩翠岫;山旁有一巨大的池塘,广约百亩,水里遍植荷花,其水直通珠江,"隆冬不涸,微波荡漾,足以泛舟"。

在池塘一旁建有宽敞的厅堂,左右则是"廊庑回缭,栏楯周匝,雕镂藻饰",十分精致。在距离厅堂数步开外,一个巨大的舞台屹立在池塘水中,"为管弦歌舞之处,每于台中作乐,则音出水面,清响可听",犹如仙山琼阁,令人为之陶醉。大约可和今天的音乐喷泉相媲美。沿着厅堂往西走,有一座用小桥连接着的"凉榭"。每当广州三伏盛夏酷暑难熬之际,人在凉榭,轩窗四开,一望空碧,此时藕花香发,清风徐来,暑气全消。厅堂之东,建有一座高五层的白塔,又名雪阁,高数百尺,全部用白色的石头堆砌而成。

整个园内建筑仿江南园林,建有眉轩、雪阁、小玲珑室、文海楼等,特制的画舫以潘仕成的两位爱妾名字命名为牡丹舸、莲花舸。海山仙馆内种植着各种岭南佳果,尤以荔枝树最多,绿树成荫,丹荔垂悬,有文人雅士作楹联曰"荷花世界,荔子光阴"。园内建有十余处高楼层阁,曲房密室,掩映在绿树丛中,仿如世外桃源,人间之仙境。时人林直曾接受潘仕成的邀请而入住海山仙馆,他在《壮怀堂诗》中为此赋诗描述所见景色说:"半亩方塘正放莲,曾闻旧馆住神仙,炎风暑雨浑无觉,来饮西园第一泉。"

从当时文人的描述及今天仅存的数张图画和照片中,可窥视当年海山仙馆的雄姿。清代著名画家夏銮应潘仕成之邀绘制《海山仙馆图》,为后人提供了昔日海山仙馆的精致全貌,该画现为广州美术馆所收藏。道光年间,文人余洵庆在《荷廊笔记》卷2的"潘氏园"中记载说:"其宏规巨构,独擅台榭水石之胜者,咸推潘氏园。园有一山,冈坡峻坦,松桧翁蔚,石径一道,可以拾级而登。……一大池广约百亩许,其水直通珠江,隆冬不涸,微波渺弥,足以泛舟。面池一堂极宽敞,左右廊庑回缭,栏杆周匝,雕镂藻饰,无不工致。……园多果木,而荔枝树尤繁。东有白塔,高五级,悉用白石堆砌而成。西北一带,高楼层阁,曲房密室复有十余处,亦皆花承树荫,高卑合宜。然潘园之胜,为有真水真山,不徒以楼阁华整,

花木繁缛称也。"作者对海山仙馆的描写较详细，突出了海山仙馆的特色：面积宽广，真水真山，树木茂盛，不同于一般园林拥有的假山和水潭。

晚清广东硕学大儒级文化名人陈澧在其所著《东塾集》卷3《荔湾话别图序》中，讲述同治五年（1866）端午节次日，他到海山仙馆参加送别广东巡抚郭嵩焘的话别宴会，却处处透露仙馆的幽美环境，给读者的感觉就是人间仙境。他说：

> 荔湾话别图者，抚部郭公请假将归之所作也。同游者何伯英观察、王少鹤通政、吴子登太史、丁雨生都转、陈古樵司马，而澧亦与焉。公嘱司马绘图而澧为序，时则同治丙寅端午后一日也。晨出永清门，乘紫洞艇抵荔枝湾，泊海山仙馆。入门步长廊，坐池上之堂啜茗，毕，乘小舸行荷花中，少憩湖心亭，登高阁三重，望海上诸山，若拱揖于云际。阁之下有小亭，围坐啖荔，亭畔假山激水作飞瀑，淙淙有声。复登舸至枕溪之楼，闻龙舟竞渡，鼓声紞然。日将暮，返池上之堂，登楼远望，苍波渺弥，乃置酒紫洞艇，欢饮而还，忘乎其为离别也。

海山仙馆在清代道光年间已经成为广州最美的园林之一，受到中外官员和商人的喜爱。1844年，法国驻中国贸易团团长埃及尔在广州游览了海山仙馆，拍下了仙馆全貌和主楼照片，还为潘仕成家人拍照，照片现藏法国摄影博物馆。1844年7月，中美在澳门签订了不平等的《望厦条约》；次年12月31日星期三下午3时，在海山仙馆内交换文本。中方出席者有耆英等，美方出席者有舰队司令璧尔、美国领事顾盛。

海山仙馆不但以优美的园林胜景名闻遐迩，而且以丰

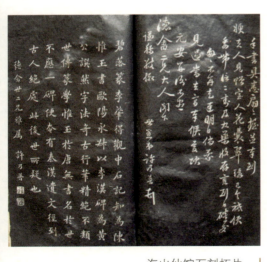

海山仙馆石刻拓片

《海山仙馆丛书》

富的书画、碑帖、古籍和器物收藏引人入胜。馆内游廊曲榭，沿壁遍嵌石刻，皆晋唐以来名迹及当代名流翰墨。宣统《南海县志》记载海山仙馆石刻时说：沿壁遍嵌石刻，"如游碑廊，目不暇接"。这些古帖真伪虽然难辨，但以一个人的财力，收集汇刻如此大型的法帖，这在中国文化史上也是值得大书的一件盛事。

鸦片战争以后，随法国代表团进入广州的法国人伊凡后来著有《广州城内》一书。其中，有一段描述潘仕成带领法国人参观海山仙馆，就在参观的过程中，海山仙馆的印刷坊吸引了伊凡的极大兴趣。他说："我们发现一间正规的印刷作坊——当然，是一间中国式的印刷作坊。潘仕成向我们解释说，这间广州的印书坊被用来拓印古代的铭文和愈来愈稀少的古代箴言，它们的复制品向来很受读书人的青睐。三个拓写者显得很熟练，正在用铅笔描画大理石上的古代文字。……一旦一块石板布满汉字，篆刻者各就其位，用刻刀来刻画这些象形文字。我们查看了一些已成型的石板，潘仕成让工人当着我们的面进行印刷。……当离开印刷作坊时，潘仕成把我们领入制作绘画的工作室，艺术家们正在这里忙着复制古代的绘画，这就使得潘仕成从珍贵的绘画收藏地入手进行亦儒亦商的产业。"

潘仕成所收藏的金石、古帖、古籍、古画，可以说在广东地区无人出其右者。他将收藏的古帖及时人手迹，分类为摹古、藏真、遗芬，镌刻于一块块石头上，嵌于海山仙馆的回廊沿壁，全部石刻达千余方，工程历时

"粤商文化"丛书
粤商好儒

36年，为弘扬传统文化做出了贡献。民国时期，南海人廖景曾在参与收藏、整理《海山仙馆丛书》板片时，在其撰写的《广东省立编印局廿三年度办理概况》中称：海山仙馆"春秋佳日，远招近挹，聚集一时名士，觞咏其间，如谭玉生、孟蒲生、熊遂江、谢里甫诸前辈，当代名流，游宴无虚日。物以类聚，故海内佚本，亦纷集其门"。冼玉清在《广东之鉴藏家》中也指出：海山仙馆"收藏古金石器甚富，好古而有力，故所藏推为粤东第一"。这一"粤东第一"的称号，不仅仅说明潘仕成所建海山仙馆收藏之多，也反映了潘仕成财力之雄厚。

潘仕成在醉心收藏的同时，还斥资自办刻书所。据初步查核，海山仙馆刊刻的图书有《佩文韵府》106卷，《韵府拾遗》106卷，《经验良方》10卷，《咽喉秘集》2卷，《痧症全书》3卷，《验方新编》16卷，《鬼趣图题咏》1卷，《水雷图说》1卷，《海山仙馆藏真》16卷，《海山仙馆藏真续刻》16卷，《海山仙馆藏真三刻》16卷，《尺素遗芬》4卷，《海山仙馆摹古帖》12卷，《海山仙馆楔叙帖》1卷，《宋四大家墨宝》6卷，以及《海山仙馆丛书》，等等。这些书籍既包括古典文献，也包括当时的最新成果。例如，《水雷图书》就是他试验制作兵器的心得，我们在后面会论及。

鸦片战争以后，中国有识之士掀起学习西学热潮，潘仕成刊刻的《海山仙馆丛书》，与时俱进，对西方人的科技文化书籍十分重视，在他刊刻的丛书中就包括不少汉译西方人的科学文化书籍，如明代徐光启翻译欧几里得的《几何原本》、利玛窦的《勾股义》、李之藻翻译利玛窦的《同文算指》《圜容较义》等近代数学名著和传教士编写的《外国地理备考》《火攻挈要》《全体新论》等著作。这些西方书籍对开启中国人认识海外世界、了解西方先进的科学技术，具有重要的意义。清末刘锦藻在编纂《清续文献通考》中对《海山仙馆丛书》能收录西洋著述很是钦佩，"惟仕成能于道光季年，亟亟采入海国之舆图与西洋之火器，此亦能识时务者矣"。

同治年间，潘仕成因经营盐务失利，导致严重亏损而破产，海山仙馆被抄没入官。官府决定拍卖，可是因馆园太大，无人出得起买下整个园林的价钱，官府只好"拆分为刘园、彭园、凌园、荔香园等私家园林，招商开标"，每标"洋番三饼"，就是每标3两银子，共计1万条标，"夺标者得园"。这一做法类似今天彩票抽奖开标方式。一代名园就这样灰飞烟灭。有人以"海山仙馆"四字拆解为："每人出三官食。"因为海边三点为三元，二山为出。

"海山仙馆"藏书多为藏书家方功惠购得。海山仙馆从道光十年开始策划营造，到同治十二年(1873)被查封，存在时间为44年。宣统《南海县志》卷26《杂录》对海山仙馆的来龙去脉有一简略的说明，如下：

> 潘德舆仕成以鹾起家，致巨富，有别业在泮塘，曰海山仙馆，垣缭四周，广近百亩，亭台楼阁无多，而游廊曲榭环绕数百步，沿壁遍嵌石刻，皆晋唐以来名迹暨当代名流翰墨贵交往来手牍，如游碑林，目不暇给，四面池塘，芰荷纷敷，林木交错。每当荔熟时，弥望红云，景最幽胜，一时墨客骚人文酒之会，殆无虚日。咸同以后，鹾务凋敝，主人籍没，园馆入官，议价六千余金，期年无人承领，乃为之估票开投，每票一张，收洋银叁员，共票二千余凑银七千员归官抵饷，官督开票，抽获头票者以园馆归之。时有好事者，将海山仙馆四字拆分为六字曰：每人出三官食。隐与此事符合，然则命名之初，早已成谶。

方功惠是清末著名藏书家，字庆龄，号柳桥，湖南岳阳巴陵人。曾任广东番禺、南海、顺德知县，潮州知府等职，在粤30余年。在广州建"碧琳琅馆""十文选斋""玉笥山房""传经堂"以藏书，先收有潘仕成、伍崇曜等人藏书，又派人远至日本购书。又得吴荣光"清筠馆""赐书楼"藏书。谭标称他藏书为"粤城之冠"。张之洞任两广总督时，也曾到他的藏书楼借阅稀见版本的书籍。所藏珍秘本极多，如收藏宋元本达100余种。方功惠死后，其孙方湘宾将碧琳琅馆全部藏书运至北京。八国联军进入北京后，方湘宾把藏书大部分卖给了北京琉璃厂的书肆，部分捐赠给京师大学堂。方功惠生前编撰《碧琳琅馆珍藏书目》4卷，著录3000余种，其中宋元本、明清抄本稿本680余种。又有《碧琳琅馆集部书目》著录文集500余种。藏书印有"方家书库""巴陵方氏收得古刻善本""柳桥""芙蓉馆藏书印""芸声室珍藏善本之章""方氏碧琳琅馆珍藏古刻善本之印""好书到手不论钱""碧琳琅馆藏书印""碧琳琅馆主人""巴陵方氏玉笥山房"等数十方。

潘仕成因在文化领域的大手笔投资，为后人留下了宝贵的精神食粮，自然也引起仕宦们的极大关注。光绪五年刊《广州府志》卷131为潘仕成做了传记，称潘仕成"家素封，慷慨有大志"，但一生没有得到重用，以致有"人咸惜其未获大用于世"的感叹。他轻财好义，尤其"好刻书帖。尝翻刻《佩文韵府》一百四十卷，《拾遗》二十卷，集刻《海山仙馆丛书》一百一十八卷，共五十六种，中多秘籍，选刻《经验良方》十卷，又石刻《海山仙馆集古帖》十卷、《兰亭集帖》四卷、《尺牍遗芬》二卷，士林嘉赖焉"。与伍崇曜刻书相伯仲，成为粤商重视文化的又一典型范例。

江苏江阴人金武祥在光绪初年曾到海山仙馆故址参观考察，事后在《粟香随笔》卷6

"粤商文化"丛书
粤商好儒

记载说,广州城西半塘为荔枝湾,曾经是南汉皇家的昌华园故址。两广总督阮元在广州时曾称这里是"白荷红荔半塘西"。潘仕成的海山仙馆就于此地兴建,成为道光咸丰年间广州最负盛名的景点,"道咸间最称繁盛"。光绪年间,海山仙馆已不复存在,其地被分割成私家别墅,但仍是人们逗留游乐的好地方,"近有彭氏、陈氏另辟小园,以为别业,携朋选胜,藉作勾留"。光绪七年(1881)夏天,他与朋友游览海山仙馆故址时,时值盛暑季节,园内"绿荫如幄,荷风送香,芳径徘徊",行走在园内"不知赤日之当空"。他即兴写成七律诗,其中有:"兴衰阅尽余榕荫,香色依然只荔枝,幸有诗书遗泽在,至今尤系后人思。"从中可以看出作者对潘仕成刊刻《海山仙馆丛书》和石刻碑帖等的怀念心情。

名人墨宝刻石传世,是人们在名山大川旅行考察中常见的一个景点。粤商将收藏的名人墨宝刻石传世,则以潘仕成的海山仙馆最为著名。

潘仕成利用偌大的海山仙馆,将自己对法帖收藏的爱好发挥到了极致。海山仙馆的亭台楼阁、游廊曲榭等洞壁上,几乎都密集地镶嵌着历代书法大家的名迹石刻。据说,海山仙馆的馆名是耆英亲书,他当时身为钦差大臣兼两广总督,全权处理两广事务和负责对世界各国的夷务外交,权倾一时。耆英曾作诗文"雨翻荷叶绿成海,日映荔枝红到楼",赞美海山仙馆。

石刻手书的作者全是鸦片战争前后的名宦显贵、地方政要和科第才子。这些人大多与潘仕成有公私往来,过从颇密。如钦差大臣、两广总督林则徐、耆英,以及主张禁烟的黄爵滋等一大批名流。

石刻文字内容主要是书信短文、旧体诗和对联等。潘

《尺素遗芬》刻本封面

仕成对这帮贵交的书信异常珍爱，他将其中已去世者的书信选出刻石行世，取名为"尺素遗芬"。因是当时人所言所书，是海山仙馆石刻中最珍贵的部分。一般每人只入选一篇，偶尔也有两篇以上。

从这些石刻中，不仅可以欣赏鸦片战争前后众多政要名人的尺牍真迹，而且也可从书信的内容求证当时的史实，如林则徐赞扬潘仕成捐资招募壮勇保卫广州、邓廷桢知会潘仕成前往广州石门演习试炮、骆秉章祈求潘仕成代为购买种牛痘洋刀等内容，都可从石刻中找到证据。人们通过这些与潘仕成"历年知交亲笔尺素"，还能窥见他与官员同好真情私交的某些秘密，如耆英给潘仕成的石刻信札："昨惠保和丸，服之神效，谢谢。兹将尊处手卷册页如数奉照，祈检收。……顺候刻安。耆英力疾拜启。……阁下公忠体国，义敦世好，顾全大局……"

海山仙馆的石刻书法有楷、行、隶、篆、草五体，以草书、行书为多。手书者多属舞文弄墨的文人，石刻中不乏文采与书法兼优的佳作。据《尺素遗芬》序言"当年海内麟鸿，投赠宝翰如林，为用式遗芬，珍藏秘笈，永寿贞珉"，潘仕成专门雇请工匠长期精工细刻而成。

海山仙馆的石刻大约在道光九年（1829）开工，所用石材多来自肇庆端石，同治五年（1866）停工，历时37年，仅《尺素遗芬》一种就历时8年。从行世的拓本68卷64册估计，石刻达1000多通。潘仕成可谓是耗时、耗财、耗心血，其对文化收藏之痴迷，令人仰为观止。他本人曾在《藏真三刻》成书的跋中说："卅载搜罗真迹，昕夕为缘，净几明窗，恍与古会。"一个商人对文化如此垂青，在当时的广东乃至全国也是首屈一指的。

海山仙馆收藏的金石、碑刻、古帖、古籍及时人墨宝之多，被誉为"南粤之冠"，潘仕成曾以"周敦商彝秦镜汉剑唐琴宋元明书画墨迹长物之楼"给自己的藏室命名，从此也可看出收藏之广泛，因此享有"极石刻之大观，洵艺林之秘藏"的赞誉。潘仕成不惜重金，将园中石刻1000多通全部拓存，汇编成《海山仙馆丛帖》60余卷，计70多册，包括《藏真》初刻、续刻、三刻、四刻和《尺素遗芬》等。

潘仕成破败之后，海山仙馆及其园内的石刻，也逐渐散落民间。直到抗日战争期间，汪精卫在今广州市法政路一带建立寓所，内有湖海亭建筑。据汪精卫撰书的碑记所说："因于寓中建亭，并以湖海名此亭。"亭之四壁均镶嵌着海山仙馆的石刻，这些石刻是其太太陈璧君在闲暇之日，携带拓本在广州各地的书画市场购买来的。

"粤商文化"丛书

粤商好儒

湖海亭遗址现为广州市法政路 30 号三号楼，石刻基本保存完好，内容与《尺素遗芬》相符。而海山仙馆的大部分石刻都已流离散失，独《尺素遗芬》石刻得以基本完整保存。

三、潘正炜的听帆楼

潘正炜（1791—1850），字季彤，号榆庭。祖籍为福建同安龙溪人，乾隆年间其祖上因在广州经商而定居在珠江南岸的河南龙溪乡（今属广州市海珠区南华西街道管辖），故其族谱名为《河南龙溪潘氏族谱》。潘家是广州十三行时期著名的大行商之一，行名曰同文行，与广利行卢观恒、怡和行伍崇曜和广义行叶上林，为四大资财最为雄厚的巨商。

潘正炜的祖父潘振承，又名启，字逊贤，号文岩，清初由福建入粤经商，在广州设同文洋行，曾任十三行总商，成为广州首富。十三行商属官商性质的对外贸易商人团体，行商为外商代办进出口货物应纳税银的事务，外商若要向中国官府反映情况或提要求，也由行商负责代为转达。清政府官员不直接同外商打交道，政府关于外商的一切命令、文书，均通过行商向外商转达，并由行商监督执行。十三行商实际上具有经营国内外贸易和经办外交事务的双重职能。

十三行的联合最初在康熙五十九年（1720），由 16 名行商歃血为盟，联合成立公行。目的无非是大家在诚实守信的基础上自主经营，捍卫共同利益，一旦出了问题，大家要抱成一团，全力以赴共渡难关。不过，公行并没有得到清政府的支持，第二年就关门了。

乾隆二十五年（1760）潘振承联合其他 8 家行商为了统一价格，避免竞争，以及为了承保税饷、应付官差、备办贡品等方便起见，再次呈请设立公行，获得清政府批准。这是公行正式为官方批准作为经营对外贸易机构的开始。当时，参加公行的各行商选出首倡组织公行的潘振承为首领，处理公行内部事务。这种公行的首领，称为"总商"，职责是"专办夷船"。

可是，潘振承自从当上总商后，才发现自己陷入了政府严密控制之下，没有了任何贸易自由，外商也不愿意公行垄断贸易。他于是又竭力摆脱充任总商带来的困局，不断向两广总督建议取消"公行"。当然，光有建议还不行，还得有实际的表示，潘振承为此花费了 10 万两银子才摆平这件事。乾隆三十六年（1771），两广总督下令撤销公行。不过，潘振承毕竟是一个精明的商人，他把花费的银两最后交给了东印度公司来买单。

乾隆四十七年（1782），十三行商人又重组公行，专揽茶丝及大宗贸易，而将小宗货物委于公行以外的行商经营。公行制度最终确立了下来，但仅限于对进出口货征收行用，行商制度开始被打开缺口。

潘振承自1760年公行创立起，到1788年病逝，一直担任十三行的首领，是出任总商时间最长的行商，是中外商人一致认可的行商领袖，英国东印度公司称他为"公行的大人物""行商中的巨头"。作为总商既是荣誉，更有责任，费力、耗财又浪费时间，结果却不讨任何一方好。他死后，其子潘有度婉拒接任总商，其孙潘正亨直言不讳地对东印度公司表示："宁为一只狗，不为洋商首。"话虽说得刻薄，却道出洋商首领的苦衷。

潘振承作为担任十三行总商时间最长的人，也说明其办事能力得到中外商人和中国官府的认同，因而被尊为潘启官一世。在今瑞典哥德堡市的博物馆收藏一张1770年绘作潘振承画像，他是为数不多曾经亲自到欧洲贸易的十三行商人。他有7个儿子，20多个孙子。其第四个儿子潘有度，字宪臣，号应尚，又号容谷，继承父业，继续打理潘家的同文行；后又以潘绍光为名在十三行另立门户，开设了同孚行，同样博得官府和商人的信赖，人称他对"洋务最为熟练"。潘有度也出任过十三行总商，被尊为潘启官二世。

潘正炜是潘有度的第四个儿子，他继承祖父两代的家业，被尊为潘启官三世，仍是十三行首领人物之一。潘家三代沿用启官的尊称，表明其家族经营从同文行到同孚行都是行商中的佼佼者，从时间上看，潘家从乾隆朝开始，历嘉庆、道光二朝，又显示其在十三行对外贸易中的影响非同一般。

潘正炜身着官服照

粤商好儒

潘家以行商行世，富可敌国，但又是世代书香的大家。在广州十三行的众商中，潘有度就具有典型的儒商风度。据晚清广东番禺人张维屏在《国朝诗人征略》说，潘有度在数十年打理繁忙的洋务过程中，一直保持着"暇日喜观史，尤喜哦诗"的爱好。他为了和文人墨客们汇聚交流，在河南龙溪乡建"南墅"花园，占地数亩，里面小桥流水，水松交映，因有两松交干而生，他据此命名其堂曰"义松"，所居则曰"漱石山房"，旁有小屋曰"芥舟"。从这些富有诗意的名称中已经可以看出潘有度的文化素养。

他在与西洋商人打交道的过程中，写下20首《西洋杂咏》之诗作。在他的洋行内，保留着当时最好的世界地图与航海图，并在外文地名旁边标注国家、大城市与海港的中文名字，以供自己使用。

1844年前后听帆楼面貌

潘正炜耳濡目染了父亲潘有度的一切，尤其是父亲儒雅的商人形象对潘正炜日后的发展产生了巨大的影响。他在经商之余，博雅好古，热衷于收藏书画、金石、古印等文物，并在潘氏家园内修建听帆楼，作为其著述和陈列收藏品的书斋。

潘正炜所建的听帆楼，濒临龙溪乡的环珠桥西面，四面为池水环绕。潘正炜的女婿陈春荣在《香梦春寒馆诗钞》记载了听帆楼风景秀丽的景色："听帆楼，潘季彤观察筑在河南潘园秋江池馆上，楼下藕塘花架，月榭风廊，曲折重叠，迷目楼上，俯鹅潭，往来帆影，近移树梢。观察读画摹帖于此，一乐也。"他为此咏诗云："晚听渔歌答，晓听鸟啼遽，倚楼性自娱，听帆何所据。春江带雨来，寒江补雪去。"

当时不少仕宦人物游览过听帆楼。道光七年（1827），浙江海盐人状元朱昌颐到广州游历，参观了潘氏家园，后来在为《听帆楼续书画记》作序时说："丁亥来粤东，稔闻潘季彤年丈工书法、精鉴藏，亟访于义松堂，登其听帆楼，图书盈室，满目琳琅，如山阴道上应接不暇，盘桓月余而去。自别后相睽二十余年，云山迢递，鸿雁罕通，而听帆楼卷轴之盛，时来往于心目间。"朱昌颐慕潘正炜之名，到访听帆楼，并在此处停留一个多月才离开，直到20多年后，他对听帆楼及其收藏仍念念不忘。他在听帆楼中欣赏潘正炜收藏的珍品，还为其中不少的藏品写了跋，如《听帆楼法帖》中的《跋〈兰亭序〉》。也就是说，听帆楼早在道光七年（1827）已经建成。时中外贸易仍处于繁盛期，潘正炜所建的听帆楼位于珠江之边，珠江上往来如梭的商船，风帆驶过的飕飕之音，不时传入听帆楼内，也正因为如此，潘正炜把书斋命名为"听帆楼"。又如香山名儒黄培芳也曾作诗赞美听帆楼："淡荡春风访钓矶，踏春晴暖试春衣。桃花两岸清溪碧，一舸斜阳送归客。落英芳草似桃源，春水乘潮绿到门，打桨环珠桥畔过，莫愁居处半成村。"

行商出身的潘正炜之所以能成为著名的鉴藏家，除了其家财雄厚外，与其书香门第的家风熏陶密不可分。他的父兄辈中多科举人才及儒雅风流之士。其伯父潘有为曾考取翰林，在京城参与编纂校对《四库全书》，集诗、书、画的才艺于一身，是广东鉴藏家的魁首。其父亲潘有度爱好诗书，与潘有为的传略均收录于张维屏编《国朝诗人征略》；叔父潘有原曾组织"常荫堂诗社"；长兄潘正亨被誉为"能诗、能书、能画"的三绝名家，尤以书法见长，亦善鉴藏，建有诗画船屋"风月琴尊舫"，藏其书画；三兄潘正常于20岁时考中进士，被钦点为翰林院庶吉士。生活在这样具有浓郁文化氛围中的潘正炜，自幼养成勤学善书的习惯，尤精于小楷，而且工诗、能画，为日后的书画鉴藏活动积累了丰富的专业知识。

清代广州行商中具有儒商气质的人，都喜欢与文化界人士交朋友，潘正炜也不例外。他与其同时代的著名收藏家吴荣光、张岳崧、孔继勋、罗天池等交游甚密，相互间常有藏品交流切磋。潘正炜邀请吴荣光、罗天池等帮助他鉴定所收藏的书画。吴荣光的书法曾被康有为称为广东第一人，师从过阮元，尤擅书画，毕生好鉴赏与收藏金石字画，是清代著名的大鉴藏家。吴荣光与潘正炜家有姻亲的关系，其妹嫁给潘正炜的三兄正常，与正炜交往频繁。顺德人罗天池也是一位著名的书画家，在古字画鉴藏和文学修养等方面造诣较深，不少流传至今的古书画都留有他的题记或藏印。今广州艺术博物院收藏有罗天池《景白薇红仙馆笔存》中记述有他与潘正炜等鉴赏画作的情形，"潘季彤观察延余评画，自辰至午，已阅千余种矣。

季彤取一轴展数寸，仅露竹叶数片，请余审定。余曰：'此黄华老人笔。'季彤怗服"。从此可以看出，潘正炜收藏之丰富，罗天池鉴识之精湛。

1843年，潘正炜对其收藏的书画进行研究，并精选出其所藏书画中最具代表性的作品，以《听帆楼书画记》为名刊行，其体例仿当时流行的书画著作名著，即清初人高士其的《江村销夏录》和时人吴荣光的《辛丑销夏录》。他在《听帆楼书画记》序中道其编著原委说：

> 余夙有书画癖三十年来，每遇名人墨迹，必购而藏之。精心审择，去赝留真。又于真本中汰其剥蚀漫漶，可供鉴赏者约二百余种，复拔其尤，只得百八十余种，若是乎鉴藏之，不易言也。自古选历代名人书画裒成一集，盖始于明都氏《穆寓意编》继之者，则以朱氏存理珊瑚木难、张氏丑清河书画舫为最著。国朝孙退谷有《庚子销夏记》，记所藏并及他人所藏。高江村有《销夏录》，记所见，兼详纸绢、册轴、长短、广狭，而自作题跋，亦载录焉。近日，吴荷屋中丞有《辛丑销夏记》，其体例盖取诸孙、高两家，于余所藏亦选数种刻入其中，并劝余自录所藏付诸剞劂，爰仿其例辑为此编，自惟物聚所好，乐此不疲，或佳日朋来相与考证，或明窗独坐，展玩自娱，藉以消遣，永日疏瀹性灵，庶有裨焉。若谓欲以是编，付于诸家之鉴藏，则吾岂敢。道光癸卯孟春之月，番禺潘正炜识于听帆楼。

《听帆楼书画记》影印

作者自称其有"书画癖"，只要遇到名人墨迹"必购而藏之"，收藏的历史有30年之久，可见他并不是心血来潮的附庸风雅。

今人所见的《听帆楼书画记》是由《听帆楼书画记正编》和《续刻书画记》两部分组成，对所录书画逐一释说，先注明绢纸、尺寸、印记、书体等，次列全文，继载题跋。潘正炜在目录中记录了每卷书画绘制的年代，凡为自藏则说明购入时的价格，借用别人的藏品也加以注明。

潘正炜擅于书法，后来听从好友吴荣光的劝说，将其收藏的书法藏品，选编为《听帆楼法帖》刊刻。吴荣光因常到听帆楼欣赏书画藏品，鼓励潘正炜著书付印。道光二十三年（1843），吴荣光在为《听帆楼书画记》作序中说："余辛丑（1841）归里，每以书画自娱。尝取数十年来曾经鉴赏者，编成一帙，名曰《辛丑销夏记》。继而棹访潘季彤观察于听帆楼。备阅所藏，如山阴道上，应接不暇，即选数种刊入《销夏记》中。惜美不胜收。劝其校辑付刊，以公同好。今春，季彤《书画记》成，属序数言，以弁其首。季彤读书好古，寄迹风尘，廿有余年，而能专精所好若是，则斯记也。"可见，吴荣光对听帆楼鉴藏的书画品质相当认可。《听帆楼法帖》卷首盖有"正炜""季彤""季彤墨缘""潘氏听帆楼审定金石文字"等印鉴四枚，并注有"墨农杨万年刻石"字样。《法帖》收录了自魏晋唐宋元明各时代90多位书法家的墨宝。吴荣光为该书作跋。

《听帆楼法帖》刻本

潘正炜收藏的这些珍贵书画，也是因为其拥有雄厚的资财，但他舍得将大量的金钱用于收购自己喜欢的古代书画，并不惜重金精选刊刻。清代张维屏在为潘正炜收藏的《赵孟𫖯帖》作跋云："此卷为松雪渊明像，每书数行为渊明事，卷首有慎王题'高风妙墨'四字，卷尾有皇太子题诗一章。当是藩邸所藏，不知何时转至岭外。去冬，友人携至余斋中，适季彤观察过访，一见心赏，不惜重价

购之。且摹刻数则，以公同好。"这种不惜重价，一方面说明其有财力，另一方面说明具有品鉴的才华及其收藏嗜好。据说听帆楼收藏的《明人金扇集册》，集沈周、文徵明、唐寅、仇英、陆治、吴彬、魏克、吴振、陈焕、姚允在、王綦、高阳等明代十二家所作山水、人物金笺扇面于一册。

潘正炜去世后，听帆楼的藏品多为广州孔氏家族的岳雪楼收藏。广东著名女学者冼玉清教授在《广东之鉴藏家》《广东丛帖叙录》二书中高度赞赏潘正炜的听帆楼说：

> 吾粤鉴藏之风，嘉道后始盛，大抵游宦京沪者，受被都风雅之影响，始事蓄聚。吴氏筠清馆倡之于前，潘氏听帆楼、叶氏风满楼、孔氏岳雪楼继之于后。留存著录，彰彰在人。以后激流扬波，此风益炽。

潘正炜的听帆楼在当时及其后世，对中华书法文化的保存与传播产生了巨大的影响。潘正炜在收藏古文物的基础上开始研究著述，留下的著述除了前述《听帆楼书画记》和《听帆楼法帖》外，还有《听帆楼古铜印谱》等。

《听帆楼古铜印谱》是潘正炜根据听帆楼所藏潘有为收藏的古铜印研究撰成。潘有为出身进士，博学多闻，精金石、彝鼎，醉心于搜罗古钱、古印、书画、彝鼎等珍藏，开广东鉴藏文物珍品风气之先河，是乾隆年间岭南鉴藏家之魁首。冼玉清在《粤东印谱考》中按鉴藏时间顺序将潘有为的《看篆楼印谱》排在广东印谱首位，视为广东盛行辑印古印谱之始。嘉庆年间，潘有为将其印章藏品拓为《看篆楼印谱》，看篆楼是他为藏古铜印的处所。潘有为殁后，所藏古印大多归潘正炜所有。潘正炜在《看篆楼印谱》基础上拓刻成《古铜印谱》。此印谱又名为《秦汉铜章撮集》，是潘正炜从所藏古铜印1700余枚中挑选精品拓刻而成，两广总督百龄、广东按察使杨振麟等为之作序，著名学者吴兰修作跋。我们从杨振麟的序中可以管窥听帆楼收藏印谱之状况：

> 番禺毅堂先生藏汉魏六朝官私印千余枚，今归从子季彤观察，编为《古铜印谱》三卷。以红泥拓之，古朴浑厚，亦钟鼎款识外一宝玩也。余谓此本宜拓一千本，分散人间，庶几与金石文字，并垂不朽，岂曰识小乎哉！

而吴兰修所作的跋，更显示潘家收藏印谱的文化价值是无法用言语表达的，因为这些汉魏时期的作品在以后的朝代中已渐渐退出历史舞台，"余尝谓印章与隶书盛于汉，坏于唐。宋元以后愈趋愈下，迨本朝而后复古。……潘季彤年丈以所藏古铜印千方，用红泥佳楮拓之，古人刀法、章法、字法、灿然具在。……往者毅堂先生曾拓之曰《看篆楼古铜印谱》，今日听帆楼,各随所庋以为名也"。《听帆楼古铜印谱》后被潘仕成拓为《宝琴斋印谱》传世。

潘正炜以"听帆楼"命名的著作,至今仍被鉴藏界视作珍贵文物。《听帆楼书画记》刊于1843年,《听帆楼续刻书画记》刊于1849年,两书合刊于1901年。1910年,黄宾虹、邓实主编《美术丛书》将《听帆楼书画记》《听帆楼续刻书画记》收入其中出版。以后又不断得以重刊。1997年,两书又分别收入由上海书画出版社出版的《中国书画全书》第11～12册。2007年位于浙江杭州市的西泠印社又影印出版了《听帆楼书画记》,2008年台湾的世界书局股份有限公司也出版《听帆楼书画记》。2009年,邵大箴编纂的美术工具书《中国美术百科全书》由人民美术出版社出版,也收录多条与潘正炜有关的词目,成为书画收藏家的案头工具书。听帆楼随着近代中国社会的剧变,早已成为历史的陈迹,但其声名犹存。潘正炜后人、世界华人建筑师创会会长潘祖尧先生即以"小听帆楼"作为他在香港收藏文物的室名。

可见,潘家虽为十三行行商,但其富而好儒,亦商亦儒。他们利用积累起来的商业资本广收书画、金石、彝鼎、古印等,建造听帆楼陈列存放,并进行研究,著书立说,所以有"伍氏喜刻书,叶氏喜刻贴,潘氏独以著作传"的说法。

四、徐润创办石印书局

近代以降,西学东渐,以石印、铅印为标志的西方印刷技术被引入中国,使用范围不断扩展。石印是人类印刷史上一次重大革新,具有制版快、印刷快、逼真、廉价等特点。这一技术于道光十三年(1833)前后传入广州,并

徐润像

逐步传到上海。这大大刺激了中国商人，而且外国商品外包装鲜艳美观，与中国商品单调的红纸黑字包装，形成了强烈的反差。广东商人最先对此做出反应，并付诸行动。这个大商人就是徐润。

徐润，别号愚斋，1838年出生于香山县（今珠海市北岭村）。15岁时，随叔父徐荣村来到上海，进入英商宝顺洋行当学徒。因其勤奋好学，颇有悟性，深得洋行上下各级人员的喜爱与重视，19岁那年就已获准上堂帮账，24岁时升任主账，不久就接任副买办之职。早在宝顺洋行上堂帮账时，徐润就已经开始开办"绍祥"商号，自行经营茶叶等生意，从内地收购茶叶、生丝等物品，然后转卖给上海各大洋行。1868年，徐润脱离宝顺洋行，在上海开设"宝源祥"茶栈，随后又在湖南、湖北等产茶区增设多个茶栈，构造出庞大的茶业采购与销售网络，被誉为"近代中国的茶王"。19世纪70年代，徐润敏锐地看到上海百业振兴，万商咸集，地价将日益腾贵，在经营茶业的同时，开始投资房地产，先后和华商、外商合创了上海地丰公司、宝源祥房产公司、业广房产公司、广益房产公司、先农房产公司等，成为华商中的"地产大王"。经营茶业、房地产等积聚的雄厚资本，为徐润投资印刷业奠定了良好基础。

石印技术是德国人于18世纪末发明的平版印刷法，主要方法是用药墨将文字写在药纸上，再将药纸上的字迹移置到石板上，然后滚刷油墨便可把字印在纸上。19世纪初，石印技术已在欧洲普及。中国采用石印法最早是光绪二年（1876）上海徐家汇天主教会创办的土山海印刷所，主要印制天主教的宣传用品等，印刷数量有限，且仅限信徒之间传布，社会影响有限，但对中国石印技术的引进具有重要意义。1879年，英国商人美查在上海设立点石斋印书局，用石印技术开印《圣谕详解》，后陆续印制了《康熙字典》等书籍。特别是其印刷的《康熙字典》十分畅销，在不到一年的时间内销量达到数十万册，获利颇丰。点石斋通过印刷书籍获得厚利，使中国商人大受刺激。

中国商人开始对中西印刷品进行观察与比较，发现二者迥然不同。石印不仅字迹清晰，亦可随意缩小放大，甚为先进。外国商品外包装色彩鲜艳、十分美观，而中国印制的产品多采用红纸黑字，设计单调，缺少美感。"酷嗜图籍""藏书富有"的广东大商人徐润注意到了这些现象，并通过点石斋印书局看到了发展印刷业的无穷商机，遂于1882年与徐鸿复等人在上海集股投资创办同文书局，从国外引进12台轮转印刷机，雇工人500名。这是中国人自己集资创办的第一家石印书局，试图通过实际行动改变中国印刷业的现状。

同文书局是中国人自己集资创办的第一家石印书局。同文书局局址设在当时上海的熙华德路（今长治路），是一家专门翻印古籍文献、书画碑帖的印刷机构。书局拥有先进的技术条件和设备，拥有石印机12部，雇员500人，聘请翰林出身的出版主持和举人或秀才出身的编校人员专事翻印善本古籍。机器设备有6度、12度、26度字粒机及石印机、照镜机等。经营范围比较广泛，除印刷商品包装纸外，还印制书籍、画册、香烟盒等。先后出版《二十四史》《古今图书集成》及字画、碑、帖，不下数十万本，各种法帖等十数万。同文书局的规模居当时石印业之首。光绪十九年（1893）五月十七日，该局不慎发生火灾，大批设备被焚毁，损失惨重，但从事过保险业务的徐润在开办之前已经为书局办理了保险，所以书局又很快恢复生产。后因印书积压大，于光绪二十四年（1898）停办。

同文书局在近代印刷史上率先打破了由外国人创办的点石斋印书局独霸石印业的局面，并与宁波人在上海创办的拜石山房书局形成了石印业的三足鼎立之势，推动了中国石印印刷业的发展。光绪十三年（1887）二月五日《申报》报道说："石印书籍肇自泰西，自英商美查就沪上开点石斋，见者悉惊奇赞叹。既而宁粤各商仿效其法，争相开设。"所谓"宁粤各商"即是指宁波人开设的拜石山房和广东人开设的同文书局，"而新印各书无不钩心斗角，各炫其长，大都字迹虽细若蚕丝，无不明同犀理。其装潢之古雅，校对之精良，更不待言。诚书城之奇观，文林之盛事也"。可见，广东商人在近代中国石印技术推广中占有举足轻重的地位。

同文书局石印技术的引进，使得中国书籍的出版速度与质量大为提高，同时也使得书刊的制作成本大大降低，这无疑有利于文化普及。徐润在记述引进石印技术开办同文书局时，对石印技术大加赞誉："石印书籍始于英商点石斋，用机器将原书摄影石上，字迹清晰，与原书无毫发爽，缩小放大，悉如人意。心窃慕之，乃集股创办同文书局，……莫不惟妙惟肖，精美绝伦，咸推为石印之冠。"正是石印书籍的明显优势，吸引了徐润等人集股兴办同文书局的热情。

同文书局自1882年创办，到1898年歇业，短短十几年，用石版印刷术印刷了大量古籍，因印刷精湛、装订考究、字迹清晰，被时人称为"同文版"。同文书局搜罗古籍善本为样本，专用石印技术影印古籍，所印书籍包括《古今图书集成》《二十四史》《资治通鉴》《通鉴纲目》《通鉴辑览》《佩文韵府》《佩文斋书画谱》《渊鉴类函》《骈字类编》《全唐诗》《子史精华》《康熙字典》《快雪堂法书》等数十万本，各种法帖、大小题《文府》等数十万部。其中工程最大的是《古今图书集成》和殿版《二十四史》。

"粤商文化"丛书
粤商好儒

　　同文书局曾前后两次翻印《古今图书集成》，第一次开始于光绪十一年（1885），用两年时间印刷《古今图书集成》缩印本1万卷，计1500部，因是缩印本，所以字体较小。第二次始于光绪十七年（1891），由清政府出资影印了100部。此次影印增加了《考证》20卷，每部装订成5440册，总计50多万册。工程之浩大，成为当时印刷界的重大事件，同文书局也因此声誉益隆。

　　《古今图书集成》是中国历史上著名的大型类书，全书1万卷，目录40卷，雍正四年（1726）定稿成书。清末曾两次翻印，一为石印本，一为铅印本。同文书局在"股印《古今图书集成》启"中说："恭闻是书初成，以活字钢版排印不逾百部，……本局现以万余金购得白纸者一部，用以缩印，又以六千金购得竹纸者一部，用以备校，约两年为期，其工可竣。"所谓"股印"，即指图书未出版时，购买者先交付给出版机构一定数量的订金，余款在图书交付时付清。

　　关于同文书局印行该书的目的，有两种不同说法。一说是朝廷由总理衙门出面委托上海同文书局，花费白银35万两，石印《古今图书集成》100部，作为赠送外国的礼物。另一说是朝廷作为恩赏王公大臣的礼品，据说慈禧太后为了颁赏文臣，拟翻印《图书集成》100部，徐润得知消息，随通过各种关系而得到内务部批准，承揽了该项业务。1891年，清政府出银48万两，委托同文书局承印《古今图书集成》，底本为清雍正年间的铜活字印本。同文书局所印《古今图书集成》板式比原书放大十分之一，用上等桃花纸石印，对原有脱漏之处均进行描补，其中一部用黄绫团龙装订，以供宸览，其余百部则普通装订分发文臣。此书印制工程浩大，历时3年，耗资甚巨，官府早期拨给38万银两不敷支出，印刷几经中辍。经徐润托人游说，官府增加津贴10万，印刷经费最终得以解决。徐润在《徐愚斋自叙年谱》中曾说："迨光绪十七年辛卯，内廷传办石印《图书集成》一百部，即由同文书局承印。壬辰年（1892）开办，甲午年（1894）全集告竣进呈，从此声誉益隆。"同文书局从此声誉益隆，此后，陆续在北京、广州、太原、南昌、长沙、汉口等地设有分局，一时成为中国石印业巨头。

　　同文书局翻印的《二十四史》共3249卷，约4000万字。清代刊印的全套《二十四史》主要有三种版本，最早是清乾隆年间的武英殿刻本，其次为清末由金陵、淮南、浙江、江苏、湖北五个书局合作刻印的"局本"和商务书局的"百衲本"。同文书局在光绪十年(1884)发布的"股印《廿四史》启"中曾称：

同文书局《康熙字典》

> 本局现以二千八百五十金购得乾隆初印开化纸全史一部，计七百一十本，不敢私为己有，愿与同好共之，拟用石印，较原版略缩，本数则仍其旧。如有愿得是书者，予交英洋壹百元，掣取收条，并分次取书单念四纸，各史随出随取，而得其便。现经添设汽炉，日不停晷，较诸人力尤为敏捷。

由此可见，同文书局翻印的是乾隆年间武英殿刻本，当为齐全的珍本。由于出书快、工本低，售价也比木刻本低廉许多，自然也受读者欢迎。

此外，同文书局石印的古籍影响较大的还有160卷的《子史精华》、450卷的《渊鉴类函》、240卷的《骈字类编》、120卷的《御批历代通鉴辑览》和《康熙字典》等。书局还出版了大量西学图书，广为发行流播。李鸿章赞其"掺罗海外奇书，彰阐中西新学"。如今中华书局畅销不衰的影印《康熙字典》，所依底本即是同文书局仿殿版的石印本。

同文书局和其他石印书局的出版内容，一是为科举考试中的

第一章　整理刻印文化典籍

粤商好儒

士人服务，推出了各种经书及《大题文府》《小题十万选》等出版，供士人选择购买使用。随着科举考试增加史鉴策论的内容，书局加大印刷《二十四史》《九通》《古今图书集成》《资治通鉴》《佩文韵府》《全唐诗》《康熙字典》及各种论说的书籍；二是投迎大众读者的需要，如印刷的字画、诗文碑帖等主要是迎合赏玩古董之人，而对旧小说如《三国演义》、《水浒传》等书的石印，则是投广大市民之所好。后来由于销路的不畅，徐润果断决定停止石印业，他在《徐愚斋自叙年谱》中说："惟十余年后，印书既多，压本愈重，知难而退，遂于光绪二十四年戊戌（1898）停办。"

清末出版的书籍大部分采用石印技术，石印已经成为那个时代的显著特征。同文书局专用此法影印古籍，已成为时代楷模，并成为印刷行业的领头者，其意义远远超出其当初设立的宗旨。徐润创办的同文书局是第一家民族资本经营的近代印刷企业，为传播近代文化知识、中外文化交流起到了一定作用。

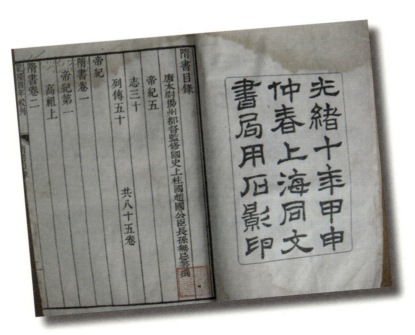

同文书局影印本《隋书》

第二章
报刊与出版

报刊与出版无疑是近代化过程中传播信息最为快捷的媒介，其阅读对象主要面对社会大众，所以其发行量的大小，不仅涉及营销商的经济利益，而且也会为他们带来社会效益。所以，投资近代化的报刊和出版，也是粤商乐于尝试与开辟新的商业渠道的手段。

一、《广东七十二行商报》

广东是最早出现近代报刊的地区。清末民初，广州商人对办报表现出很大的热情，当时大多数报纸都是商办或有商业资本参与开办，其中较有影响的商人团体报刊即为《广州总商会报》和《广东七十二行商报》。这两种报纸直接以商人团体来命名，一方面反映了商人在运销过程中知晓舆论对商业兴盛的重要性；另一方面通过自己的行业报刊又可以团结更多的商人抱团发展，以争取更大的商业利益。其中又以《广东七十二行商报》出版时间最长。

《广东七十二行商报》的创办人是黄景棠。

黄景棠，字诏平，广东新宁（今台山市）人，生活在清末民初。他的父亲黄福是马来西亚著名侨商，在马来西亚柔佛承包工程并经营种植园，财力颇雄厚。郑观应曾用"富埒王侯"来形容黄福。黄景棠的幼年在新加坡、马来西亚度过，但接受的是严格的中国传统文化教育，少年时已经奠定了扎实的知识基础。由于视野开阔，年轻时多接受外界新思想的影响，立志将来要有所作为，成就一番宏伟大业。

黄景棠青年时与其弟一起归国寻求功名。大约在1888年，在父亲的支持下，他回到祖国，在广州继续求学，此后便在羊城广州定居下来，曾于1888—1889年北上游历了京、津等地。1897年考取拔贡，后加捐获道台官衔。当时正值变法维新运动紧锣密鼓地展开，黄景棠对戊戌维新人士很同情。变法失败后，黄景棠对时局深感失望，遂以双亲年老为由，辞官不就，南下广州，在荔枝湾畔建小画舫斋（现为广州市文物保护单位），不时邀集文人雅士饮酒作诗。1901年，他再次应乡试落第，从此绝意仕途，致力于工商业经营，成为清末广州绅商中的活跃分子。1904年广州商务总会成立，黄景棠被选为坐办，曾参与潮汕铁路、粤汉铁路的规划与建设，其最有影响的实业活动都与铁路有关。1906年，鉴于对广州芳村将会发展成为广州的码头仓库区的正确判断，黄景棠在芳村白鹅潭边的大沙地、二沙地等处购买了大片土地，建造货仓、码头、楼房和商铺，不仅开办商场，还在芳村上冲至芳村下冲兴建了一条长1000多米的芳村长堤。芳村长堤的修筑，对于形成以白鹅潭为中心，芳村、荔湾、海珠形成三足鼎立的城市格局具有重要意义。

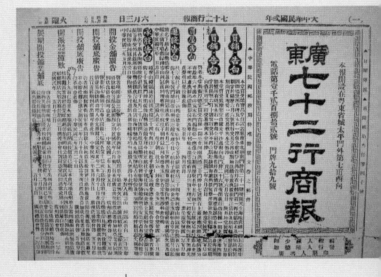

《广东七十二商行报》头版

作为广东著名的绅商，黄景棠不仅投身于商业经营，随着其商业地位的迅速提高，还积极投资办学、办报，兴办慈善事业，组织商人团体社会活动。创办《广东七十二行商报》无疑是他人生中的重大创举。

广东不仅是中国近代报刊的诞生地，而且曾一度是报刊最多的省区之一。1912年，仅广州市就有20多种日报发行。除了上海，大概没有哪个城市的报纸比广州更多。但由于时局动荡，近代广东的报纸大多只能存在三四年的时间，有的甚至仅发行一年半载就销声匿迹。只有《广东七十二行商报》从1907年一直办到1938年，成为近代广

"粤商文化"丛书
粤商好儒

东"报龄"最长之最。

《广东七十二行商报》是广州商界的喉舌。清朝末年，广州商业有"七十二行"之称。所谓"七十二行"并非实数，只是广州商业、手工业（一些行业是工商合一）行业的泛称，七十二行究竟包括哪些行业，当时就已经人言人殊。20世纪初，广州的工商业至少有百余行，一些大行下面还可以分多个小行，同一行往往有东家行和西家行，西家行是受雇者的行会。每一行并非一个实体，没有固定的办事机构和办事地点，更没有条例与章程，包括哪些行也没有一致的说法。如宣统《番禺县续志》卷12《实业志》列出的七十二行，实际上只列出71个行业。日本人1907年对广州的七十二行做过调查，对各行的营业加以说明，所列的广州七十二行是：

1.银行（相当于外省的钱庄），2.金行，3.当行，4.土丝行，5.出口车丝行，6.土茶行，7.熟膏行（鸦片烟膏），8.生土行（未煮之鸦片），9.柴行，10.米行，11.油行，12.酱料杂货行，13.酒行，14.海味行，15.咸鱼行，16.猪肉行，17.鲜鱼行，18.鸡鸭行，19.菜栏行（蔬菜批发），20.高楼行（酒楼），21.饼行，22.布行，23.匹头行（经营绫罗绸缎），24.染料行，25.鞋行，26.帽行，27.顾绣行（经营五彩金线织造之衣服、屏障等），28.新衣行，29.故衣行（经营旧衣服），30.戏服行，31.玉器行，32.烟丝行，33.熟药材行，34.蜡丸行（中成药），35.参茸行，36.豆腐行，37.铜铁行，38.缸瓦行，39.砖瓦行，40.泥水行（建筑），41.杉行，42.杂木行（经营杉木以外的一般木材），43.竹器行，44.搭棚行，45.石行，46.铁梨行（经营铁梨木），47.车花行（雕刻木器），48.油漆行，49.牌匾行，50.仪仗行，51.洋灯行，52.香行，53.山货行，54.颜料行，55.锡器行，56.檀香行，57.长生行（经营棺木），58.茶箱行，59.鲜果行，60.洋货行，61.席行，62.戏班行，63.官粉行（化妆品），64.绒线行，65.刨花行（妇女的一种化妆品），66.金线行（绣花用），67.金箔行，68.象牙行，69.烧料行（经营琉璃器具），70.花纱行，71.纸料行，72.机房锦纶行（丝织手工业）

因此，"七十二行"是清末广州商界的代称，或是广州城各个商业、手工业的联合。广州商人通过这个"虚拟"的联合体形成认同，采取统一行动。1907年创刊的《广东七十二行商报》，广州商界除了从该报获得信息外，也可以通过该报联络结合或表达共同主张。

该报于1907年8月4日开始发行，由黄景棠独资创办。首期发行的报纸上刊登了一篇长达数千字的发刊词。发刊词对广东商业的繁荣以及广东商业在国内外的影响充满自豪感。"各行省无不有粤商行店,五大洲无不有粤人足迹,其民轻巧活泼,好冒险习劳,最合营业之性质,由是观之,我粤省于历史、地理、物产、民俗上均占商界优胜之点,似非他省所及,谓为天然商国,谁曰不宜?"发刊词还呼吁加强商界的联合,发挥广东商人团体在国际"商战"中的作用;提倡诚信经商以增强广东商品在国外市场的竞争力;号召发展商学,以提高广东商人的整体素质;对清政府统治下缺乏经商的法制环境、社会治安混乱,以及官吏对商人的横征暴敛,提出尖锐的批评。

发刊词宣称,报纸"既有监督商人之责任,亦有监督政府之义务";鼓吹"商务愈盛,国力愈强",并以美英等国为例,指出美国以托拉斯之力,"权力及于全球";英国以东印度公司之力,"殖民遍于东亚"。认为英美等国都是凭借着商团的势力向外扩张,并因此而得以称雄世界,广东商界必须团结一体,才能振兴国家,"我七十二行团体,虽不敢遽冀于斯,然朝研夕磨,力求进化,以爱国之热诚,为强国之基本,将商业兴而国势振"。最后还表示,要向西方商界学习,"以爱国之热诚,为强国之基本",达到"商业兴而国势振"的目标。由此可以看出,百年以前,广东商人已经具有很强的政治觉悟与竞争意识,实在令人敬佩。不少学者认为,辛亥革命时期是中国民族资产阶级政治上的"黄金时代",《广东七十二行商报》的发刊词就是有力的证明。《广东七十二行商报》的发刊词,充分反映出广东商界对自身经济实力的自信,以及商界团体以争取经济利益与政治权利的要求,特别是其有关"商战"言论,引起了广东商界乃至全社会的共鸣。

据该报记载,《广东七十二行商报》的主办人是黄景棠,总司理兼发行人为罗啸璈,总编辑陈罗生,副编辑陈宝尊,撰述人有冯智慧、钟履崔,每逢星期日休刊。报社地址在广州市西关第七甫第100号。得益于当时的广东社会经济繁荣、商业性强,沿海地区与外埠交流频繁,中外新信息沟通丰富,社会舆论比较自由,《广东七十二行商报》的内容十分丰富,开辟了《上谕电传》《论说》《本报专电》《本报特别要闻》《本省新闻》《中外要闻》《时评》《谈屑》等专栏,虽然板报的宗旨重在言"商",但也穿插有不少社会新闻,很有平民色彩,可读性较强。该报对开8个版,以广告居多,生活信息也很详尽。《广东七十二行商报》发行至江门、佛山、香港、东莞、上海、汉口、梧州以及新加坡、美国、秘鲁等地。在清末广州"反美拒约"运动、西江缉捕权事件、广东保路运动中,该报立场坚定,观点鲜明,积极支持人民的爱国斗争。如1911年11月,该报曾发文明确支持辛亥广州光复。1913—1914

年，该报发行量跃居广东省报刊首位。1938年10月日军侵占广州后该报停刊，前后共出版33年，是20世纪50年代以前广东出版时间最长的报刊。

《广东七十二行商报》虽名"商报"，但眼光并不局限于商界和经济，对时政报道也相当关注，成为国人获取新闻信息的重要来源。《广东七十二行商报》报纸创办的当年冬天，英国借口"清剿海盗"，派军舰闯进西江，严重侵犯中国主权。广州商界在发起反对英国攫夺西江缉捕权的斗争中组建了粤商自治会，这是一个商人的政治团体，黄景棠是发起人之一。1908年春，中国水师在澳门附近扣留走私武器的日本船"二辰丸"，引起中日外交纠纷。粤商自治会随即发起了中国近代历史上第一次抵制日货运动。1909年，澳葡当局企图借划界之机扩大控制地盘，同年，日本企图侵占广东海面的东沙岛，粤商自治会在维护领土主权的抗争中也起了领导者的角色。粤商自治会在成立时通过了一个包含了参政要求的章程，此后，城乡居民与外国人发生纠纷，或受到官吏、营勇的欺压，往往就到粤商自治会投诉，而黄景棠等人也常常出头为受欺压者抗争。当时，报纸是一种刚普及的新事物，报纸的"论说"、报道，成为城市居民获得各种信息的主要来源，《广东七十二行商报》作为广州商界的喉舌，在粤商自治会的各种活动中自然起着不可忽视的作用。广州黄花岗起义之后，殓葬七十二烈士的潘达微就第一时间在该报发表了关于殓葬情况的文章。

黄景棠通过兴办报纸宣传改革主张，参与社会与政治活动，引起了官府和守旧士绅的忌恨。1910年，清廷曾发布上谕，对黄景棠等人严加申饬，强加给他们的罪名之一

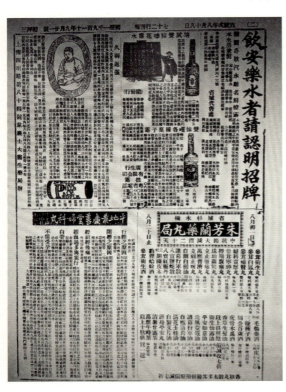

《广东七十二商行报》的广告

就是办报。由于当时清朝政府的控制力量已经衰弱，一般情况下不敢贸然对声名卓著的工商界人士大开杀戒，黄景棠等人虽然承受了很大压力，但生命安全仍能得到基本保障。《广东七十二行商报》的言论虽然经常受到政府管理部门的干预甚至封禁，但报纸的出版仍得以继续。民国以后，《广东七十二行商报》的办报宗旨趋于"稳健"，基本坚守"在商言商"的立场，清末粤商自治会领导爱国斗争时期的蓬勃朝气已难以在报纸上得到体现。

近代广东战乱频仍，文献资料散失严重，广东先后出版的报刊数以百计，但留存到今天仍比较完整的没有几种。连续出版了30多年的《广东七十二行商报》，目前只在中山大学南校区图书馆零星地还保存了两三百份，其中只有一份是清末的。幸而该报在创办25周年时出版过一本纪念刊，使我们对这份广州商人报纸的创办情况和社会影响得到稍多的信息。

其实，近代广东商人团体在创办《广东七十二行商报》之前，已经出于联络商情、宣传主张的需要，在广州第十七甫创办过《广州总商会报》。其创刊时间是1906年1月29日，当时因为关于对粤汉铁路主办权，是有官办还是有商办，双方争执不休。为了宣传自己的主张，广州总商会遂主办《广州总商会报》，作为总商会的机关报。该报发起和创办人包括郑观应等大商人。内容有上谕、商务、论说、本省商务要闻、京外商务要闻、外国商务要闻、时事、本省要闻、铁路纪事等。是年4月初停刊。《广州总商会报》停刊，不久，粤商重新集股开办了《广东七十二行商报》。

粤商办报当然不限于广州一地，在粤商云集的上海，粤商参与创办了当地第一家华文报纸。1871年英商在上海创办了中文报纸《申报》，后又有《字林西报》问世。当时留学美国耶鲁大学的广东香山人容闳决定办一家华人报纸。1874年由容闳发起，招商局总办唐廷枢、叶廷眷、买办郑观应等共同创办《汇报》，这些人均为香山人。该报宗旨为："本局为中华日报，自宜求益于华事而言之，故有裨益于中国者，无不直陈，而不必为西人讳。"《汇报》是中国近代第二份华人自办的报纸。《汇报》的创办资金为白银2万两，绝大部分由上海的广东商人出资。《汇报》的创办显示了粤商在上海的实力，扩大了粤商在上海乃至全国的影响。此后，郑观应还曾想方设法在上海办一张英文报纸《交涉报》，但最终未获成功。

二、邝其照创办《广报》

邝其照,别号蓉阶,生于清道光二十三年(1843),光绪十八年(1892)举人,祖籍广东台山,故居在广州荔湾区的聚龙村。清同治年间,邝其照被朝廷派往美国留学,后随驻美副大使陈荔秋在美国从事商贸活动多年。他精通英语,熟悉业务,被调任回国随邵筱川办理洋务、通商事宜。清光绪十一年(1885)邝其照被调到广东,协助办理洋务。其时,邝其照是洋务派官僚集团中的成员,是亦官亦商,参与洋务派的外交活动,曾出任清政府派驻新加坡的商务领事、驻美商务参赞助理和教育部官员,曾任张之洞的秘书,还主持过上海《汇报》报务,晚年又著书立说,创办报业。他办报十余年,成为内地及港澳、东南亚地区的清末报业的巨子,被尊为广东报业先驱。

清光绪十二年(1886)六月,邝其照在广州创办《广报》,馆址设在华宁里,成为广州第一家报社。主笔吴大猷、林翰荣、肖竹朋、罗凤琼。两年后主笔为劳胜保,撰述武子韬,编辑朱鹤,后为熊长卿。最初该报的内容比较琐细,后经调整,顺序依次为论说、新闻、《京报》《辕门钞》、商情和广告。《广报》是中国最早的日报之一,外形仿效上海《申报》,在外埠广设分销处,销路极广,除了在省内的佛山、三水、顺德、香山、新会、江门设点售卖,还在香港、澳门、上海等地销售,并在海外的新加坡、马来西亚、泰国、越南、旧金山、菲律宾等地广有市场,与汉口的《昭文新报》、上海的《汇报》鼎足三立,同为最具影响力的近代日报。

光绪十七年(1891),因《广报》登载某大员被参一折、揭露某大员丑闻,触怒两广总督李瀚章,被番禺、南海县查封,罪名是"辩言乱政,法所不许,妄谈时事,渚

邝其照像

乱是非"，成为清廷地方官员封禁报纸之始。由于清政府不敢得罪洋人，许多报馆利用政府的这种心理，采取悬挂外国人旗号、借用外国人名义和在国外注册等方法，逃避清政府的检查。在上海形成了这样的惯例，但凡西人主持的报刊发生报案，官府只追究华人主笔的个人责任，并不追究报纸本身。《广报》被封后，邝其照充分利用这一惯例，将报馆迁入沙面租界，由一英商挂名继续出版，以避清朝官吏迫害，并将报纸名称改为《中西日报》。该报内容分本省新闻、本国新闻、西报译登等。后南海县令裴景福投资该报，发行量大增，馆址又迁回朝天街。因邝其照不畏权贵，坚持伸张正义，该报"渐肆议论，指摘政治，官无如何，只罪卖报之贫民而捕之耳"。

清光绪二十一年（1895）十月，孙中山成立兴中会，积极准备武装起义，在《中西日报》上发表《拟创立农学会书》，指出民族危机深重，号召人民发奋图强。邝其照主办的《中西日报》成为孙中山宣传民主革命、领导广州起义的舆论阵地。光绪二十六年（1900）十二月，《中西日报》因刊登义和团获胜、八国联军败绩的新闻而触怒西方列强，遭到广东当局的严厉查禁。《中西日报》被查封后，又改称为《越峤纪闻》继续出版，但不久又告停刊。邝其照主办报业10多年，为世人所瞩目，成为内地及港澳、东南亚地区的新闻人物，是清末广东报业巨子。中国人民大学方汉奇教授在20世纪80年代编著的《中国近代报刊史》，对于邝其照创办报业给予了很高评价。

《广报》头版

除办报之外，邝其照还编写英语系列丛书，推动中英文化交流。邝其照曾屡次出使国外，又勤于钻研，深得英文奥秘。他曾说："中国与外国通商多年，中国虽日向富

强,但不能闭关自守,不与外国通商。而中外人士交涉贸易,往往因语言文字不相通,或一言误译而引起争端,或一字之错而受到外来挟制,故出版英文系列丛书。"清光绪六年(1880)邝其照撰写并出版英文著作《中外年表》。第二次鸦片战争后,对外的事务越来越频繁,可是国内仍没有一本指导学习英语的英汉字典。邝其照决定着手编写一本叫《华英字典集成》的英语学习字典。另外,又撰写出版了《英文成语》《地球说略》《应酬宝笺》等书。广东省立中山图书馆古籍文献部现藏有孤本《华英字典集成》。邝其照撰写的英文系列丛书,在清末曾多次再版,是洋务派必读之书,深受各界欢迎,畅销东南亚和北美地区。邝其照敢为人先,撰写系列英文丛书,对推动中西文化沟通、促进对外交往功不可没。按照著名历史学家周振鹤的说法,这是第一本由中国人编著的英语学习字典。而后这本字典影响甚广,据周作人在《翻译与字典》文中说,当年日本人学习英语时,也多依据邝其照所编的英汉字典。

三、何廷光与澳门《知新报》

何廷光,生卒年不详,字穗田,广东香山(今中山市)人,是一位同情维新运动、支持革命志士的澳门巨商。何廷光的一生充满传奇色彩,他自小加入葡萄牙籍,并且取得爵位,但始终热爱祖国,支持康梁变法和孙中山的革命;他通过经商发财致富,但又慷慨解囊兴办慈善和教育事业;他慷慨好义,古道热肠,积极奖掖后进。孙中山青年时代在香港学医期间,就曾受到何廷光的鼓励和信任,应澳门绅士曹子基与何廷光的邀请,治愈他们久病的家人。1892年孙中山在香港西医书院毕业后,到澳门开业行医,又得到何廷光的帮助。当时何廷光任镜湖医院值理,他不仅向澳门社会各界大力推荐孙中山,而且盛赞孙中山"医

邝其照编《华英字典集成》

术高明，性情和厚，学识精明"，还多次在《镜海业报》上刊登广告，表彰孙中山的崇高医德。

　　1896年，康有为到港澳宣传维新思想，何廷光深受影响，经康有为筹划，何廷光于1897年2月22日（清光绪二十三年正月二十一日）投资创办澳门《知新报》。在创刊号刊登"本馆总理""撰述""翻译名列"，该报有两位总理，实际工作类似现在的总编辑，分别由何廷光和康广仁担任，另有梁启超兼理笔政，何树龄、徐勤、刘桢麟、韩文举、吴恒炜、陈继俨、梁启超等人为撰述，这些人大多是康门弟子，原上海《强学报》的一些骨干也参加了该报工作。当时正值维新运动发展时期，在《知新报》的周围云集了一批华南地区的维新派骨干人物，何廷光和康广仁无疑是《知新报》的核心人物。据《康南海先生自编年谱》记载：光绪二十二年八月，"游香港，十月抵澳门，与何君穗田创办《知新报》"；梁启超在1896年11月25日致汪康年的信中也证实"澳报已成，集其股东，则皆葡之世爵，澳之议员……一何姓者子爵也"。何廷光在《知新报》的地位名义上和康广仁并列总理，实际上他是掌握大权的董事长兼总经理。

　　《知新报》是澳门第二份中文报纸，初为5日刊，自第20册起，改为旬刊，直至1900年2月14日第114册起，再改为半月刊，每期60余页，册装。目前能找到的最后一期是光绪二十六年（1901）十二月初一日出版的第133册。《知新报》设社址于澳门大井头四号。原按上海《时务报》模式创办，初拟为《广时务报》，取"推广"和"广东"的双重意思，后经梁启超斟酌，定名《知新报》。其办报宗旨正如其创刊号登载的"知新报缘起"所言："不慧于目，不聪于耳，不敏于口，曰盲、聋、哑，是谓三病"，而"报者，天下之枢铃，万民之喉舌也，得之则通，

光绪二十三年《知新报》

通之则明,明之则勇,勇之则强,强则政举而国立,敬修而民智"。《知新报》除了严肃的政论外,还选取了时效性和趣味性兼顾的译文,对教育亦起一些作用。《知新报》所涵盖的知识范围,上至世界大事、国计民生,下至个人卫生,应有尽有,可满足社会各阶层的需求,是一份面向社会大众的报刊。

鉴于康有为、梁启超对《新知报》的直接干预与指导,该报注重提倡政治改革、推广科学知识,介绍西方文化。《知新报》尤其重视对世界各国信息的收集与介绍,每一期有关国际新闻多达数十则。《知新报》初创时设论说、上谕、京外近事、美国、法国、英国、德国、日本、俄国、西班牙、希腊、农事、工事、商事、矿事、路透电讯摘录等栏目。一年后,根据形势发展和读者的需要,将美、法、英、德、日等国的专栏改为"亚洲近事""欧洲近事"和"美洲近事",后又综合为"外洋各埠新闻""各国新闻"等。之后又将京外近事逐步扩充为"京师新闻""中外交涉新闻""各省新闻"和"广东福建新闻"等。《知新报》还增设附录,连载西方政治、经济、历史、科技著作的译文。后又增加"诗文杂录"或"诗章附录",成为中国近代报章副刊的雏形。

在何廷光等的努力下,《知新报》在海内外名噪一时,阵容鼎盛,"撰述"和"翻译"就有14人之多,专门高薪聘请专家担任英文、葡文、德文、日文等翻译,梁启超对《知新报》的翻译给予了很高评价。国内外的代理发行点达40处,仅香港、广州、佛山、中山等就有15处左右的派报点,而且还远销日本、越南、新加坡、美国等地,不仅在维新人士和进步民众中声誉很高,甚至连杭州等地的官府也饬令下属购阅。随着《知新报》销量剧增,社会影响扩大,报社行政事务繁忙,财务开支庞大,其中何廷光承担的责任最为艰巨。

《知新报》从创刊开始就为变法维新制造舆论,以"变弊政兴新法"、救亡图存为办报宗旨,宣传最多的内容是废八股、改科举、兴学校、育人才、采西学、开民智。《知新报》还主张设公司、创商报、建商会、立商学、奖发明、修铁路、开矿山、设轮船、广贸易、办银行、设保险等振兴国家。在政治上宣传伸民权、实行君主立宪,大量刊登维新派有关变法的奏折,报道各地推行新政的消息。在何廷光等人的努力下,《知新报》深得社会欢迎,与上海《时务报》、湖南《湘学报》等共同成为维新派的重要喉舌。

戊戌政变后,康广仁被害,康有为、梁启超等人被迫亡命国外,内地的各种变法报刊在朝廷的摧残下,全部销声匿迹。但是,何廷光继续坚持办《知新报》,并利用当地由葡国管治的特殊环境,坚守阵地,孤军奋战,继续宣传维新运动,刊登维新人士的化名文章,发表了《八月六日朝变十大可痛说》《论中国政变并无过激》《论中国政变可疑之事》等文，报告了北京政变的实况，歌颂为维新变法死难的烈士，反击以西太后为首的顽固势力，同时发表了许多悼念死难烈士及总结变法历史经验与教训的文章，强调维新变法的必要，竭力为光绪皇帝和康有为辩诬，是当时国内唯一的同顽固派针锋相对斗争的报刊。《知新报》完整地记录了维新变法运动兴起、中挫、苦斗，以及后来转向的全过程。

1899年7月20日，康有为在加拿大创立保救大清皇帝会后，澳门改良派人士积极响应，组成保皇会澳门分会，由何廷光担任会长，后又决定将保皇会总会设于澳门，要求海外华侨将给予保皇会的捐款汇到澳门，并推举何廷光为大总理，总管财政。1899年下半年，海内外保皇会的首要人员云集澳门，使澳门成为保皇派的大本营。《知新报》被定为保皇会会报之一。1900年1月，西太后准备废光绪帝的消息传出，澳门保皇会通过《知新报》大造舆论称，"清民归附皇帝如赤子之恋慈母，此清国不亡之象也"。

19世纪的澳门

《知新报》于1901年1月20日正式停刊，前后存在4年时间，是国内出版时间最长的维新派报刊。这既是港澳近代报刊的先驱，也是戊戌变法时期维新派在华南地区创办的最为重要的宣传刊物，更是维新运动的历史档案，充分展现出戊戌前后维新派社会意识、政治思想和文化观念的动向，澳门由此也成为维新派在南方的重要基地。

《知新报》开辟了反映民意的渠道，重视读者的信息反馈，发挥报刊的舆论监督作用，曾以读者来信的形式登载《广东省城七十二行商民吁留方岑伯察》《广东高雷两府与本馆书》《澄海林君任致本馆书（并祭六君子文）》等来自民间的舆论，引导读者关心国家大事和公共利益，积极参与社会事务。

何廷光是19世纪末20世纪初澳门社会的风云人物，作为商人的何廷光，通过创办《新知报》，对中国维新运动做出了重要贡献。

四、面向市场的《良友》杂志

1926年，《良友》杂志在上海诞生。这是一本大型的、以图片为主的刊物，不仅内容十分大众化，而且价格也相当便宜。这本杂志的创办者是中国现代出版史上的传奇人物伍联德。

伍联德是广东台山人。20世纪二三十年代，在繁华的大上海，书报出版行业的经营者以江浙籍人士居多。广东人以会做生意著称，特别是餐饮和百货业经营业绩显著，一时称雄上海。但在出版业方面，广东商人表现似乎并不突出。而良友图书公司的老板伍联德却属于例外，他不仅自创良友出版印刷公司，还取得了令人惊叹的成绩。他一手创办的《良友》画报，在高峰时期发行量高达4万余份，在全国的销量排名仅次于《生活》周刊，位列第二，当时甚至有"良友遍天下"之说。杂志创办之时，伍联德只是一位26岁的热血青年，在上海滩无任何背景，白手起家。著名文学家阿英曾说，从晚清到20世纪40年代，中国的画报发展共分为四个时期，而1926年2月创刊的《良友》画报，则是第四个时期的中坚，代表着画报的影写版时代。

据良友文化基金会的负责人之一伍凌回忆，广东台山人到国外谋生一直有着传统。伍联德的父亲伍礼芬也追随着当地人的"金山梦"，漂洋过海到了美国，在一家洗衣店当洗衣工，并伴随着日久天长而积累了经验与人脉，于是自己独立单干，也开起了自己的洗衣店，他省吃俭用把剩余的钱财全部寄回家乡，以此赡养留守在家乡的妻儿和老人。伍联德的幼年由其伯父带到广州岭南大学附属小学读书，他勤奋好学，一直读完大学预科。由于当时岭南大学尚未设本科，伍礼芬听说后就给儿子写信，要求他到美国读大学，但伍联德的想法与父亲不尽相同，他拒绝了父亲的要求，也许是为了减轻父亲的经济压力吧。

伍联德从小就对美术很感兴趣，这一爱好贯穿他一生办杂志的全部过程。在岭南大学读预科时，他就和一位同学共同翻译了一本外国人关于美术的书，名叫《新绘学》，并将此卖给了上海商务印书馆出版，两人获得了300元的稿费。拿到人生中的第一笔稿酬，伍联德跑到大上海游玩了一个月，并乘机参观了上海商务印书馆。

上海游历由此改变了伍联德的一生，从事书刊出版业在他的心中扎下了根。他把想到上海办出版的事告诉了时任岭南大学校长的钟荣光，得到了钟校长的极力支持，并亲自给上海商务印书馆的总经理张菊生写信介绍伍联德的愿望及才能。张菊生得知他是《新绘学》的译者，又有钟校长的举荐，马上录用了他。当时商务印书馆编译所所长王云五分配他主编《儿童教育画》，一干就是3年。伍联德先后草拟了许多计划给王云五，但均未得到采用。他感到在商务印书馆无法实现自己的远大抱负，遂决心辞职离开商务印书馆。

伍联德从商务印书馆辞职后，根据自己数年从事儿童教育编辑的出版工作，对这一市场相当看好，于是他就和原商务印书馆的一名同事合作创刊了《少年良友》。这是一张四开单张儿童刊物，内容主要是连环图画，包括德育故事、历史故事、科学常识、益智游戏等。《少年良友》没有获得预期的成功，读者寥寥。

但伍联德并没有气馁，在上海先施公司总经理欧彬的夫人谭惠然（也是当时上海女子商业银行的董事长）的担保下，他向银行借款，与同在上海的广州人余汉生开办良友印刷所。伍联德精益求精，印刷所生意蒸蒸日上。但伍联德始终没有放弃继续创办画报的念头，1926年2月15日，印刷所开办了7个月后，一本新型画报终于面世，这就是《良友》。

《良友》杂志历任主编有伍联德、周瘦鹃、梁得所、马国亮、张沅恒等。杂志为月刊。印刷精良，内容丰富，

《良友》杂志封面

"粤商文化"丛书
粤商好儒

《良友》第139期和第140期封面

销行国内外，最初每期发行7000册，后增至4万册。1941年末，太平洋战争爆发，《良友》停刊。抗日战争胜利后，曾于1945年10月续出一期。前后共出版172期和两个特刊。1954年，《良友》在香港复刊，仍由伍联德主编。1968年停刊。1984年由伍联德之子伍福强再度在香港复刊。

《良友》杂志，是一份娱乐休闲信息的画报杂志，首期的选材、编辑、封面设计等，都是伍联德亲自操持，内容具有浓郁的都市气息，而且贴近时尚。

作为一家画报，运用图片进行报道是《良友》最突出的特色。20年间，《良友》刊登的彩图多达400余幅，照片达到32000余幅。通过一幅幅图片，表明世界局势的动荡不安，展现中国军、政、学、商的风云变幻，成为记载中国社会风貌、文化艺术、戏剧电影、古迹名胜发展演变历程的巨大画卷，为后人通过精彩的图片了解中国近现代社会提供了珍贵的历史文献资料。

在琳琅满目的报刊面前，读者首先注意到的是其封面。因此，封面的设计与印制质量直接决定着杂志对受众吸引力的大小。在当代社会，通过以性感元素为诉求的封面女郎吸引受众的眼球，已成为时尚类刊物最为常用的视觉传播模式，而这种模式在国内的出现与形成，则始于《良友》杂志。《良友》的主编马国亮曾说，从创刊开始，《良友》一直以年轻闺秀或著名女演员、电影明星、女体育家等的肖像作封面，注重通过精选封面，第一时间抓住受众的眼球。第一期《良友》杂志的封面是一位名不见经传、在电影界初露头角的新人胡蝶。胡蝶在电影界走红后，经常在《良友》杂志上出现，登上封面或内页，或以特约作者身份发表旅行报道。当时有一种流行的说法是《良友》捧红了胡蝶。事实上胡蝶本人对《良友》在其出道之初所给予的大力支持一直心存感激。即使在晚年定居加拿大之后，胡蝶依然和《良友》杂志以及伍联德常有来往。

《良友》封面人物90%以上均是都市时髦女郎、贵妇人或电影女明星照片，这些女性大多出身上层社会，或是年轻漂亮且打扮得体的摩登女郎。封面之后占据显著位置的则是国内外政治新闻的图文介绍，其中政坛风云人物的照片占了绝大部分篇幅，这种关于政治新闻的宣传报道角度也带有明显的追求时尚之用意。在其出版的172期刊物中，只有11期的封面是男性，而男性又以重要历史人物为多，如孙中山、蒋介石、冯玉祥、朱德、李宗仁、张发奎、白崇禧等。《良友》从受众审美需求的角度选择图片，第一时间锁定受众的注意力，无疑是保证杂志成功的精明之举。

产品的印制水平是产品质量的直接体现。在形象包装上，无论是封面设计，还是版式和纸张选择，《良友》始终以时尚元素为突破点，力求成为当时印刷最为精美的一份杂志。《良友》除了在封面选择上精益求精外，对版式或者纸张的要求也近乎苛刻。从第37期开始，《良友》印刷全部用铜版纸代替原用的道林纸，人像照片改用彩色胶印。许多读者首先是被其精良的外观设计所吸引，感觉物有所值。此后，良友图书印刷公司成为一个较大规模的文化出版机构，其出版物仍长期以排印漂亮、纸张考究、装帧精美而闻名于世。良好的印刷质量为杂志的发行提供了有力保证，其市场销售效果自然也就得到进一步提升。

一般情况下，时尚杂志的读者同时也是时尚杂志广告宣传产品的消费者。作为时尚杂志，广告的选择同样构成决定杂志成败的关键因素。时尚杂志广告选择的最基本原则是要让广告及其所宣传的产品紧跟甚至引领时尚潮流。从最早几期《良友》连续刊登的广告可以看出，《良友》对广告的选择极为成功。当时电影及其放映的影院无疑是当时的新潮，《良友》为此连续刊登上海最豪华的电影院——奥迪安电影院的广告，并与报道电影内容相得益彰；又通过刊载多家新成立的影片公司的广告，让人们更多地了解最新生活时尚；通过刊登超级百货公司、人寿保险、照相器材、雪茄、电熨斗、鲜奶、奶粉、牙医、香烟、白兰地等

广告,介绍渐趋流行的新型生活方式。这些广告产品代表着最新时代潮流,全面体现《良友》的高端定位和时尚取向,真切地贴近良友读者的现实需要,增强杂志对读者的吸引力。

在《良友》创办之初,伍联德千方百计地进行推广宣传。他的宣传并非自吹自擂,而是将《良友》与时尚联系在一起,捆绑推销。例如第6期刊登一则美国某公司出产的婴儿奶粉广告,其广告形象设计为一位年轻漂亮的母亲抱着白胖可爱的婴儿,婴儿则坐在一个奶粉罐上。广告旁配有一篇名为《雇佣奶妈之危险》的短文,内容称:"世界各处,殆无华人之随意雇佣奶妈者。虽讲究卫生之家庭,所用奶妈,亦未经医生之检验……苟雇佣之奶妈患有隐病,则活泼可爱之婴儿,一经哺乳,势必传染,丧失健康。"这一宣传既表明对传统社会雇佣奶妈育婴的不赞成,也引领了现代社会以奶粉代替人奶的先河。除了从卫生的角度宣传奶粉的好处外,文中还特别对雇佣奶妈与购买奶粉的花费进行了比较,指出购置奶粉喂养婴儿不仅卫生而且实惠。这种图文并茂的宣传方式不仅生动有趣地反映了时代的新潮流,而且对破除当时的社会旧俗也有一定的帮助。《良友》第7期和第8期继续宣传育儿广告,而且将喂食奶粉与婴儿身体强壮联系在一起,并发起了婴儿竞赛的活动。广告以"看《良友》有四百元大奖的希望——婴儿竞赛会"为题,阐述强国必须强民,强民必须从增强婴儿体质做起。《良友》在接下来的4期中不断刊登婴儿照片,并接受读者的投票,最后选出40名获奖婴儿参加总决赛,并在第14期《良友》杂志上公布了3名票数最高的获奖婴儿照片。显然,《良友》杂志在这一商业运作中,与奶粉商家及其社会大众获得了共赢的效果。

《良友》享有"良友遍天下"的美誉,与其创办人伍

《良友》刊登的广告

联德的品牌意识以及扩展经营意识密不可分。为了扩充业务，伍联德先后在1926年11月、1927年4月前往新加坡、槟城、吉隆坡和美国等地进行考察，实地了解《良友》在海外各地的发行情况、读者的现实需要以及印刷业发展状况。在《良友》之后，他又陆续创办了《中国学生》《今代妇女》《银星》《体育世界》等杂志。伍联德后将《良友》画报的编务交给广东连州人梁得所主持。1933年，梁辞职，后与人在上海创办大众出版社，先后主编《大众画报》《小说》《时事旬报》等杂志，具有较高的知名度。潮阳人郑正秋所办的《新世界》《图画剧报》，倡导新戏，是两份适应普通市民娱乐休闲的杂志。

应该说，民国时期，粤商在上海的报刊出版业因此而占有一席之地，也创造了文化粤商的新形象。《良友》画报取得成功以后，良友公司还开展了其他方面的经营项目，包括开办印刷业，印制中外影星的彩色图片、外国名曲及流行歌曲；结合社会发展趋势，精心设计主题，出版《北伐画史》《孙中山纪念画册》《历届运动会特刊》《故宫图录》《西陲壁画集》《世界遗迹大观》《世界人种风俗大观》等专题画册。此外，还组织良友文库，出版多种文艺作品。《良友》画报是民国时期刊行时间最长的画报，是首家大量刊登摄影照片的现代画报，强调以图为主，以文配图，重视摄影和美术，至今仍有启示意义。

五、出版界翘楚王云五

王云五，名之瑞，小名日祥，号岫庐，祖籍广东香山县，1888年出生于上海；14岁改名为"云五"，取"日下现五色祥云"之意，也包含有日祥的意思。就在此时，他白天当学徒干活，晚上到夜校学英语。1904年，16岁的王云五进入一家同文馆学习，同时在一家英文夜校当助教，自谋生计。他博览英文原著，树立了"天下没有读不通的书，没有克服不了的困难"的自信心。不久，他成为益智书室唯一的教师，组织振群学社，自任社长。虽然王云五没有接受过系统的教育，只是断断续续上过几年学，但他凭着坚强的毅力刻苦自学，即使在辍学经商的岁月里，他也一直坚持学习英语。他以分期付款的方式购买35卷《大英百科全书》，并用不到3年的时间将其通读一遍，成为他一生中最有传奇色彩的经历，因此得以执掌教鞭。1908年，20岁的王云五受聘到中国公学任教，成为胡适等人的老师。当时的王云五留着辫子，土气十足，但凭着渊博的学识和善辩的口才而获得学生信任。

1921年，对王云五来说，是一个最为关键的年头。这一年他登上了中国文化出版界的大舞台，揭开了其一生从事出版业的序幕，也揭开了中国出版史上辉煌的一页。这一年，创

"粤商文化"丛书

粤商好儒

办于1897年的商务印书馆，在经历了"五四"新文化浪潮的冲洗后，正面临着新的转折，急需物色一位懂外语、学贯中西的新人主持编辑出版事务。起初，商务印书馆的元老张元济、高梦旦曾出面聘请新文化运动的风云人物胡适出任编译所所长，但胡适谢绝了邀请，并力荐有着师生之谊的王云五出任。不久，王云五到商务印书馆任职，开启了他一生事业的转折点。从此，他踏入了中国文化出版领域，与商务印书馆结下了不解之缘，几乎将其一生奉献给了印刷事业。

1921年，王云五正式跨入商务印书馆的大门，得以施展他的远大抱负。上任不到两个月，他就系统地提出《改进编译所意见书》。1922年1月，他接任编译所所长之职，成为中国出版现代化卓有成效的探索者，他以"教育普及""学术独立"为出版方针，大刀阔斧地推进编译所的改革。

王云五在商务印书馆期间，精心策划组织创编了一系列丛书，涉及各个学科领域，编印各科入门小丛书，如《百科小丛书》《国学小丛书》《新时代史地丛书》《农业小丛书》《工业小丛书》《商业小丛书》《师范小丛书》《算学小丛书》《医学小丛书》《体育小丛书》等，在六七年的时间内，编印各门百科小丛书达100多种，为此后编辑出版大型的《万有文库》奠定了坚实基础。

王云五大胆摸索与改革四角号码检字法，他的这一想法得到了当时著作的学者高梦旦的支持，因为在此之前高梦旦已经开始研究四角号码检字法。两人联手合作，王云五又从电报号码得到启发，开始设计以数字号码代替汉字的新方案，终于在1925年获得成功，并正式向社会公布"四角号码检字法"，受到社会各界人士的好评。此后，王云五又花费4年时间，对检字法进行70余次修订，使"检字法"进一步完善，并在此基础上正式推出了中国历史上第一部数字化"四角号码"字典——《王云五大辞典》，他因此被誉为"四角号码之父"。四角号码不仅适用于字典检索，还可应用于一些外国辞书的索引以及有关档案与资料卡片的管理。王云五用"四角号码法"研究并改进美国杜威的图书十分类法，使之更加适合于中国国情，创造了新的中外图书统一分类法，在当时图书界中独树一帜，对发展中国文化事业起到了重要作用。

王云五对中国出版事业和文化事业的最大贡献，还在于他策划和组织编印了《万有文库》。1928年，王云五在出版百科小丛书的基础上，制订了编印《万有文库》的计划，用统一的版式排印古今中外名著，内容包罗万象，这是商务印书馆对中国文化建设的又一项重大文化工程。该文库第一集1010种于1929年刊印问世，共分2000册。与一般书籍不同，该文库的每一册书的书脊上都印有中外图书统一分类法的类号,并在书末附有用"四角号码检字法"标明号码的书名卡片。由于这套"文库"门类齐全,检索方便,价格又低于同类图书,广受藏书机构与广大读者的欢迎,被1500多所图书馆订购,很快销售一空。《万有文库》的出版是中国出版史上的盛事之一,其空前的出版规模对中国文化事业产生极其深远的影响。王云五当年策划出版《万有文库》的目的,就是要通过这套丛书,"使得任何一个个人或家庭乃至新建的图书馆,都可以通过最经济、最系统的方式,方便地建立其基本收藏"。其雄心壮志被美国《纽约时报》称为"在界定和传播知识上最具野心的努力",并称赞他"为苦难的中国提供书本,而不是子弹"。

1929年到1937年间,王云五又主持编印了《万有文库》第二集及《四库全书珍本初集》《丛书集成初编》和《中国文化史丛书》等一大批颇具影响的书籍,并复刊《东方杂志》等4种期刊。

1932年"一·二八"事变爆发,日本突袭上海闸北,王云五苦心经营的商务印书馆总厂和东方图书馆,被日军炮火炸毁,损失极为惨重。面对突然而至的巨大灾难,王云五没有知难而退,反而坚定他开始新一轮的跋涉。他提出"为国难而牺牲,为文化而奋斗"的口号,不辞劳苦,几乎想尽了一切办法,使得商务印书馆在战火中的废墟上恢复起来。1933年,东方图书馆复兴,商务印书馆开始编印了《万有文库》续编、《小学生文库》,出版中小学教科书千余万册,各种字典数十万本,重要参考书数百种,创造了当时中国出版界的新辉煌。仅1934年至1936年间,商务印书馆出新书12024册,占全国同期新书出版数的48%,占有全国图书市场52%的份额,规模之大、业务之广,在当时中国出版业中绝无仅有;特别是王云五组织

《王云五大辞典》

王云五主编《万有文库》

出版的《大学丛书》，建立了由蔡元培领衔，包括56名各学科一流专家的编辑委员会，到1937年全面抗战爆发前共出书200多种，结束了外国人编写的外文教科书垄断中国高等教育的旧时代，成为中国大学独立的重要标志之一。

然而，1937年抗日战争全面爆发，王云五主持重建的商务印书馆再度被日机轰炸而毁坏。商务印书馆经多次辗转迁移，最终迁到重庆。王云五一直与商务印书馆共患难，直到1946年5月，才辞去商务印书馆总经理之职。在重庆期间，王云五主持先后推出了《中学文库》《王云五新辞典》等广受欢迎的出版物。

王云五发行的小学教材

王云五先后担任商务印书馆的编译所长和总经理，主持商务印书馆的编辑和全面事务长达25年之久，是继张元济之后，进一步发扬光大商务印书馆"昌明教育，开启民智"的经营理念，对中国文化事业做出了突出贡献。当时凡是读书识字的中国人，几乎都读过商务印书馆出版的读物，人人都知道王云五其人。当时只要购买较为齐全的《万有文库》，就等于建立了一所小型图书馆。当时社会上流传着这样的顺口溜，说王云五是"四百万起家，三百万倒台"，用这些数字生动形象地概括了他一生对文化建设的贡献。其中，"四"指"四角号码检字法"，"百"指"小百科全书"，"万"指"万有文库"。这三件事都是王云五入主商务印书馆之后苦心经营的成果。"三百万"则指1948年王云五担任国民党政府财政部长，为了挽救陷于深渊的经济困境，他执行以一圆金圆券兑换300万元法币的办法，导致通货膨胀愈演愈烈。王云五因此引咎辞职。

商务印书馆在上海

第三章
兴办新式学校与医院

"粤商文化"丛书

粤商好儒

广东商人致富之后，积极投资回报社会，踊跃参与众多带有公益性的社会事业，这既是传统文化对商人形象塑造的结果，又是商人进行自我包装宣传的需要。精明的粤商以经济头脑投资经营新式学校，试图以雄厚的资金作为后盾，投资兴办新式教育，反哺家乡与社会，既为社会公益事业开创了一条新路，也通过此行动在社会大众中树立了好儒的形象。晚清以来，广东商人尚儒的形象变得越来越明显。

一、粤商在各地办学

粤商捐资办学的方式既有个人投资，也有以血缘、地缘、业缘为纽带的捆绑式投资等方式，给近代教育事业的发展注入资金，也将自己的理想和信念深深地寄托于此。粤商之间抱成一团，尽可能互相提携、互相帮助，在经济领域也靠"帮"的力量去应付瞬息万变的商品市场，去稳固、扩展其社会地位和影响。同时，他们十分注重提高本帮子弟的素养，大力兴办学校，有的还以个人或集体名义设立奖学金等帮助本帮子弟。如果说以血缘、地缘为纽带的教育投资源于传统宗法观念的影响，那么以业缘为纽带的教育投资，则更多地体现出近代社会经济发展的需要。

潮汕大商人陈慈簧，又名陈步銮，随父在泰国经商发展，1871年于泰国曼谷创设陈黉利行，专营进出口贸易，尤其是以运输销售暹罗大米为主，由于数量大、需求多，陈慈簧遂决定在湄南河边开办一间火砻（即新式碾米厂），方便从船上卸货装米入仓和运米出海，生意由此红火，并陆续开办多家火砻，其业务拓展到香港、新加坡、西贡以及中国内地的沿海港口，成为闻名遐迩的火砻王，蜚声海内外。

陈慈黉故居

　　陈慈黉晚年回到潮汕家乡,除了捐资修桥筑路外,他的另一伟大功绩就是创办成德学校。他出面联络隆都乡的许、金、陈、林、吴、黄6大姓乡绅,合力捐资重修隆都文祠,为全乡学子提供学习场地。竣工之日,邀请了大锣鼓20多班、潮剧戏20多班演出,影响甚广。1905年清廷废除科举后,他协助弟弟陈慈云把自家的公祖祠堂"古祖家庙"改为私塾,重资聘请名儒任教。1909年这个私塾改为小学堂,主要招收隆都乡的陈姓子弟入学。1912年民国成立,提倡新学,小学堂又改为新式小学校,数年后正式定名"成德学校"。校门的楹联为:"成才必讲合群爱国,德育徵诸淑性润身。"校长由陈慈云孙陈庸斋担任,教员多来自于汕头名师。学生除本村子弟外,还接受邻村华侨子弟就读。学校经费来源之一,就是靠陈黉利委托香港乾泰隆行每年拨给的约4000银圆现金,资金充足,教职员工待遇优厚,教学质量较高。至1932年,时任泰国中华总商会主席、陈黉利家族第四代掌门人陈守明,以学校校友名义捐赠巨款,派人到上海购来一大批物理、化学实验仪器、动植物标本、人体心血管循环及全副骨骼模型和各种大辞典,供教学、观摩和实习之用;还购置当时出版的全套学生文库丛书和文艺刊物,以充实学校图书馆,供学生课外阅读。因此,这座小学校无论师资还是设备等条件在当时都堪称一流水平。

　　陈慈黉热心办学育人的行动,也感染了其他粤商办学。1916年广肇的明德公学和客家人的进德公学在泰国开办,潮侨在泰国的潮商陈慈黉儿子陈立梅以及郑智勇、高晖石等积极倡议举办潮州公立学校,获得潮侨殷实商家响应,经过一番筹备,决定将原潮侨开办的中华、南英、联合和新民四个学校合并为培英学校,于1920年5月正式开学。

第三章　兴办新式学校与医院

"粤商文化"丛书
粤商好儒

泰国潮州会馆

众胜堂交易单据

佛山李众胜堂保济丸的创始人李兆基，在许多老佛山人的心目中，至今还像保济丸一样有着极佳的口碑。李兆基原籍广东新会，光绪元年（1875）迁居佛山文明里，光绪二十五年（1899）在其居屋前祖庙大街创办李众胜堂成药铺，主要经营保济丸、胜保油、保和茶等成药。时祖庙大街一带是佛山最繁华的商业区，其间有不少家境贫寒的孩子得不到教育，常游荡于街市。李兆基经营工商致富后，于光绪三十二年（1906）出资在祖庙大街建立了"信文训蒙义学"。据民国《佛山忠义乡志·教育》记载，该义学为"光绪三十二年众胜堂主李兆基捐资设立，学生概不收费，校长梁伯熙，职员3人，教员3人，学科依照小学定章。学生两班各40余人"。李兆基办义学不图虚名，切实为失学儿童着想，他坚持办学近20年，许多贫困儿童受到免费教育，能写会算，成为有一定文化技能的人，提高了他们在社会的生存能力。

"西关小姐"张竹君，祖籍广东番禺，是近代中国女权运动先驱者之一，早年考入广州博济医院学习医学，因学习成绩优异、热心公共事务而深得师生好评。毕业后留院服务两年，便自立门户，悬壶济世，并在广州开办缇福医院和南福医院。1900年，张竹君到了上海，在友人帮助下，在上海派克路设立门诊。她在广州、上海行医多年，同情穷苦病人，常常对他们减免医疗费，甚至赠医赠药。1909年，上海医院成立，她被推为监院（院长）。李平书在《自叙》中写到："张竹君女士在广东博济医院毕业后，在院充医生二年，自办南福医院三年，又曾往外洋游历，故经验多而能服众,遂推张女士为监院。"

1905年2月,她与人合作创办的上海女子中西医学院在派克路正式开学。这是由国人自办的近代中国第一所中西医结合的女子医学校,以"沟通中西医""冶中西医于一炉"为宗旨,意在培养中西医结合的女医生。张竹君亲任校长,兼授西医课,中医课程由李钟珏教授,另请教员分授修身、国文、算学、西语、理化、音乐等。招收14~23岁资质聪明、身体健康,有一定文化基础的女子入学,最初名额40名。学校分设正科和预科,正科五年毕业,预科一年后升入正科,再习西医。在学校旁还开办了一所附属女病医院,作为实习医院。1909年,上海医院新院舍建成后,该校迁入医院内,改名上海女医学校,校长仍为张竹君。后又改称上海医院附设医学专科学校。

清末废除科举,粤商对兴资办学表现了极大兴趣。据民国《上海县续志》记载,光绪三十四年(1908),在上海做茶叶生意的香山人鲍瞻旷,与同乡人集资在上海租界武昌路同德里创办了广东旅学,后改名广志小学。民国时期,上海粤商办学迎来了高潮,粤商赵灼臣继承父亲办义学的心愿,于1918年购入闸北新广东街一块土地创办义学,对入学同乡子弟不仅免收学费,还免费发给课本与学习用品。1928年他将义学全部转交粤侨商业联合会管理。

粤商在上海办学的高潮期在民国初年,影响最大的莫过于广肇公学。这与广肇公所关系非常密切。该公所创立于同治十一年(1872),由徐润、叶顾之、潘爵臣、唐廷枢等人捐资首倡,得到广肇同乡的大力支持。凡广州、肇庆两府之事俱归公所经理,联乡里而御外侮。广肇公学开办的学校原名培德小学校,时间在1913年,由卢颂虔、卢树屏筹办,卢著卿、卢炜昌出资赞助,租定上海虹口北四川

张竹君像

路清云里民房二栋为校舍,这是因广东人旅沪大多集中居住在此地,因语言与习俗的差异,广东人喜欢将子女送入粤人创办的学校读书。1913年2月小学正式开学只有男女学生27人,但到1914年春季学生到校60余人,1915年春季学生70余人。由于学生人数不断增多,学校添租了一栋邻屋作为扩张的校舍。到了1916年春季招生时,待入学者已达80余人。1917年1月,学校专门设立女子部,同年春季招收学生120余人,1918年学生人数增至200余人。

随着学生人数的扩大,学校规模也随之扩展。1919年2月,学校添设中学部暨幼稚园,共有学生250余人。1920年2月改称培德公学。1921年因经费困难而停办中学部,11月学校上书广肇公所请求改归公所管理,12月广肇公所董事会同意接受。1922年1月登报通告改称上海广肇公学,校长由创办人卢颂虔担任。1923年广肇公所董事会通过建筑新校舍案,5月新校舍在北四川路横浜桥福德里奠基,9月竣工。1924年春季学生达320余人,1925年9月学生达460余人,1926年春季高达580余人,校舍再度吃紧。

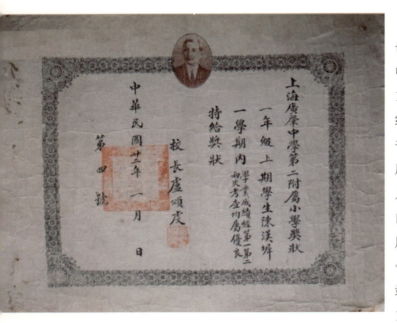

广肇学校的奖状

1929年广肇公学奉上海市教育局之令改名私立广东中小学,1930年又令改称为私立广肇初级中学,将小学部改为附属小学。1932年7月筹建中学部新校舍,次年政府批准在闸北水电路圈购民地200亩为校址,1934年7月动工建筑,同年12月呈准教育局添办高级中学。到1934年止,广肇公所所设的公学、义学有学生3000人。1935年新校舍第一期工程竣工，学校改名上海粤东中学。新设的粤东中学以一流的教育设施受到教育局的传令嘉奖。

学校修建一条通往市区的路，今天上海的广中路、广粤路均得名于广肇中学。新校舍主要靠捐款修建，所以学校根据捐款者的数额在校内命名。例如，华侨巨商南洋兄弟烟草公司的简照南曾捐助巨款，1932年广肇中学再建新校址时，学校大门就取名"照南门"，学校的主楼也命名为"照南楼"。"抗战"时期，广肇中学因位于战区而被炸毁。

广肇公所开办的公学，尽管名称历经几度变化，但教育方针却未变，1923年6月学校决定将岭南独特的英雄花作为校徽。"校徽方形紫缘，旗中为赤色英雄花三朵，同蒂分生，成正三角形，罩以绿环，上书上海，下书广肇公学。"其意义为：英雄花又名木棉花，广东特产，其树高数丈"植之林中必高出他木之上，有超然特立之概"，每年春夏之交则开花，"色深如火，照耀林表，数百里外望之有挺然独出者，咸知其为英雄花也。"学校借助故土特产表明要把学校办成一流水平的意愿，也暗示学生要成为社会栋梁。"一则有其为吾粤之特产，二则有希望造就人才为社会指导之意。三花者，以表德智体三育；连缀则表群育；花为美好之表示，美育之意亦即寓其中。赤色所以表热诚，绿环者，其形表完全人格，其色则表和平博爱。缘色及字色之紫，则所以表努力也。"应该说，广肇公学是为社会培养德智体美诸方面的有用人材，教育学生追求真善美。广肇公学不断向学生强化学校的办学宗旨，在师生传诵的《校旗歌词》中更为明确，"壮丽哉，英雄花之旗，耀着朝晖夕晖，招展翻飞。我们个个都爱他，那一片红色的赤诚，一团绿色的和气，还有努力的紫色，围住洁白的心地，看他在万人头上，招展翻飞，招展翻飞，告诉我们真善美！"1935年学校改称粤东中学，其校歌歌词虽有所改

广肇公学徽章

动,但中心内容未变:"东亚之东,南国之雄,北来万里,饮水吴淞……育我成材,为仁为勇,德群体智四育兼攻,珠江之流滔滔不息,红棉之花吐艳熊熊。"

广肇公学分为初级中学、高级小学、初级小学、幼稚园。入学年龄为男生满4周岁至20周岁,女生满4周岁至12周岁。学习年限:幼稚园修业期限不定,以能入初小一年级为止,初级小学为4年,高级小学为2年,初级中学为3年。修业期满考查成绩及格,给予毕业证书。与学生学习相关的教学设施主要有图书馆、实验室、书艺室、美术室、史地室、博物室、童子军室、操场、雨操场等。从学校的道路名称上也可以看出,粤人办学在刻意营造一种良好的学习氛围,也反映办学者的意向。广肇公学校内道路也多有寓意,如勇为路、进取路、廉正路、恒心路、仁爱路、美满路、勇醒台、忠信路、精勤路、真理路,路口均设有路标及路灯。

我们还可以从1925年编印的《上海广东中学校章程》中的校董名录中看到当时广肇商帮对办学的重视。该校董由当时上海滩一些有名的粤籍商人所组成。名录如下:

1925年上海广肇公学教职员工合影

钟紫垣、陈炳谦、郑伯昭、胡耀庭、陈翊周、黄焕南、甘口初、梁树棠、陈焕之、甘翰臣、郭顺、郭标、郑植生、马祖星、郑昭斌、黄泽生、马炳业、傅绣纶、唐宝书、梁怀保、黄杏棠、路锡三、郑泳虞、陈少白、李吉祥、郑轼荠、郑藻森、李瑞如、郑健庐、梁述先、甘璧生、冯佐之、梁百赵、钟安樵、徐公溥、高蕙石、李达文、缪君侣、阮啸航、余萍客、李文思、张荫章、冯润生、张仲孝、李云山、鲍公藩、陈公良、梁百祥、郑溥川、郑荦夫、郑少潭、钟玉沅、杨道腴。

从名录中可以看到,这些校董大多是广肇籍商人,也显示当时广东商帮中的广肇商人在上海具有一定的数量和势力。他们抱团出资,兴办学校,为粤商树立了整体重文的社会形象。

上海的潮州人办学,也卓有成效。潮州会馆分裂后,剩下的海澄饶帮曾在会馆内创办了海澄小学,主要解决同乡子弟入学。1913年8月,潮州的郭辉、郑芳钺等成立潮惠小学校,经费由会馆支拨。1936年潮州会馆还创办了上海群安小学,为旅沪潮人子弟服务。

1916年,潮州富商郭子彬、郑培之共同捐款40万银两,由潮惠会馆负责统筹,创办了具有公益性的教育机构——潮惠公学,1919年改名上海贫儿教育院,目的是使在上海的潮州同乡贫穷子弟能够入学,将他们培养成自食其力的社会有用人才,教师几乎全是潮州人,入学学生都是潮州人子弟,但必须有上海潮州会馆会董推荐,学校只招

广肇公学图书馆一瞥

"粤商文化"丛书
粤商好儒

男生，半工半读。也有极个别的非潮籍人入学。学校设小学和初中部，一律免费入学，实行住宿制是该校一大特色，在旅沪粤商团体开办"公学"中绝无仅有，也充分显示了潮惠会馆的经济实力。学生除学习文化课外，还要求学习木匠、铁匠、农业等各种生活实用的技能。学校设有农场、木工作坊、铁作坊供学生实习。1937年淞沪"抗战"时，上海贫儿院在征得校董同意后，校舍让给红十字会，作为临时救护中国伤兵的"红十字医院"。1941年11月，上海英租界被日军占领。上海贫儿教养院搬迁苏州，新校舍由潮州人张春台出钱购买。"抗战"胜利后，学校才搬回上海原址。

1919年9月，上海潮州会馆还决定在家乡汕头开办一所职业学校，定名为"潮州八邑职业学校"，选出董事、理事10人，董事为郭子彬、郑培之，为筹集学校经费，特在馆内设立筹款处。陈炯明盘踞潮州时，曾将该校占为军营，学校受到严重破坏。上海潮州会馆得知后，先后去信要求陈撤军，都未见回复。后又急电云："潮州八邑职业学校系旅沪同乡创办，造就人才甚多。现进驻军队损坏校舍，有碍教育，请即他调。并恳请出示布告，严禁后来者，以维护学校教务。"陈炯明鉴于在军费上有求于上海潮州会馆，只好撤军。1925年12月，东征军光复潮汕，恰逢潮州八邑学校放寒假，东征军暂借该校驻军。上海潮州会馆担心旧事重演，遂去电给何应钦："寒假已届，开学在即，若不撤军，有碍学生上课，务请速迁移。"东征军接电后，随即撤军，并复电："上海潮州会馆董事公监：职业学校驻军已迁移至第一军政治部。此复。"上海潮州会馆除办学外，还积极支持家乡的教育事业。1931年5月，上海潮州会馆得知汕头大中学校因扩大校舍，在筹集资金中尚欠大洋5000元。会馆在征询该学校原创办人郑淇亭、郭子彬意见后，决定每年以上海潮州会馆名义，捐助汕头大中学校大洋2000元为限。其实后来随着学校师生员工的增加以及校舍的整修和货币的贬值等因素，会馆捐助的数目每年都有不同程度的增加。自1931年至1949年，上海潮州会馆每年均捐资给这所学校。汕头大中学校的基业契约则由上海潮州会馆保管。可见，旅沪潮州人对桑梓教育事业的实际关注。

近代以来，随着天津的开埠，外国洋行及其买办在天津崛起，其财势也雄居前列。在各帮买办中，广帮买办实力最强，其代表人物为怡和洋行买办梁炎卿和太古洋行买办郑翼之。1863年洋轮直达天津，英商怡和、太古两行，首先利用广东买办在天津推广业务。天津初期的洋行买办，绝大多数是广东人，知名的广帮买办有：

（英）太古公司：黄鹤廷、郑翼之、郑宗荫、郑慈荫、罗耀廷、罗振东。

（英）怡和轮船公司：梁炎卿、梁赉魁、梁联魁、梁文魁。

（英）高林洋行：梁炎卿兼。

（英）怡和洋行：陈祝龄。

（英）怡和洋行：唐茂芝

（英）安利洋行：陈日初。

（英）先农公司：欧阳炳、黄振华。

（英）宝顺洋行：徐子荣。

（美）世昌洋行：梁仲云、谢干伯。

（美）慎昌洋行：陈均廷。

（德）礼和洋行：冯商盘、黄季才、郑叔和。

（德）德华银行：严兆桢。

（德）瑞记洋行：黄云溪。

梁炎卿，佛山人，任英商怡和轮船公司及高林洋行买办。怡和是天津英商的主要代表，当时英商在天津的一切业务及发展规划，均要有怡和参与主持。梁以买办的特殊身份，购得许多地皮，获利无数。又以洋轮运输回扣优厚，极力拉拢粤商与之合作，坐享巨额利润。他死后，其买办一职有其子梁联魁、文魁继任。郑翼之，香山人，也借助太古轮船运输起家，与梁炎卿齐名。郑宗荫、慈荫为其子，继任买办。陈祝龄，高要人，德商瑞记洋行买办黄云溪的内弟，充怡和洋行买办，专管进出口业务，曾任天津广东会馆董事长10余年，深受同乡爱戴。冯商盘，南海人，任天津德国礼和洋行买办约20年，主要经营军火、机器等业务，任广东会馆董事长10余年，为广帮的权威人士。死后，其买办职位有广东人黄季才、郑叔和接任。唐茂芝于1871—1873年担任怡和洋行天津分行的买办，是由其弟唐廷枢推荐的。而唐廷枢是李鸿章创办轮船招商局的红人。

粤商在天津成立的商业组织广东会馆，于1915年成立广东音乐会，由杨文昭、徐玉

"粤商文化"丛书
粤商好儒

麟等创办,同乡音乐爱好者每周一聚,天津的粤剧即从此开始。广东会馆也积极从事新学教育,1920年旅津广东学校在滨江道成立,由广东会馆董事长陈祝龄、广东音乐会会长麦次尹等捐款购地倡办。该校招生不分省籍,但对粤籍生减收半费,学生骤增,遂扩充校舍。1927年该校复设初级中学;1930年将中学部迁到英租界广东路,原址作扩充小学用。至1931年该校计小学15班、中学3班,只收男生,二部共有学生800余人。1935年,天津特别市教育局任命罗光道为私立旅津广东小学校和私立旅津广东初级中学校校长,得到校董会一致拥护。广东会馆还办有女校,新中国成立后,广东中学改为天津市立58中学,女校则改为现在的山西路小学。

二、行商投资新式医院

鸦片战争前,广州十三行行商是最大、最直接与西方商人面对面接触交流的商人群体,因而也是最早较为全面了解西方文化的一个群体。十三行时期的西方人进入中国贸易,他们首先面对的谈判对象就是行商,行商的为人处事是西方人认识中国的镜子,十三行行商的生活是他们感受中国传统观念与民族风情的重要媒介。与此同时,行商也是在中国传播西方文化的播种机,他们通过与外国商人打交道,逐渐接受西方文明并加以传播,加速了西学东渐的历史进程。

俗话说:人命关天。又说:救人一命胜造七级浮屠。而头痛医头、脚痛医脚的西方医学,比起中医的慢慢调理,来得更直接与快捷。这一现象自然会引起广州十三行商人们的关注。广东商人具有亦商亦儒、以商养儒的传统,在与西方商人进行商业贸易的同时,对西方医学文明的引进也最为积极,为中国近代西医学的发展做出了显著贡献。最典型的就是支持外国传教士在广州兴办眼科医局、引进种牛痘法等。

西医学和西药学究竟何时通过海路传入中国,目前学界尚无定论。但明清以降,西方医药学在中国社会的影响不断增强则得到了学界的公认。西医能够在近代中国站稳脚跟并得到公众的普遍认可,与粤商的积极推动不无关联。鸦片战争前,西医医疗机构首先在澳门、广州等海洋贸易最发达的城市开办。道光十四年(1834),美国医师伯驾来到广州,作为耶鲁大学的神学和医学双料博士,伯驾的梦想就是通过行医治病,取得中国人的信任,从而让他们感念上帝,以达到传教的最终目的。伯驾凭借娴熟而高超的医术,在广州的医疗事业迅速取得成功,经过3个月的时间,眼科医局从门可罗雀发展到门庭若市。

首先帮助伯驾打开局面的是白内障切除手术。根据当时的文献记录，广州全城有近5000盲人，其中大半是因各种眼疾而失明。中医治疗眼疾的手段十分有限，而西医却能通过手术迅速使人重见光明。眼科医局开业首日，未能吸引一名患者登门求医。第二天，来了一位患有青光眼的妇女，她在医院得到了妥善治疗；第三天，一下子就来了6个人；以后病人就越来越多，开业3个月内，眼科医局接诊近千病人。每星期四是固定的手术日，伯驾仅白内障手术就做了30多台，其中只有两台手术失败，可见手术成功率相当高。由于伯驾属免费行医，因而很快就受到广州官民的好评，一些人甚至将伯驾的画像供奉家中，加以膜拜；而文人雅士则以诗代酬，表达对西医的认同，其中一首说："寻医留住五羊城，幸遇真人善点睛。已喜拨云能见日，从此污浊转清明。"

其实，伯驾之所以能够进入广州，并能从事与中医完全不同的治疗方式，其背后正是得到了广州行商们的大力支持。据文献记载，十三行商出资在广州西关的新豆栏街为伯驾租借房屋，作为他开设"眼科医局"的场所，又称"新豆栏医局"，这是中国最早的眼科专科医院，也是中国第一家西医院。伯驾高明的医术不断吸引病人前往就诊，病人人数明显增多，远远超出了医局的实际接待能力。

为了解决伯驾医院场地太小的难题，1835年11月，十三行大行商伍秉鉴将自己商馆中位于十三行新豆栏街7号的一座楼房整体租给伯驾使用。该物业共有3层，伯驾将其分为3个区域：一楼是接待大厅；二楼是门诊和药房，能容纳200多人就诊；三楼是手术室和病房，可以住几十个病人。接受病人住院治疗，也是西医的一大特色，广州无疑又开启了先例。伯驾的眼科医局因得到伍秉鉴的支持，其占地之广、设备之齐全，使得当时在广州坊间坐堂治疗

伯驾像

第三章　兴办新式学校与医院

的中医也望尘莫及。

伍秉鉴起初与伯驾双方约定的房屋租金是每年500元,从1842年11月开始,宅心仁厚的伍秉鉴也为伯驾的行动所感染,毅然决定免收医局租金,供其免费使用,并且还向伯驾另外捐了一笔钱,资助医局的发展。伯驾的眼科医局,后来取名博爱医院,以后又定名为广州医院,同治四年(1865)再次更名为"博济医院"。这是中国内地第一所西医医院。

伯驾的眼科医院开诊后,来院就诊者络绎不绝。据统计,自1835年11月4日至1836年11月4日一年的时间,来医院就诊者达到2152人次。道光十九年至二十年(1839—1840),伯驾仅在该医院就治愈病人9000余人包括林则徐这样的大人物在内。道光十九年(1839)7月,钦差大臣林则徐奉命到广州查禁鸦片,期间曾通过十三行行商的介绍,请伯驾为其治疗疝气病。据伯驾留下的第6565号医疗报告记载:"疝气,林则徐,钦差大臣。"伯驾为林则徐提供了一些治疗疝气的药物,建议林则徐通过带上一种托带来减轻疝气的症状,并送给林则徐半打托带。根据林则徐的描述,伯驾还断定林则徐患有气喘病,为他开出相关的治疗药物。为了表示感谢,林则徐专门派人送给伯驾一些水果,并对眼科医院的工作成效表示肯定。

博济医院

眼科医局给林则徐留下了深刻印象,1850年11月,林则徐再度被任命为钦差大臣,受命前往广西平定太平天国起义,行至广东普宁时,因病去世。史料记载,林则徐在病榻上大呼"星斗南"三字而卒。有专家推断"星斗南"

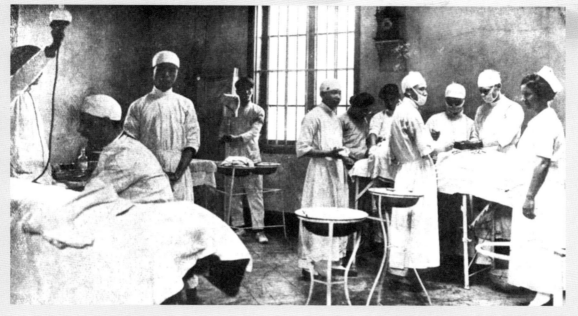

民国初年博济医院的手术室

正是"新豆栏"三字的闽语发言,而"新豆栏"恰恰是中国第一所西医院——广州眼科医局所在地,正是广州眼科医局在1839年治好了困扰林则徐多年的疝气病。西医医术的高明由此给林则徐留下了极为深刻的印象,以至于他在弥留之际,还下意识地盼望"新豆栏"的医生能够从天而降,挽救其生命。

鸦片战争前后,在广州就任两广总督的耆英也曾因患皮肤病,而向眼科医局求助,伯驾精心为其开出药方,耆英的皮肤病很快得到了好转。为此,耆英曾多次公开赞美伯驾医术精良,并写下"妙手回春,寿济世人"八个大字,送给伯驾作为纪念。

眼科医局虽以眼科为名,但治疗的疾病并不局限于眼疾。前来求诊的患者中,有患各种肿瘤的,有患结石的,有得肝腹水的,也有外伤严重的。眼科医局接诊的疾病共有23类,做的手术也五花八门。伯驾在行商们的资助与帮助下,每周用一天时间专门为患者动手术,具体包括白内障、睑内翻、睑下垂、截肢、乳腺癌、内瘤等,为许多人解除了病患痛苦。

通过眼科医局,人们认识到了西医的神奇。被西医"震"住的并非只有晚清钦差大臣林则徐一人,当时广东省城衙门里的官员有不少人都曾去眼科医局看病,普通老百姓经过短暂怀疑之后,也为西医的神奇效果所折服。眼科医局从开张第一天起,就有了挂号制度。每天开门后,工作人员就将写有中英文号码的竹片分发给病人,患者就按照先来后到的顺序就

第三章 兴办新式学校与医院

"粤商文化"丛书
粤商好儒

诊。伯驾还为患者建立了完备的档案，每一个患者的姓名、疾病、编号及就诊时间，都记录在小卡片上，小卡片一式两份，一份放在医院，一份由患者自己保管，患者的病史和处方也一一记录在案，以便后续治疗。

据说，当时眼科医局出现了"挂号难"的问题。每天凌晨两三点钟就有人提着灯笼在眼科医局门口排队，以求第二天能够挂上一个诊疗号。求诊的患者不仅仅限于广东省内，而是来自全国各地，有些外省患者为了到广州眼科医局做手术，宁愿在路上耗费两个多月的时间也在所不惜。据西方传教士在中国境内创办的第一份中文月刊《东西洋考每月统记传》曾刊登文章描述眼科医局当年的盛况称："医院之士民云集挤拥，老幼男女如曦来。莫说广东各府厅州县之人，就是福建、浙江、江西、江苏、安徽、山西各省居民求医矣。儒农官员，各品人等病来愈去矣。"伯驾后来在回忆录中也说，患者来自帝国不同的省份，有一位绅士从浙江省旅行了两个月，来到广州动手术。由此可见，经过十三行行商们的大力支持与引介，西医已经成为当时最受欢迎的舶来品之一，西医以其神奇疗效折服了越来越多的中国民众，证明了群众的眼睛是雪亮的——"不看广告，看疗效"。

同治五年（1866），博济医院在院内设立"博济医学堂"，这是我国最早设立的西医学府。1879年改名为南华医学堂。1886年夏，20岁的孙中山以"逸仙"之名在南华医学堂求学。在南华医学堂学生中，"西关小姐"张竹君是首位在此求学的女生。中山大学附属第二医院至今还保留着张竹君的求学记录，记录显示她于1897年入学，1900年以优等生的成绩毕业。在武昌起义爆发后，她组织中国赤十字会救护队，投入战场救护伤员，被誉为中国第一个南丁格尔。可见，十三行行商们出资协助开设西医院并推广西医术，在医学发展史上做出了重要贡献。

三、旅沪粤商开办医院

鸦片战争以后，随着上海口岸的开埠，大上海成了世界贸易的中心地，广东买办、通事因凭借十三行时期与洋人打交道的经验，捷足先登来到上海，使广东帮在上海开埠初期成为一股很大的势力。1878年9月5日《申报》报道说："广帮为生意中第一大帮，在沪上尤首屈一指，且居沪之人亦惟广帮为多，生意之本惟广帮为富。"时人王韬在《瀛壖杂志》卷1记载："沪地百货阗集，中外贸易，惟凭通事一言，半皆粤人为之，顷刻间，千金赤手可致。"粤商在上海可以分为两大帮派，即广州和肇庆组成的广肇帮，潮州人的潮州帮。

粤商在上海不仅人数多，而且资财也十分雄厚，因而粤商对慈善服务也十分热心。广肇帮商人在光绪十三年（1887）建立了元济善堂，主要以施棺、施茶、施诊给药等。发起人有唐茂枝、邓善初、陈良可等，他们绝大多数是旅沪的广东富商。善堂初设于上海虹口的宝顺里，房屋系租赁。1890年广肇帮在北四川路购地4亩7分，自己建造善堂。和当时流行的一般善堂一样，元济善堂的施舍救助对象也不受地域限制，采取的是"博施济众"的策略，凡是贫民都可得到善堂的救助。但作为一个主要由广东商人发起、捐助的慈善机构，经常能得到帮助的贫民中，粤民仍然占了大多数。

施诊给药是元济善堂行善的重点之一，以致广东同乡都把元济善堂视作医疗机构。至20世纪20年代，元济善堂设立了男科、妇科、幼儿科等科，花费巨资聘请了9名医师坐诊。据统计，1931年至1934年，元济善堂施医的人数差不多达到20万人次。除免费施医外，还向贫寒市民免费赠药。

元济善堂虽说是一家善堂，但以施医给药为主，同乡向来视同医院。于是活跃在上海的粤籍广肇帮商人于光绪十七年（1891）在上海公共租界的海宁路创设广肇医院，作为服务同乡的慈善医院。民国初年，该医院已可容纳数千人就诊。1918年9月，广肇医院改革同乡就医办法，规定凡是广肇同乡，只要有亲属签字，即可入院。该院还在闸北八字桥设立分院，专门收治麻风病患者。

元济善堂和广肇医院的主办者虽然倾注了诸多心血，但因规模狭小、设施过于简陋，难以适应日益扩大的同乡

清末上海广肇公所大门

第三章　兴办新式学校与医院

"粤商文化"丛书
粤商好儒

社群的需求。

1918年,旅沪广肇公所一部分董事退出公所,另外组建粤侨商业联合会。联合会成立后,主要领袖为重塑自己在同乡社群中的形象,酝酿创办一些同乡慈善公益机构。建立一所正规的同乡医院,就是粤侨商业联合会推出的第一项大工程,这也反映了旅沪广东众多同乡的愿望。于是联合会在闸北天通庵路购地20余亩,1919年起正式筹备,经过4年募款和建造,至1923年4月,正式落成。总共花费了20余万两银圆,投入之大,超出沪上各同乡医院。建成后的医院名为粤商医院,后来改为广东医院。

广东医院的建立,得到了包括广东不同地区的旅沪富商的捐助,既有广肇地区旅沪同乡中的商业领袖如陈炳谦、简照南、简玉阶、赵灼臣等,也有潮州富商郭子彬、郑培之等人,因而广东医院是一家面向广东全省旅沪同乡的慈善机构。

广肇公所重建以后,先后担任公所董事的买办有唐廷枢、徐润、陈可良、陈炳谦、劳敬修、潘澄波、潘明训、潘菊轩、陈雪佳、杨梅南、胡耀廷等人。陈炳谦是英商祥茂洋行的买办、地产商,个人财产在200万元左右。潘澄波,新会人,怡和洋行买办。潘菊轩和潘明训来自南海潘氏家族,潘氏三代均在上海公共租界工部局服务,其中两代人担任公共租界买办达75年以上。虽然潘氏兄弟并不以殷实著称,但在上海租界社会的影响非同一般。

广肇公所还集中了旅沪粤籍最富有的商人,如谭干臣,开平人,担任公所董事数十年,开设商号谭同兴,经营房地产。据称,谭同兴全盛时曾拥资1000余万元。陈辅臣为陈炳谦兄长,也是旅沪广东殷实商人。

1914年广肇公所董事的名单:黄世如、劳敬修、陈辅臣、谭海秋、黄伯平、马玉亭、陈翊周、温钦甫、潘澄波、陈炳谦、潘菊轩、钟紫垣、潘明训、唐露园、陈雪佳、邵宴卿、易次乾、甘翰臣、李若渠、周清泉、陈可扬、陈翊墀、唐仲良。

1923年广肇公所董事名单:霍守华、唐耐修、罗芹三、卢炜昌、胡耀廷、冯少山、黄鸿钧、陈泽民、刘锡基、郭标、谈炳麟、吴耀庭、简照南、李次图、张阁初、邓雨农、邓文海、唐绍仪、谭海秋、周锡三、冯溢源、谭蓉圃、欧镜堂、李枝湛、陈公哲、杨尊三、文秉朝、陈伯权、骆乾伯、连炎川、徐见堠。

广东医院设中医部和西医部,部设主任,除医生外,配备一定数量的护理人员。附设产科医院是该院的特色,当时不少广东旅沪同乡集居于闸北和北四川路,送租界内的妇婴医院颇为不便,广东医院附设产科医院,一定程度上缓和了同乡妇女的生育难题。

近代上海的鸦片市场被广东潮州籍的烟商所垄断。潮籍烟商中最著名的是郑四太爷和郭子彬，他们都是富甲一方的大商人。郑四太爷就是上海明星电影制片公司老板兼导演郑正秋的祖父，其经营的郑洽记是上海最大的土行之一。郭子彬开办的是郭鸿泰烟土店，与郑洽记齐名沪上。除郑、郭两家外，郑永康、郑宝成、郑宝泰、李裕康、陈源大、陈有利、蔡益源等，都是潮州籍的沪上鸦片巨富。

潮州商帮在1929年将之前分属于潮惠会馆的宏济医院、澄饶会馆的广济医院和揭普会馆的普济医院合并组建为上海潮州和济医院。上述三家原由于之间各自为阵，投入不足，设施器械相当简陋，无法适应旅沪潮人人口的日益扩大。经潮州会馆董事会研究决定，合并成为一家医院，定名为潮州和济医院，从此旅沪潮人的医疗条件得到一定改善。

新建的潮州和济医院设于上海法租界的吕班路鸿安坊，辟有病房数间、病床十余张，有医师护理人员共30余人，中西医并重，设有内、外、妇女、伤、五官等科，还特设肺痨科、皮肤花柳科及戒烟科等。首任院长是著名电影艺术家郑正秋，郑正秋利用自己的声望邀请不少中西医师前来义诊。

郑正秋逝世后，院长改由柳柳谷担任。为加强管理。医院设立了董事会，担任董事会的重要成员有郭承恩、林俊庵、郑俊亭、郑玉书等人，大多是旅沪潮州富商，有的还兼任潮州会馆或潮州同乡会的理事。潮州和济医院的经费主要来自潮州会馆的资助，虽然不能说富裕，但尚能维持，为同乡服务了数十年，直到1954年6月，才由中国人民救济总会上海分会正式接收。

潮州会馆的董事会同样富商云集。董事郭子彬以及郑宝泰家族的郑淇亭、郑遽之等人，资产都在数百万以上。会馆、公所的经费多由这些大商人仗义疏财。这是富商们往往能以十余年甚至数十年占据董事职位的原因。

其实，旅沪粤商为同乡捐助的慈善活动，较为广泛，陈炳谦曾先后数次为粤商在上海的医院捐资，总数达3万余元。他还与其兄陈辅臣为广肇山庄建造地藏庙捐资9万元。潮商的郭子彬等殷商对社会公益事业出手也相当慷慨，曾向上海的潮惠贫儿院捐助巨资。广东旅沪同乡会理事长林炳炎20世纪30年代两次向该会捐资6万元。广肇公所的董事、地产商赵灼臣为实现父志，开办义学，除捐赠土地、斥资建造学校外，还附赠了相当财产，作为学校的经常开支费用。可以说，没有会董带头捐助，同乡组织的会务很难展开，在同乡社会中的影响力要小很多。

第三章　兴办新式学校与医院

四、粤商的职业教育观

19世纪以农工商矿为概念的"实业"一词,相当流行。在实业学堂、实业学校的名称出现前,人们多把培养农工商矿应用人才的学校叫"实学",或"艺学",这实际上是近代中国职业教育的萌发期。粤商郑观应作为晚清海内外闻名的商界大佬,不仅商业做的成功,而且书也写的非常棒,一直到现在为止,他写的《盛世危言》还是许多人争相阅读的佳作。可以说,他是粤商中最具有儒商色彩的商人之一。

郑观应是我国最早提出职业教育的人之一,说他是教育家也许并不过分。他在《盛世危言》中明确提出工商立国、富强救国,因而有"习兵战不如习商战"的主张。他说:"欲攘外,亟须自强;欲自强,必先致富;欲致富,必首在振工商;欲振工商,必先讲求学校。"在他看来,只有实行商战,才能"兴学校、广书院、重技艺、别考课,使人尽其才。讲农学、利水道、化瘠土为良田,使地尽其利"。很明显,他的理念就是通过职业教育,才能培养出合格的工商农等人才。而为了与西方列强进行商战,就必须要懂得西学,所以他要求在中国传统的教育科目外,"另立一科,专考西学",建议在各省建西学书院,对成绩好的学生,由国家提供经费,送到海外深造,从而为商战提供坚实的人才保障,"至于肄业的高才生,有愿出洋者则给以经费,赴外国之大书院、武备院分门学习……回国后即授以官,优给薪资"。

郑观应在《易言·论洋学》和《盛世危言·学校上》及附录《德国学校规制》《英法俄美日本学校规划》《英法俄美日六国学校数目》等论著中,对德、英、法、日等国的工业教育制度进行了详细描述。他认为德国最为完备,"其学堂自乡而城、而郡、而都,各有层次"。他以各类学院的学习年限、入学条件、班级制度、如何衔接、学校数目、经费来源等方面,勾画出了一幅较完整的西方近代学制,并以此为依据,提出了中国的近代学制,"中国州县、省会、京师各有学官书院,莫若仍其制而充之,仿照泰西程式,稍为变通。文武各分大、中、小三等。设于各州县者为小学,设于各府者为中学,设于省会、京师者为大学"。文分文学、政事、言语、格致、艺学、杂学六科,武分陆军、海军两科,各有规定的学习范围,"每科必分数班,岁加甄别以为升降。详订课程,三年则拔其优者,由小学而中学。又三年拔其优者,由中学而升大学"。并规定学生必须在文、武中所学的科目里任选一科,专心学习,学以致用。

于此可见,郑观应花费了一定的时间和精力,去研究西方列强教育制度,并得出工商等职业教育是一种专门教育，职业教育能使人学有所用，时日本因学习西方，重视实业教育，培养实业人才，逐渐超过中国而达到国势振兴、国强民富的程度。郑观应主张仿效"日本设文部大臣"，其重要职能就是统管全国实业学校，建立以州县、府省会及京师三级制为主干，开设格致（含声学、光学、电学、化学）、艺学（含天文、地理、测算、制造）和杂学（含商务、开矿、税则、农政、医学），以向受教育者传授自然科学、技术及实业知识。

郑观应在与西方列强打交道中已强烈意识到，中国要想摆脱被列强欺辱的局面，就必须兴学以发展民智，"学校者，造就人才之地，治天下之大本也"。而这之中职业技术教育尤为重视，"欲救中国之贫，莫如大兴工艺"。他对如何兴工艺有一套思路：一是设工艺专科，二是开工艺学堂，三是派人游学各国，四是设博览会以励百工。他在《盛世危言·学校上》中说："中国向无工艺院，故贫民子女无业谋生者多。倘各处设院，教其各成一艺，俾糊口有资，自不至流为盗贼。闻泰西工艺院急于文学院，以工艺一事，非但有益于商务，且日益人心。院中课习制造、机器、织布、造线、缝纫、攻玉以及考察药性与化学等类，教分五等。中国生齿日繁，生计日绌，所以工艺学堂，亦今世之急务也。"很显然，郑观应希望在各地遍设工艺学校，使贫困人家的子女受到一门以上的工艺（即职业）教育，从而使他们"糊口有资"，而不至于因生活所逼成为危害社会的"盗贼"。贫民接受过一门职业培训，不仅可以解决家庭生计问题，"非但有益商务，且有益人心"，最终达到"与东西各国争胜"的目的。而这种争胜正是郑观应一直强调的以"商战"取胜，因此在某种意义上说，对职业技术教育的重视，正是郑观应主张"商战"取胜的必要手段和途径之一。

郑观应十分重视技术型人才的培养问题，提倡职业技能的培训，使一般国民不但能粗通文墨，而且可以具备社会所需要的一定生产技能，实现自食其力的生活。改革科举考试制度、发展职业技术教育是造就"各成一艺"的重要手段，尤其对弱势群体的贫民更应如此。他在《盛世危言·恤贫》中认为，"穷民无告，无国无之，或因残疾所趋，或为饥寒所迫，是在养民者有以保之耳"，而保护的措施就是令贫民学艺，以使贫民"不至流为盗贼"，进而实现社会稳定、巩固王朝统治。所以他在《恤贫》篇中呼吁："所有无告穷民，各教以一工一艺，庶身有所寄，贫有所资，弱者无须乞食市廛，强者不致身罹法网。"可见，对贫民开展"一工一艺"的职业教育的紧迫性。在《盛世危言·教养》篇中明确提出"无论贫富皆可读书习艺"的主张，"今日之计，宜废八股之科，兴格致之学，多设学校，广植人才，遍兴工艺厂，收养穷民，学校者人才之本，格致者学问之本"。郑观应号召无论贫富，无论贵贱，全民学习实用技术，力主处于弱势群体地位的贫民能够获得习有一艺的教育机会与权力，

第三章　兴办新式学校与医院

"粤商文化"丛书
粤商好儒

"则凡不教之民，必将渐摩而活，奋勉自新，岂非天下之福哉！"他提出对贫民进行职业教育的立校方法："其工艺院分为数等：第一等教格致、机器、图绘、化学；第二等教贫民子女成就一艺，便于营生；第三等课习工艺，日夜无间；第四等不能尽教各艺，惟视学弊所学而后教之；第五等教习工艺中最要之件。"

郑观应还特别关注与贫民同样处于弱势地位的女性职业技术教育。他通过比较发现，外国女性同男性享受同等的接受教育机会，因而主张妇女应与男子一样受教育。他说："泰西女学与男丁并重，人生八岁，无分男女，皆须入塾，训以读书、识字、算术等事。"他为此要求设立专门的女校，仿照西方的教育模式，培养新型的女性形象。他说：

> 诚能广筹经费，增设女塾，参仿西法，译以华文，仍将中国诸经、列传、训诫女子之书别类分门，因材施教，而女工、纺织、书、数各事继之。富者出资，贫者就学，由地方官吏命妇岁月稽查，奖其勤而惩其惰。美而贤者，官吏妥为择配，以示褒奖。至于女塾章程，必须参仿泰西，整齐严肃。庶他日为贤女、为贤妇、为贤母，三从四德，童而习之，久而化之；纺绣精妙，书算通明；复能相子佐夫，不致虚糜坐食。

可见，郑观应在积极推广女性接受现代教育方面，无疑走在他生活的那个时代同辈人的前列；也可以说，他开了中国倡导女性接受新式教育的先河，客观上起到了救助女性的作用。

其实，仔细研读就会发现，郑观应强调的"工艺"教育，就是当代所说的工商业教育，而且是专门化的教育，这一点与他的"商战"相一致，也是他亟欲让国家致富的战略目标。他说："国家欲振兴商务，必先通格致、精制造之人，必先设立机器、技艺、格致书院以育人才。"西洋各国"士之有格致之学，工有制造之学，农有种植之学，商有商务之学，无事不学，无人不学"，才能"裕无形之战以固其本"。他认为，泰西各国富强是"根于工艺，而工艺之学不能不赖于读书"，所以他呼吁要"极宜筹款，广开艺院，教育人才，以制造为用"。

《盛世危言·学校上》主张设童艺院、机器学堂或工艺学堂、工艺院等多层次办学。郑观应是晚清实地考察欧洲各国工业教育的第一个中国人，他亲眼看见了西方各国的实业教育，并如实记录在案，向国人进行介绍推广。例如童艺院，就是类似短期培训学校，始创于瑞典，后被丹麦、德国等仿效，学制限6个星期，教授雕刻、订书等易学之技艺，每年由政府两次集中贫民子弟，教以一工一艺，经考核后推荐到工厂以谋衣食。机器学堂或工艺学堂，则是培养制造和使用机器的工匠，对象是幼童，分专业因材施教，学制有3年和6年之别，毕业后按声、气、电、光、铁路、熔铸、雕凿等专业，由工部衙门分配使用。

在各类职业学校中，郑观应认为有关工业的教育最为关键。他主张在全国各地遍立机器学堂，培养制造使用机器的工匠。他建议广开艺学，以格致为基，以制造为用，选本国聪颖子弟入学学习，延西方名师原原本本悉心教授，待以有年，则必出现器物日备，制造日精的局面。如此则"以之通商，则四海之利权运之掌上也，以之用兵，则三军之器械取诸宫中也"。可见，工艺学堂的创办、新式人才的培养正是国强民富的根基。

郑观应也认为职业教育是中国向西方学习的重点。不同的是一向主张"商战"的郑观应在自己办实业的过程中发现，中国近代大工业中缺乏熟练技术工人、初中级技术和管理人员，单靠聘雇洋匠洋师，对国家民族并非有益。这样的现实，让他认识到只有兴办自己的专门技术学校，培养自己的实业人才，才是中国走向富强的必由之路，因此必须超常规培养技能之才。1894年，郑观应回国重入轮船招商局任帮办，再次提出设驾驶学堂，以培养驾驶人才，改变单一依赖洋人驾驶的被动局面。他用英国商部考核学生驾驶技术的标准作为学堂课程，是近代中国驾驶学堂最早制定的课程设置计划。1896—1897年，他在总办汉阳铁厂期间，在实际管理中深感技术人才不足，遂连续几次致函盛宣怀，建议由铁厂创办一所结合机器生产的冶炼学堂，并拟定了学堂章程。他设想招收学生采取理论学习与实际操作相结合的半工半读的形式，"上午读书，下午入厂学习机器"，认为这种"就局之厂之机器，可即事以指授"的教学方式，一定能收到事半功倍的效果，并预言数年后铁厂必人才济济，非但本厂"无籍外募，即各处局厂亦可调用"。他亲手制订章程，规定首期招收学生40名：以20名学熔炼，即学炼铜、炼铁，兼学化学；以20名学机器绘图，即学重学、机器、绘图等，培养中国自己的工程师人才。他兴奋地称此为"东半球未有之大学堂，真非常不朽之功业也"。他还主张选派有实际经验的工匠去外国机器厂留学，学成回国后就任学堂教习。

五、行商共建文澜书院

清代广东行商，即十三行商，也称外洋行商，简称洋商、行商，由清政府批准承充，专门经营进出口贸易的商人，具有半官半商的性质。他们是鸦片战争前唯一的对外贸易合法垄断者，也是广州社会的富有阶层，其富裕程度，可与两淮盐商和山陕商人并称。清初广东番

"粤商文化"丛书
粤商好儒

19世纪中叶的广州十三行景象

明清广州贡院

禺籍诗人屈大均在《广州竹枝词》中描述说:"洋船争出是官商,十字门开向两洋;五丝八丝广段好,银钱堆满十三行。"足见当年十三行的兴隆旺盛。

清朝沿袭明代教育制度,建立了国子监和府州县学,成为覆盖全国的官学系统。与此同时,各地民间自办的私塾、书院等教育机构,作为官学系统的补充,也不断成长。广州十三行商因为重儒,他们不仅对清代官办学校提供支持,而且大多在家中聘师设馆,教育自家的儿孙辈读书,以便参加科举考试。

晚清以官商巨富享誉朝野的潘仕成,就曾大力出资维修广州的贡院,这里是每三年广东全省士人都在此参加乡试的地方,可以想象其建筑规模肯定不小。潘仕成于嘉庆二十二年(1817)独力捐助了13500多两白银修缮广州这一庞大的贡院,新建供士人考试的试舍565间,且于舍外遍种槐树、柳树等,以强化周边的生态环境,贡院因此焕然一新。为了方便广州举人们进京师参加科举考试,潘仕成又在道光二十三年(1843),慷慨地将"京师宣武门外上斜街旧宅,捐为阖邑会馆",成为粤籍赴京参加科举考试士子与乡绅的栖憩及会友之所,不仅如此,他还和广东的官绅一起捐银2600余两,对会馆进行翻修,剩余的款项则"余存生息,为日后修理之需"。

其他行商及其后裔们也同样热心捐助家乡官私学校的建设,乾隆二十年(1755)十三行的行商们在广东布政司后街捐资创办越华书院,日后林则徐来广州主持销毁鸦片,即曾在此居住过。嘉庆十九年(1814),十三行著名的广利行行商卢文举遵照父亲卢观恒生前的遗嘱,在其家乡新会县城内买地创建了紫水义学,并出资购买2顷多的田地捐给义学作为学田,以供师生日常生活之需。番禺学宫是广州地区最大的官学之一,但其主体建筑大成殿因年久失修而破烂不堪,道光十五年(1835),天宝行商梁同新出于对家乡文教事业的关爱,积极倡议对番禺学宫进行整体大修,所有的修缮经费皆由他出面私募,共募得善款34000多两白银,最终在次年完成了学宫的修缮,他为此还撰写了《重建番禺学宫记》。

清代十三行行商们还联手兴办了文澜书院,显示了行商们团结一致,关注广州士人成长的心态。嘉庆十六年(1811),行商潘能敬堂、伍怡和、卢广利、谢东裕、刘东生、梁天宝、关福隆、李万源、叶大观堂、潘丽泉、麦同泰、黎西成等联合捐出西关下九铺绣衣坊公产房屋,兴办了文澜书院,成为十三行商诸多公益文教事业中最具特色的大事。

这次行动的带头人是潘有度,在他的倡导下,十三行富商积极响应,很快就将文澜书院修缮竣工,并出资延聘有学行修养之士担任学院的主讲,这一举措也彰显了十三行商贾商文

第三章　兴办新式学校与医院

并重，促进了羊城学风的振兴，由于得到巨富们的鼎力支持，所以文澜书院在当时被誉为"冠于粤中"。

文澜书院虽名为书院，但最初原是广州下西关地段的清濠公所。下西关主要指今荔湾区龙津路以南地段，即今光复中路、光复南路以西至黄沙及华贵路观音桥一带，龙津路以北地段则称为上西关。由于下西关一带濠涌多，商业又十分发达，人们都纷纷涌向西关，日久濠涌多为居民占用作屋地，渐至淤塞，不时泛滥，导致街道被淹，给居民生活造成极大不便。时十三行商潘、卢、伍、叶等富商不断出资请人清理濠涌。后在顺德籍士绅何太清进士等倡议下，由乡绅与商行巨贾们发起成立了"清濠公所"。嘉庆十五年（1810）何太清等向广东布政使申请，以下九甫绣衣坊大屋十二间改建为公所办事房舍，得到官府批准。其实，这些房舍均为洋行众商自愿送出，除了部分作为公所的永久办公地外，剩下的房屋则全部出租取息，以充当修缮经费之用。

清濠公所就是文澜书院的前身。清濠公所的职责原本是挖濠，与文事无关，然而由于捐产者为行商，他们为联络历届科场中式士子，于是产生了兴建书院的想法。嘉庆十六年（1811）在潘、卢、伍、叶等大行商的带领下，其他行商踊跃参与，文澜书院遂得以成立，并在文澜书院后建有文昌庙。自此，文澜书院除仍有清濠任务外，更多的任务则是为士人提供作文聚友之用，即"划建书院，为士子会文之所"，成为西关地区著名的士绅富商活动场所。文澜书院由卢、潘、伍、叶四家递年轮值管理，逢子、辰、申年由卢桂兰堂当值，丑、己、酉年由潘敬修堂当值，寅、午、戌年由伍光裕堂当值，卯、未、亥年由叶日省堂当值。后来"文风日盛"，每年公推绅士12人管理。

文澜书院并不是一所招生授课的普通书院，但其对入

身穿官服的潘有度

会者有严格的条件,"凡居西关,须税业三十年,后进庠中式,始得入院。送报到书院时,必须通知当年值事及各老前辈,查确并无欺饰及身家清白者,方可列入"。所谓的"进庠中式"就是指必须参加科举考试并取得功名者,同时要经过严格的身份甄别。每年有春秋二祭的大聚会,参加成员都是知名的士绅和具有科举功名的生员。凡参加者除参宴外,还可得到胙肉一斤、果饼一份,60岁以上者分给双胙。春秋二祭的主祭官,例以翰林或进士充任。此外,每年还有若干次年节小叙会。如有新科举人、进士、翰林,以至考中秀才者,当书院收到他们送来的凭证后,经过验证属实,也会举行一次叙宴,并发给他们喜钱,以作为对他们的祝贺。

文澜书院作为当时西关具有科举功名的士绅会聚之所,所以若能参加文澜书院举办的文会活动,并成为文澜书院成员,无疑是光宗耀祖的大事。道光末年至光绪年间,是下西关科名最盛时期,十一甫至十三甫一带居住着历年的翰林、进士等门第不下数十家,其最著者为十一甫梁耀枢的状元第、十二甫谭宗浚的榜眼第,以及至宝桥李文田的探花第。于是人们又传说这里风水好,从而吸引更多的商贾到此购地置屋,形成了后来的"西关大屋"景象,文澜书院也因此得到了更多商贾的资助。据《文澜众绅总录》名册统计,入院者获得秀才以上功名者268人,其中进士以上为29人、举人164人、贡生39人等。可见,进入文澜书院的人大多具有举人以上的功名。

辛亥革命后,文澜书院的"春秋二祭"仍旧举行。直到20世纪30年代陈济棠主粤,文澜书院历经120年终于结束了历史使命,但现今的下九路文澜巷、文澜新街等街

道光时期学海堂图

巷均因文澜书院而得名。文澜书院异于广东其他书院，不以讲学为目的，实为广州大小绅士聚集之俱乐部，与商董混而为一，与当时传统之书院大异其趣。

在十三行行商兴建文澜书院之后，广州出现了一股兴办书院的热潮，尤以两广总督阮元创建的学海堂最为著名，但实际上，学海堂和文澜书院又有着千丝万缕的联系。据记载，嘉庆二十五年（1820）学海堂就在文澜书院内成立，"开学海堂以经古文学课士子，手书'学海堂'三字匾，悬于城西文澜书院"。换句话说，阮元创建学海堂是得到行商们大力支持的。道光四年（1824）因学海堂生员太多，才迁建于越秀山麓。虽然学海堂迁出了文澜书院，但每年学海堂都会派人到文澜书院祭拜阮元。

六、冯平山图书馆

大学图书馆永远都是一座知识的宝库。而图书馆的兴建与图书收藏，则需要有庞大的资金支持，新会籍大商人冯平山投资创建香港大学图书馆，将永载史册。

冯平山，原名朝安，字平山，广东新会人。其父冯洪福，号景堂。冯平山小时家境并不富裕，15岁辍学，随其六叔前往暹罗（今泰国）学习经商，来往于广州、香港、澳门、重庆等地，后在重庆创办安记商号，购销陈皮、桂皮等中药材料。1890年，冯平山自编电报暗码传达经贸信息，又自置两艘英国商船通过长江从事重庆与香港之间的货运，10年间盈利100万两银圆。1909年，冯平山在广州开设兆丰行商号，从事药材买卖；1913年迁往香港继续经营，后来发展成南北行之中的著名商号。从1918年开始，冯平山与人合资开设穗安银铺、岐丰行、南生行、维吉银号、亦安银号、东亚银号（后来成为东亚银行）等商

冯平山像

号，1922年又与人合办华人置业和安荣置业。冯平山的生意越做越大，成为香港巨富。

冯平山为人敦厚谦和，坚持立品做人。据其60岁时撰写的《冯平山自记》说，自己一生以"立品做人"四字为宗旨，"余思立品做人，系做正当事业"。他常说处世做人，"第一不可欺人，第二不可为人所欺"。他坚持做正当生意、乐于做慈善事业。1903年，曾有广州三元里经营鸦片的商人以一年获利数十万元的条件相引诱，游说冯平山入伙经营，冯平山以"立品做人者系做正当事业，问诸良心，断不敢做"，严词拒绝，随即携家眷返乡居住，在家乡建祠堂，投身于乡村赈灾等慈善事业。

冯平山兴办的慈善公益事业包括兴办医院、学校、赈灾等。他先后兴办了广州方便医院等医疗机构，1913年出任香港东华医院的总理，1917年在新会县城创办平山贫儿义塾。1918年加入新会商会，成为保良局总理。1919年捐建新会白沙公园、象山公园等。他还出资推动广华医院设立免费服务项目。1922年，冯平山在新会县城捐建平山小学、新会景堂图书馆，在香港捐建香港仔儿童工艺院、香港华商总会图书馆等。

香港冯平山图书馆旧貌

冯平山大力支持中文教育，是香港官立汉文中学（今金文泰中学）的倡议者之一，并协助香港大学开设中文本科课程并创办中文学院。冯平山向香港大学捐款兴建中文图书馆，校方有感其善举，遂决定以其名冠名，以示永久纪念。

"粤商文化"丛书

粤商好儒

冯平山图书馆与香港大学的中文教育发展历史密切相关。1928年2月，港督金文泰爵士在港督府召开特别会议，讨论香港大学的中文教育发展问题。金文泰爵士透露香港大学有意设立中文学院，计划向政府申请临时拨款，增加推进中文教育计划的开展。参加会议的香港华人代表团倡导向华商筹募经费，以设立中文学院。冯平山当时是香港大学的永远值理，平时对文化教育事业极为关注，先后在家乡及香港各地创办多所平民义塾和图书馆等文化教育机构，对香港教育偏重英文、漠视祖国语言文化的现象极为痛心，并因此大力提倡中文教育，在数年前已与孔圣会合办汉文中学。对香港大学筹办中文学院的计划，自然是非常支持，他亲自拜访香港大学中文学院兴办章程的起草委员李景康，了解中文学院筹办的各项细节，得知款项募集的艰难与重要，毅然出任筹款值理，不仅出钱，而且出力。冯平山曾说："为昌明国学，保存国粹起见，大学汉文科之设立实刻不容缓。……对于各界举余担任司库之职，亦乐就之而不辞。"

为了满足中文学院研究的需要，冯平山决定向香港大学捐款10万元，建造中文图书馆。他明确提出捐赠图书馆的两项条件：一是图书馆除供大学教职员及学生使用外，应向社会开放，以供社会人士使用，所以图书馆应在大学范围内接近公路旁选择馆址；二是该馆永远作为中文图书馆，收藏中文书籍，不得挪作其他用途。鉴于图书馆需要对社会开放，担心大学难以负担维持费用，冯平山后来又增加捐款数额。得到香港大学认可后，冯平山亲自参与图书馆的设计与建造，曾在1930年4月亲自带领工程师访问江苏、浙江的14所图书馆，了解各图书馆的最新设计与设备。冯平山曾对香港大学的注册主任说："吾之视此馆，不啻父之于子，务使其发展至尽善尽美。"香港大学的管理者最初计划按照大学图书馆的规定，对校外人士入馆阅览征收费用。冯平山对此极力反对，坚持图书馆必须公开、免费，以期达到提倡港人研究中国文化的目的。冯平山鉴于大学经费的困难，同意每月捐款以维持图书馆的经费，其后更将图书馆的基金增至5万元。对图书馆内的设备包括文具、电灯、风扇、家私及书架等也一力承担。香港大学在1931年2月正式接受冯平山所规定的捐赠图书馆条件，并开始动工兴建。1932年中文图书馆建成，12月14日，港督贝璐主持图书馆揭幕仪式。香港大学中文图书馆是香港较早兴建的现代化图书馆之一。图书馆落后，冯平山已经仙逝，为纪念其捐建盛德，遂命名为冯平山图书馆。

冯平山捐资兴建图书馆的初衷是"昌明国学，保存国粹"。他的设想是通过收藏保存中国文献，从而使香港大学成为南中国蒐藏与保存中国古籍之主要重心，并引导和鼓励生活在殖民地的华人研究祖国语言及历史风俗习惯。为实现创建者的初衷和设想，冯平山图书馆一直十分重视中国古籍与善本书的收藏。太平洋战争爆发前，冯平山图书馆的古籍藏书已初具规模。在香港沦陷时期以及抗战胜利后，冯平山图书馆凭借自己的独特地位和"昌明国学、保存国粹"的理念，在蒐藏与保存中国古籍方面做出了重要的贡献。第二次世界大战结束后，一些私人收藏家的藏书纷纷散出，冯平山图书馆乘机大力搜罗，收购了一批私人藏书家的珍藏，奠定了馆藏善本图书的基础，其中有相当部分藏书属于珍稀图书版本，多数则是从江、浙和广东各大藏书家流散出来的古籍图书，如刘氏"嘉业堂"、广东收藏家黄慕韩藏书等，1953年购入南海黄氏幼学斋藏书15000余册，内容以诗文集为主，其中明代刊本甚多。20世纪50年代末至60年代初，又购入罗氏敦复书室藏书19000余册，其中包括拓片1100余张。

冯平山图书馆所藏质量最高、最有价值的一批善本，当推20世纪50年代收藏的吴兴刘氏嘉业堂的旧藏。刘氏嘉业堂是民国时期规模最大的私人藏书楼，其主人刘承幹，字贞一，号翰怡，别号求恕居士，生于清光绪七年。当清季鼎革，旧家衰败，藏书散落之时，刘承幹竭尽所能，网罗散佚，聚书多达60万卷50余万册。刘承幹的藏书多来自于卢氏抱经楼、莫友芝影山草堂、朱氏结一庐、陆氏奇晋斋等名家的珍藏，不仅有许多珍稀的宋元明刻本，抄、校、稿本及明人文集。冯平山图书馆得到的刘氏嘉业堂旧藏本中，就包括了一些非常珍贵的稿本和抄本，象清代朱彝尊的《五代史辑注》残稿，向无刊本，十分稀见；清郝莲编辑的《国朝诗选》，收录清朝近五千诗人的作品，规模宏大；上述两书均为海内仅存的孤本。乾隆年间陆煊的《尚书义》，为其侍妾沈彩所抄稿本，小楷娟秀，十分精奇；明代抄本《说郛》，无论是版本还是资料价值，均极独特。20世纪80年代以后，冯平山图书馆也曾陆续收购古籍善

香港大学冯平山图书馆收藏印章

第三章 兴办新式学校与医院

本,并获得部分私人捐赠。如1980年整批收购12种明版书,1989年再从罗氏后人手中购入古籍数十种,其中包括宋本《方舆胜览》等。

据统计,冯平山图书馆搜集的古今中外藏书70余万册,其中有善本书527种,仅宋元刻本就有21种,明刊本和抄本300余种,家谱、碑刻250多种,方志900余种,已经成为驰名世界的东亚文化研究中心。

冯平山图书馆原位于香港薄扶林大学本部南,是香港大学图书馆的分馆之一。1961年2月,冯平山图书馆迁入香港大学图书馆总馆,旧址经冯氏家族同意改为冯平山博物馆。

1941年11月,香港大学文史系主任陈寅恪先生(左六)与部分师生合影

第四章
醉心于戏剧影视

粤商好儒

鸦片战争以后,中国的国门被西方列强用炮舰强行全面打开,中国与西方文化交流也进入到一个新阶段,欧风美雨直面扑来,中国人在固守传统的同时,也积极吸纳人类社会新的文明成果。在这一过程中,粤商因为自古以来就通过海洋与南洋、西洋等不同国家打交道,尤其是广州一口通商的十三行时期,欧美等西方国家社会发展日新月异,粤商在与他们的交流中,已经尝过了西方文化这碗头啖汤。但他们不甘心西方列强独霸中国文化市场,于是出于爱国与利益的多重因素,粤商积极投资于戏剧和影视等大众娱乐文化项目。

一、粤商钟情粤剧

传统社会中的地方戏种很多,发源于江南的昆腔,随着江南与岭南在明清时期商贸交流的频繁,昆腔戏班不但络绎不绝来粤演出,而且在广东扎下一定根基,组织起来了广东本地昆班。清人俞洵庆《荷廊笔记》中"清代广东梨园"一节记载:"嘉庆季年,粤东鹾商李氏,家蓄雏伶一部,延吴中曲师教之。舞态歌喉,皆极一时之选。工昆曲杂剧,关目节奏,咸依古本。咸丰初,尚有老伶能演《红梨记》《一文钱》诸院本。其后转相教授,乐部渐多,统名为外江班。"所谓院本,原是指金代"行院"演剧所用脚本,体制与宋杂剧无异,是向元杂剧过渡的形式,一般将宋杂剧称为院本以别于元杂剧,元人陶宗仪《南村辍耕录》载有院本名目720余种,剧本均已失传。故此处所谓院本是传奇或杂剧的泛指。《红梨记》是明人徐复祚所作传奇,《一文钱》为杂剧。

晚清以后,粤商由私家蓄伶演戏,渐渐向为社会公共服务的戏院收费转型。一般而言,戏园是指将戏台和各类座位设于一个比较通风宽阔的园子里的演出场所,戏院则更多是指一栋设有舞台、座位等设施的建筑物。由于清代常将戏园和戏院一词混用,材料亦没有清楚描述具体的空间摆布和设施,故我们暂且沿用当时的说法。戏园和戏院是指有特定的建筑格局,公开售票,以盈利为目的的戏曲演出场所。

广州戏园的出现似乎最早也不过道光年间,且属私家性质。倪云癯《桐阴清话》有云:"广州素无戏园,道光中有江南人史某始创庆春园……其后怡园、锦园、庆丰、听春诸园,相继而起。"这在嘉道年间广东著名学者、学海堂学长张维屏的诗文中亦有所反映。张在道光二十六年(1846)宴游庆春园和怡园,有"升平歌舞好亭台"等句,三年后(1849)在怡园观《周忠武公别母乱箭》一剧,为之感动落泪。可见,道光年间,广州戏园主要限于招待亲朋好友,而非公开售票经营。

广州富商文人这种笙歌曼舞的景象,随着太平天国及洪兵起义的爆发而一度沉寂,正如倪云癯说:"比年以来,闾阎物力,顿不如前,游宴渐稀,诸园皆废。自客岁羊城兵燹之余,畴昔歌场,都已鞠为蔓草矣。"

与此同时,随着粤商和劳工不断向国内大都市和海外迁徙,粤商在外地赞助的粤班戏曲活动和投资兴建戏院或戏园之举,却不断兴盛起来。反观广州和佛山,一为省城,一为商业重镇,且都具有悠久的演出戏曲的传统,却一直到光绪中叶才有戏园出现。

粤剧作为广东地区的传统戏曲,是旅居各地的粤商们用于联络情感的方式之一。鸦片战争之前,清政府实行闭关锁国政策,只允许广州一地与外国通商。由于长期与外商打交道,许多广东人不仅会说外语,也具有一定的经济头脑。上海开埠之后,最早的买办大多为广东人。随着上海贸易地位的提升,越来越多的广东人来到上海,或出任买办,或直接经商。19世纪中后期,粤商在上海经营着各式各样的生意,包括茶栈、杂货店、玻璃店、印刷店、机器花行,还有大量的押店等;当时上海的大洋行的买办和通事,也多为粤人;甚至一些社会地位较低的工种如工匠、船匠,以至"细崽""西崽"等,都为粤人所盘踞。据估计,1857年上海已有广东人数万之众,至1934年左右,旅沪粤人大约有30万余人之多。清代晚期,广东当地流传着这么一句口头禅:"上海搲,金山掘。"意思是说来上海经商要比去美国旧金山赚钱容易。在这一观念影响下,来上海做生意的广东人不断增加。当时,苏州河北虹口地区的北四川路一带,已成为旅沪广东人的聚居区,而且广东籍商人中不乏佼佼者,创建了一大批著名的企业,其中包括广东银行、华侨银行、道亨银行等金融机构,南京路上的先施、永安、新新、大新四大百货公司,以及南洋烟草公司、冠生园食品厂、泰康食品厂等大型企

业，还有杏花楼、大三元、新雅等粤系菜馆。

上海陆续兴筑的戏园，就有粤商参与的身影，其中在同治五至六年(1866—1867)间开设，被认为是上海最早演出京戏的戏园"满庭芳"，是英籍粤商罗逸卿投资兴建的。而在同治年间出现的"久乐"和光绪年间的"庆乐""一仙""三雅"等戏园或茶园，亦有广东戏班表演；在1895年及1899年，更先后出现了专演广东戏的"同庆茶园"和"叙乐茶园"。这样的事实，多少透露了粤商在各大城市投资娱乐事业的轨迹。

广东商人经营有方，生意越做越大，陆续建立起各种同乡、同业和其他类型的组织。其中在上海声势最大，也最具有影响力的是精武体育会和广肇公所。清末民国时代上海的粤剧、粤乐和粤曲活动，多以这类组织为依托。这些组织的成员，又组成各类专门的团体，在沪上展开种种创作和演出活动。同治十一年（1872）由广东商人徐润、叶顾之、潘爵臣、唐景星倡建的广肇公所，是广州、肇庆两府人士在上海最有势力的商人组织。精武体育会创办于1910年，尽管精武会奉河北人霍元甲为宗师，但其实在精武会创办前一年，霍元甲已去世，精武会的创立及其活动，实际上由粤、沪商人主导，其中又以粤人为主。长年主持精武会的三位核心成员陈公哲、卢炜昌、姚蟾伯，前两人为广东中山人，在沪从事五金生意；姚是江苏吴县人，经营颜料业。他们

1947年上海永安公司股票

三人被时人称为"精武三公司",也是以当时广东人在上海开办的永安、先施、新新三大公司为借喻。

民国初年,广东商界在上海的发展风生水起。1914年,上海永安公司兴建,掀起了广东商业资本又一次大规模投资上海的热潮;随后,先施、新新、大新等公司在上海也建立起来,成为当时上海最大的环球百货公司,也是粤商在上海经济实力的展现。这些商业组织又组成各类专门的团体,在沪上展开种种创作和演出活动。1918年上海工界协进会成立"粤乐部",1923年就任工界协进会会长的就是精武三公司之一的卢炜昌。1919年在上海成立的"中华音乐会",创始人是精武会的陈铁生。支持中华音乐会的粤绅当中又有卢炜昌。在1924年《申报》有关中华音乐会演出新剧的报道中,就提到该会由粤绅梁树棠和卢炜昌等赞助,且"多粤帮会员";又宣传说在演出当天舞台上高悬粤侨商业联合会与粤商医院相赠之缎额。

旅沪广东人在日常生意事务之余,最需要的是能缓解乡愁的娱乐活动,对家乡戏曲的怀念之情更为追切。广东戏班进入上海演出,至少开始于同治十二年(1873)七月,据《申报》在同治十二年8月1日以《夜观粤剧记事》报道,一个叫"童伶上元班"的广东戏班来上海演出,"予去粤几及十年,珠海梨园久不寓目,昨荣高升部来沪,在大马路攀桂轩故址开园登场演剧,粤都人士兴高采烈招予往观"。这可能是粤剧在上海的首次公演,但其观众大多是广东人。在广东"荣高升部"到上海演出之后,粤商不断邀请广东戏班进入上海演出,每年的"神诞庙会"和"盂兰斋醮",广肇公所都要邀请广东"八音班"和"歌伶演唱会",尽管这两个戏班人员稀少,演技平常,却大受广东人士欢迎。人们不顾拥挤,如醉如痴地欣赏着阔别多年的乡音。自此以后,粤剧在上海不断发展,时人陈无我在《老上海三十年见闻录》中说:"光绪丁酉、戊戌(1897、1898)间,宝善街有同庆茶园,系粤东富贵名班,惟系粤调,故座客亦粤籍居多。"这次演出节目中的《石头记》中《晴雯补裘》,令人神往,观者莫不同声喝彩。这说明广东观众渴望欣赏家乡戏曲的现象在当时的上海很普遍。

粤商为了满足旅沪同乡的精神文化需要,1895年在上海宝善街(今广东路)满庭芳内建立同庆茶园正式投入使用,这是第一座专演广东戏的茶园,从此粤剧在上海有了自己的根据地,演出只用"粤调",所以看戏的人也以粤籍人居多。然而,满庭芳毕竟是京昆戏馆,无论是同庆茶园还是广东粤剧,依然未能在上海取得独立的艺术地位。20世纪初广东商人在粤人聚居地今铁马路菜场附近为解决乡人观赏家乡戏的问题,搭建竹木结构的戏台,专

"粤商文化"丛书
粤商好儒

演广东戏，戏院名为鸣盛梨园（后改建为新爱伦影戏院）。1909年，部分粤籍人士集资组建同庆有限公司，并在狄思威路东鸭绿路司考脱桥（今溧阳路鸭绿江路口海宁路桥）开设同庆戏园。从喝茶看戏的茶园，到买票看戏的戏园，又有了组织演出的专业机构，粤剧终于形成了独立的艺术主体。

基于上述的基础，上海的粤剧在1919年至1937年间迎来了高峰期。当时不但上演次数频繁，来沪演员和戏班名气之高，更是前所未有。而粤籍商人每有著名戏班演出，经常会在戏院大量订座，延客观赏。有商人从中窥见商机，在上海投资相关的娱乐事业，兴建专门演出粤剧的戏院。1919年上海四川北路上海大戏院聘请以李雪芳为台柱的广东戏班"群芳艳影"来沪演出，引起粤籍人士的观看热潮，使旅沪粤商看到了投资戏院组织演出有利可图，遂在位于虹江路新广东街（今新广路）建立了新式演出场所——广舞台，并于1920年竣工，自此以后，粤班在上海有了一个固定的演出场所，揭开了上海粤剧的新纪元。此后10余年，广舞台一直上演粤剧，在很长一段时间内，"粤剧在沪仅广舞台一家演之"，因此，它成为沪上粤剧演出的大本营，上海也由此成为非粤方言区最大的一个粤剧演出中心。

1928年，原广舞台班子又在北四川路用西洋剧场形式兴建戏院，取名"广东大戏院"。20世纪初，上海北四川路虹江支路的上海大戏院、奥迪安大戏院，均为广东商人营建。20世纪20—30年代，省港粤剧戏班到沪上演出者多达20多个。

以粤商团体组织作为背景开展的一系列粤剧活动，只

上海的广东大戏院广告

是广东商人钟爱粤剧的一种表现,而当时粤商在上海开设的百货公司,都设有自身的粤剧团或粤乐队。据1925年《申报》报道,先施公司组织的"先施职员粤剧团",因利乘便地利用先施公司设置的乐园影戏场作为表演场地。从新新公司的档案可知,新新公司也设有粤乐组和粤剧组。寓居上海的广东商人及他们支持的音乐活动,随着抗日战争爆发,上海沦陷而偃旗息鼓。但迟至新中国成立初期,上海仍有相当数量的粤剧和粤乐活动。永安公司的永安乐社在总经理郭琳爽的支持下,新中国成立初期仍然十分活跃。郭琳爽同时也是广肇公所筹募义务学校平民诊所福利经费委员会的副主任委员,在他的推动下,永安乐社在1950年和1952年为广肇公所筹募教育医药经费,在上海九江路的永安天韵剧场演出。从广东来沪上演出的粤剧团,均会拜访永安乐社,有需要时甚至会请其出资帮助。从其为1950年这次演出所做的筹备工作看,永安乐社的水平可能与专业的粤剧剧团不相伯仲。

自20世纪10年代伊始,各种旅沪的粤商,是粤剧、粤乐和粤曲活动的主要赞助人、组织者,甚至参加者。流行到今天还十分著名的"广东音乐"差不多都是在上海孕育的。民国初年,新会人陈铁生在上海虹口先后组建"精武体育会粤乐部""上海粤侨工界协进会粤乐部"和"上海中华音乐会"三个粤乐团体,举办训练班来培养人才。后又成立"中西音乐研究社",对粤曲及粤乐乐器进行革新,创作或改编了诸如《渔舟唱晚》《步步高》《雨打芭蕉》《燕子双飞》和《孤舟雪夜》等作品,成为传世佳作,被上海人士称为"广东音乐"。

据广东著名学者程美宝研究,广州自咸丰至光绪中叶近40年间,一直没有兴建戏园之举,此期间只有位于沙面租界的美国旗昌洋行曾在光绪三年(1877)向南海县丞提出在十三行新填地开设戏馆的建议,但此事由于官府不允,最后亦不了了之。当时的南海县丞认为,上海、香港容许设戏馆,是因为那里"地已归外国",与广州不能同日而语,且该新填地毗邻西关,而西关又"烂匪最多",即使有领票验票制度,秩序亦难控制。

广州真正公开售票,以盈利为目的,且有一定建筑规模的商业性戏园,在19世纪末才出现,地点就在西关地区。据1895年8月3日刊登在《香港华字日报》的一篇题为"论粤省禁设戏园"的论说云:

广州向无戏园,嘉庆季年,卤商李氏家豪富甲第,池台擅胜一时……自羊城兵燹之余,闾阎物力,顿不如前,游宴渐稀,诸园遂废,歌台舞榭,鞠为茂草。而诸班惟借神诞日于庙前登台开演,坐客之地,或为竹棚篷厂,或为店上小楼,座既狭隘,伸舒不便,而复有所谓逼地台者,不收坐费,任人立看,挤拥如山,汗气熏人,

第四章 醉心于戏剧影视

"粤商文化"丛书
粤商好儒

蒸及坐客,且易滋闹事端,每因抛掷瓦石,至于械斗,小则伤身,大则殒命,又时因失火难避,伤及千百人,以此行乐,险不可言。自五羊无戏园,而观者可裹足矣。至辛卯春,前督李制军许商人承铜充办,复有南关、西关、河南、佛山四地戏园之设。高台广厦,排日笙歌,不图点缀升平,复见于今日,而伶人衣服之美,工价之贵,更超越前时。

广东的四大戏院均是商人所为。据时任两广总督李瀚章所颁布的《会禀戏院章程》说:当时有鸣盛堂商人李升平向官府申请,在广州城外西南较为偏远的地方建设戏院,因为偏远,所以人烟稀少,对疏散观众有好处,而且也不会阻碍交通。戏院建筑为砖石和瓦,这样可以最大限度地防止火灾。李升平的申请经南海县现场察看,认为戏院选址在广州城西多宝桥外空旷地带,与附近居民并无阻碍。西关戏院的建筑是"仿照上海戏院款式,围以砖墙,搭以桁桷,盖瓦架楼,门开两路,分别男女,各为出入,以免混杂"。与此同时,戏院内还设立了缉捕所,由戏院自募巡勇,以保障戏院演戏时的治安。戏院的座位不仅男女分开,而且内部还分别为上中下三等,观众需要凭票对号入座。《会禀戏院章程》还规定,演唱舞台上,不准施放爆竹,夜晚演戏不能用煤油灯,只能用"光亮电灯,通宵达旦,自保无虞",即便如此,还需要配备水龙、水喉等消防设施,以防不测。这一现象也说明粤商对现代公用事业的关注,据称,广州第一家电灯公司在1890年由美国华侨商人黄秉常和李荣帮集资创办,不久就为40条街道的商店和公共建筑安装了700盏电灯。

据《会禀戏院章程》还可以知道,当时的戏院审判机构为"广东善后局"。所谓善后局,是指自太平天国起义及捻军起义之后,各省为了筹款而设立的机构,"其局名或称善后局,或称海防。善后之名,因平发匪而设,海防之名,因御外侮而设"。这一机构管理兴办戏院之事,说明了当时政府批准建立戏院是为了开拓财源。这也说明广东商人当时因应社会形势的需要,开办民众喜爱的新式表演方式,并以此获取商业利益。此在1890年9月7日《申报》的报道中也有所反映:

现有商人拟在东西南关边界各建戏园一所,具呈督宪,求请准其建造,雇优演剧,每园每年报效海防费银一万二千元。督宪以目下筹办防务,筹款维艰,得此巨款,于饷项不无裨益,遂俯如所请,饬下南番两县带同该商勘定地段,以便庀材兴工。将来园工告成,笙歌竞奏,袍笏登场,于以鼓吹休明,招徕商贾,岂不懿哉!

据赖伯疆、黄镜明著《粤剧史》一书所说,广州西关最早出现的戏园是广庆戏院,地址在今天的多宝路附近。我们怀疑广庆戏院可能就是李升平所建的戏院。后来又出现了南关、东关、河南各处的戏园。

另据《申报》1891年1月14日报道，在李升平提出申请不久，另一许姓商人又申请在"南关新筑长堤内建设同乐戏园，于十一月十四日兴工，限年内落成，以便明春开演"。《申报》在1891年3月4日又报道说，同乐戏园果然赶在新岁落成，定期在正月十六七日开台演剧。另据《申报》1891年5月22日报道，1891年春，又有"商人某甲禀请大宪亦欲建设戏园，每年愿报效军饷银八千两。大宪准之，甲遂度地多宝桥侧，土木大兴，大约端阳节边即可工程告蒇矣。"《申报》在1891年7月15日又报道说，1891年7月，在珠江以南的河南岛上，"河南戏园刻已落成，命名曰大观园"。即使要向官府缴交大笔饷银，此时经营戏园，似乎仍属有利可图，以致《申报》在1891年6月4日发表评论说："南关同乐戏园坐客常满，获利甚丰。河南、西关两处戏园亦相继而起，经之营之，不遗余力。诚以利之所在，人争趋之也，刻又有人拟在黄沙地方建设一戏园，业已具禀大宪，未知能允准否？"

河南大观园的地点，据《中国戏曲志·广东卷》说，位于河南南华中路，1898年由广州潘、卢、伍、叶四大行商在该址集资兴建戏院，1902年改称河南戏院，为了方便戏班红

民国初年广州戏台场景

船搬运戏箱，特辟后门通珠江，让红船可直泊戏园后门。尽管这一说法和《申报》报道有很大的出入，但有一个共同点就是，戏院是由广东商人建设的。

而与广州近在咫尺的佛山，在清末也有戏院设立，据今人欧瑞芝在《佛山新语》中说，光绪年间，有吴姓商人在佛山镇佛山涌涌边右岸竹桥附近创建一间戏院，名为"桂香人戏院"。据《香港华字日报》1895年2月6日报道，佛山戏院初开设时，"以有万资本，饷项难支，久经停演"。1895年，商人简炳骥禀呈善后局批准缴饷，商定交纳洋银1200元作为一年饷项，乃恢复演出。简炳骥在报批初期是先缴饷洋银600元，官府的反应是有鉴于"现在开演期近，姑准予兑收，其余600元限明年正月内补缴清楚，毋许久延，如再渎禀请减免，即行查封，永远不准开演"。

据程美宝教授研究，清末粤商在美国的三藩市也积极赞助粤班的戏曲活动。其中出生于广东香山县唐家村的唐廷植，在1851年9月辞去在香港政府总巡理府任传译员的工作，随其叔父到美国加利福尼亚州经商，成为三藩市成功的商人，他积极参与香山同乡会和会馆的工作。他在1862年回国，用唐国华的名字接替了其弟弟唐廷枢在中国海关的工作，其后主要在上海发展，是旅沪粤人最具影响力的组织——广肇公所的创办人之一。唐廷植可能早年兼做过戏班班主的职业。1852年10月，一批由123名成员组成的粤戏班抵达美国，在三藩市进行了为期5天的演出，戏班赴美国演出的旅费、戏台设施和道具的搬运费，都是由广州商人支付。就在这次粤班在三藩市演出之后不久，粤商就筹划在美国三藩市建设中国戏院（The New Chinese Theatre），戏院建筑的主要材料则由戏班从中国带来，这一点与粤商在国内各地建设会馆时的做法十分吻合。三藩市第一所由华人集资兴建的专供中国戏班演出的永久性戏院是庆春园（Qing Chuen Yuen）。据称，这座戏院于1867年11月动工，翌年1月落成，耗资4万美元，可以容纳1100名观众，戏院内部装修遵循的是西方剧院的格式，但在舞台设计方面，则按照中国戏班的需要设计。1868年1月27日举行开幕宴会，戏院的股东大多为商人及戏班班主。

号称"九省通衢"的汉口，是广州商人活动的另一重镇。据1882—1891年第一期海关十年报告调查，清末汉口共有11个省设有会馆，其中广东、安徽均拥有3个以上会馆。会馆主要是由商人和绅士捐款修建，在竣工开馆之日都要举行某种仪式，如祭神、演戏。会馆设有会长及商董会，负责抽捐。余额投资于房地产，其利益用来支付会馆开支。如果出现争执，则请会长仲裁，会长的决定是最终的裁决。会馆都有自己的祀庙及墓地，每年春、秋节日，会长及会董们提供牛羊等来祭祀亡灵。

广东商人在各地每逢重要事件，都会邀请戏班演出，如清末广东各地商人在汉口修建了规模宏大的岭南会馆，因声势较大而受到当时新闻媒体的关注。光绪十七年（1891）10月21日《字林沪报》报道说："粤人之旅居汉口者，类皆巨商大贾，坐拥厚资，前以桑梓情殷，酿资于大火路建造广东会馆一所，雕题画栋，金碧辉煌。"这次大概是重修，而且重修的规模及动作都比较大，报道说，该工程逾七八年之久才落成。这可不是一般的修修补补。所以粤商对此很重视，竣工之日，广东会馆决定于本月初五日，"谢土破台，开门演戏，选定庆喜、荣升两京班，互相演戏"。两戏班领导也十分重视，"竭力经营，往上海添置绣金绸缎，新制行头，并从京沪聘请优伶红菊花、麻子红、赵三、王小、洪福等十数人到汉。开门之日，堂上衣冠齐楚，贺客盈庭；台上则袍笏鲜明，霓裳雅奏，观者则人山人海"。应该说，这则新闻报道除了显示粤商在商界具有经济实力外，还可以说，粤商通过会馆落成，所进行的这种演戏活动，是具有典型的商业眼光的。人山人海、京班剧团、上海购买戏服等，都是在为粤商进行有效的广告宣传。

晚清以来，天津也是广东商人活动的大本营之一，他们在天津建立的广东会馆，规模十分壮观，直到今天，天津的广东会馆仍保存完好，1986年被改建为天津戏剧博物

天津广东会馆内的戏台

第四章　醉心于戏剧影视

"粤商文化"丛书

粤商好儒

馆。从会馆保存下来的捐款碑刻中可以看到，当时在津的南海籍大买办梁炎卿捐款数量最多，达6000两，会馆建筑面积2300多平方米，馆内的歌舞台最为典型，独具彩绘和木雕装饰的风格。舞台向外伸出，台口没有一根柱子，便于观众观看演出，台面70多平方米。楼上楼下可容400～600人。舞台建筑在不用任何扩音设备的情况下，能把音响效果传送到戏楼的各个角落。清末民初，著名京剧大家梅兰芳、谭富英、尚小云、俞振飞、杨小楼等均在天津的广东会馆作过堂会，参加过各种社会义演活动。广东会馆能请到艺术名家演出，反映了广帮在天津商界与政界的实力。

成都和重庆的广东会馆，也是"每逢神会必演戏庆祝"。各会馆大都建有专门的戏台、戏楼，分男女看台。会馆演出的内容也以广东故土戏为主兼及其他。据嘉庆十年（1805）刊行的《成都竹枝词》记载："过罢元宵尚唱灯，胡琴拉提是淫声。回门送妹皆堪赏，一折广东人上京。"《广东人上京》应是在广东会馆内排演的节目。

二、粤商投资新式影院

电影作为一门新式的艺术表演形式，最早产生于国外。电影从国外传入我国，大约是清末，地点在上海，对当时中国社会产生了不小的影响力。当电影艺术出现在上海时，差不多早期的电影从业人员都为广东人，如阮玲玉、蝴蝶、杨耐梅、陈波儿、蔡楚生、郑正秋、郑君里等。中国本土的电影业从商业放映起步，最早从事电影放映及发行业的是外国人，随后是广东商人，他们最先与外国片商交易，并且开始建立自己的电影院及院线。在我国的电影产业早期，全国的电影院基本上掌握在广东人手里，至少也有广东商人参与其中。

清末，粤商在自家门口展示电影的魅力，与广东华侨商人密切相关。1903年前后，一位从美国归国的华侨带回了电影放映机和几部风景片，在广州长寿路的高升茶楼放映，招待亲朋好友，广州从此有了电影放映活动，时人称之为"映画戏""电影戏"等。不过，最初在广州放映的电影多是临时的，带有雅集的性质，电影放映次数屈指可数。直到民国初年，广州才逐渐出现了营业性的电影放映机构，称作"映画院"或"影戏院"。投资剧院与电影业，是反映城市社会文明度的重要指标之一。粤商在这些全新行业中的投资，除了商业谋利因素外，也为城市居民提供了良好的文化活动场所，给城市的发展带来了现代化的新气象。

香港电影事业的先驱人物是广东新会人黎北海和黎民伟兄弟，也是中国电影的早期开拓者，黎民伟被称为"中国电影之父""香港电影之父"。1913年两人与外资合作组建了香港第一间电影公司"华美影片公司",他们在香港自编自导自演了第一部故事短片《庄子试妻》,是香港电影史上第一部由中国人编导制作的影片,由此拉开了香港及南中国电影史的序幕。1921年黎氏兄弟合作创办了香港历史上第一家全华资投入的新世界戏院,1923年5月又在香港创办民新影片公司,并在广州西关建起广州第一个电影摄影场,拍摄第一部故事片《胭脂》,在自己的新世界戏院上映。1926年他将民新公司迁往上海。

香港影视业的另一位著名的投资人卢根,又名卢典学,为香山县人。1888年出生于中山县一个工商业家庭,从小父母双亡,少年时跟随伯祖卢冠廷到香港当学徒,从事南货生意。青年时曾在香港圣士蒂凡夜校进修英文,并因此进入律师事务所工作。随后卢根看准商机,开始在香港中环雪厂街给写字楼送冰块,由此掘得第一桶金。在此期间,因开拓生意的需要,卢根加入了英国籍。他在商业经营中发现,在香港、广州、天津、上海等大都市中,电影将会成为大众最时尚的娱乐方式,遂决意投资电影业。1924年他与人合资在香港摆花街开设了新比照电影院。

为了能吸引更多的观众进入影院看电影,卢根可谓是绞尽脑汁。20世纪初,中国电影制片业还正处于草创阶段,影院放映的片源主要依靠外国影片。这些进口的外国影片大多情节曲折、引人入胜,但对白和字幕都是外文,连放映的说明书也是外文排印。因此,对没有英文基础的香港普通观众来说,他们很难完全理解影片的剧情内容。卢根为此高薪聘请了电影宣传员,即在电影放映过程中,由宣传员当场口译影片中的字幕内容。卢根还在当时的媒体上做广告宣传,如1919年9月29日的《香港华字日报》上刊登了新比照影院的新片广告:放映"夺产疑案《飞来盗长画》(又名《天来盗长画》),另加《奇士东好

黎民伟在《庄子试妻》中的扮演照

笑谐画》",自"新历11月25日起至27日止连影三天","每晚七点十五分钟开影(映)",并强调有"宣传员"当场讲解剧情。由于"宣传员"的"百般譬讲,观众对于剧情,心领神会,兴趣盎然,每届换新画,购券入座者甚众,比照因此营业甚佳"。

为了提高新比照影画戏院白天的票房收入,卢根效仿美国影院的做法,将新比照影画戏院改造成循环映戏场,在每天"上午11点至下午4点半"的营业时间里,周而复始地放映"十幕(部)影片",且类型丰富,有时事片、侦探片、喜剧片、奇情片和家庭伦理片等,观众只需一次性支付"四毛"钱的入场费,即可"诸君欢喜,随时可入,久坐无拘"。

卢根还在新比照影画戏院发起了香港电影史上第一次公开选举名片活动。选举办法是由新比照影画戏院派发统一格式的选票,观众把自己认为是名片的逐个填上,然后把选票寄回新比照影画戏院,统计后公布结果。虽然这种方式当时在上海电影界比较流行,但大多由各个电影杂志主办,还没有影院发起的先例,而卢根在香港更是首创。

卢根在香港影视业中的生意空前红火,也让他看到了电影的巨大潜力和魅力,于是继续扩大投资,与人合股创办明达股份有限公司,代理美国各大影片公司(如米高梅公司)在中国的电影发行权。发行影片使明达公司蜚声中外电影界,也使卢根赚到了很多钱。他把赚来的钱投资在电影院的收购和建设上,很快便成为电影界的"华南王"。此时他不仅在香港拥有皇后、新世界、平安三家影院,还在广州兴建了著名的南关、明珠、模范等电影院。

卢根在体验到电影给民众带来娱乐,又给自己带来丰厚的利润之喜悦,他除了在华南地区继续发展影视业外,

1921年卢根创建的明珠电影院

又将业务发展到了大上海。1930年,卢根与美国商业公司合资在上海组建了国光联合电影公司,并建造了国泰大戏院,以当时最先进的设计和建筑材料建设。1932年新年伊始,国泰大戏院正式对外营业,以美国米高梅影业的文艺片《灵肉之门》作为首映影片。国泰大戏院还在《申报》刊登广告,声称该戏院"富丽宏壮,执上海电影院之牛耳。精致舒适,集现代科学化之大成"。1941年,太平洋战争爆发,汪伪中华电影联合公司接收国泰大戏院。1946年1月,国光公司重新恢复其所有权,仍以放映英美电影为主。

卢根又从上海继续北上到了天津,成为天津早期最著名的电影实业家,也创造了当时天津电影业的辉煌。他利用之前在广州、上海等地电影业成功的经验,在天津收购了英商的平安电影公司旗下的平安影院和光明影院。

平安影院是天津第一家由外国人开设的电影院,始建于1909年,创建者为英籍印度人巴厘。1922年迁至英租界的小白楼,影院仿古罗马剧院样式,创天津豪华电影院之最。自卢根掌管以来,平安影院主要放映美国影片,《歌舞升平》在此首映,开创了天津放映有声电影的先河。卢根接管平安影院后在宣传上也独树一帜,如在放映第一次世界大战纪录片时,工作人员从美国军营借来装甲车,摆在门前做广告,这也是天津电影界第一次用实物做广告。1927年卢根与广东番禺人罗明佑在天津成立华北影业公司,先后招录了朱石麟、熊式一、费穆、贺孟斧、沈浮等人,后来这些人都成了中国著名的编剧和导演。到1929年,华北影业公司进入全盛时期,通过建造和收购,在华北和东北已拥有30多家电影院,独执我国北方放映业的牛耳。

天津光明影院前身是光明社,建于1919年,创办人也是巴厘。1929年迁址于滨江道,与劝业场巍然对峙。当时由于光明影院是天津城唯一放映头轮国产片的影院,被誉为"国片之宫"。1933年《姊妹花》在光明首映,创造了连映90多天满座的票房纪录,该片由郑正秋编导,胡蝶主演,轰动一时。不久光明影院的改革再掀高潮,又一次成为万人瞩目的焦点。这次改革是光明影院实行新座位制,观众可以随意挑选座位,成为一大新闻。同时,邀请著名影星周璇、严华夫妇来津旅行结婚,在津期间,光明影院加演她的《四季歌》等流行歌曲,创造了津城无处不"四季"的盛况。但随着第二次世界大战的全面爆发,卢根的电影时代宣告终结。新中国成立后,两家影院被天津市文化局接管,改为国营,从此光明影院成为天津第一家豪华特级影院。1960年平安影院更名为音乐厅,成为天津唯一专业演出交响乐的场所。

第四章 醉心于戏剧影视

"粤商文化"丛书
粤商好儒

卢根对中国电影事业进行了不懈的努力与开拓，对整个中国早期电影业的发展与繁荣，都起到了积极的推动作用。而他所创立的电影院，西式的古典建筑与电影的光与影交织在一起，本身就是不朽的文化与艺术，值得世代珍藏。

1925年，曾在香港与黎氏兄弟合作创办民新影片公司的梁少坡，回到广州，在西关多宝大街成立钻石制片公司。此时，正值省港大罢工，不少香港影人将制片公司迁到广州。自1925年至1927年，广州先后出现了"百粤""南越""天南""广州"等多间制片机构。

1926年，美国华纳公司拍摄了世界上第一部有声电影《唐璜》，台山华侨商人陈汉子等预见到影视业在未来有广阔的市场前景，他们于是回国在广州西堤集资兴建了戏院，既放电影，又演粤剧大戏。1927年西堤戏院开业，上映由美国刚拍的西部有声电影影片，开广州有声电影之先。此举顿时轰动了整个广州城。随后，陈汉子等又马不停蹄陆续投资在广州下九路、财厅前、西壕口、光复北路等分别兴建了中山戏院、中国戏院、西濠戏院、中兴戏院。至此，陈汉子等在广州共拥有5家电影院，成为广州的电影院大王。

1928年开业的中山戏园

广州另一个电影院巨子也是五邑华侨所为，此人乃台山人朱荫桥。他于1931年在广州惠爱路建成新华戏院，1934年又在西关恩宁路建成了金厂电影院。朱荫桥除了在电影院选址上颇为费心外，电影院内的座位、声光、设施也十分考究。他拥有的这两间电影院，豪华舒适，设备先进，被誉为广州戏院之冠。新华戏院在广州的各大报纸头版刊登广告，声称自己是"华南娱乐场之新权威，广州电影界之生力军"。1932年大年初一，新

1932年开业的新华戏院

华影院正式开业,放映的第一部片子是香港有声电影《桃花乱放》。

由于新华戏院室内装修豪华舒适,设备先进,成为广州的一流影院,观众如潮,获取了巨大利润。金厂电影院原名"金声戏院",取英文名 GRAND THEATER,即"大戏院",以放电影为主,该影院率先装配空气调节设备,设人专门负责场内外的卫生,在当时的广州属于高档消费场所。

五邑华侨投资兴建电影院的还有伍瑞龙。1929年在长寿路建起了长寿电影院,次年又投资在惠爱东路建起了东乐戏院。陈、朱、伍三家,共拥有9间戏院,垄断了整个广州的电影放映业。

粤商投资电影行业并不仅仅限于广东一隅,随着晚清大量广东人涌入上海,粤商在商业活动之际,也发现了电影行业的有利可图。在上海最早涉足电影业的主要是广东商人,可以说,电影这一大众娱乐业在上海以及中国社会的普及,与粤商分不开。

金声电影院座位票

电影吸引了大批的观众,背后自然就是高额的票房收入。粤商于是在上海掀起了投资建设剧院的热潮,近代上海影剧院的建设,凸现了粤商在当时中国电影界的实力。1913年,广东商人邓子义与外国人联合在上海组建了新爱伦影戏院。1917年,邓子义又联合粤商曾焕堂组建上海大戏院,作为新爱伦影戏院的分院,这是由中国商人独资开办电影院的先声。他们充分利用新爱伦影戏院和上海大戏院作为华商企业的号召力,以优惠的票价吸引观众,与外

"粤商文化"丛书

粤商好儒

商影院竞争，迫使外商部分退出上海电影放映业。

广东香山人郑伯昭在上海影视业中也是一个不可忽视的重量级人物，他是清末民初上海滩乃至全国著名的"洋烟销售大王"。他年轻时曾在上海中西书院学习英文，后在上海成立了一个专门经销英美洋烟的机构——永泰栈。永泰栈是一个推销雪茄烟的合伙组织，股东都是广东商人。郑伯昭在永泰栈工作20多年，1919年自立门户，开设永泰和烟行。1924年他把永泰和烟行改组为永泰和烟草股份有限公司，股本定为100万元，英美烟草公司占51%，郑伯昭占49%，并亲自出任董事长兼总经理。

郑伯昭在经营烟草生意的同时，对影视业也产生了浓厚兴趣。其创办的影剧院一度称冠于上海，是当时上海影剧业的一个标志。1925年，郑伯昭与英美烟草公司原美籍总经理托马斯合作在上海创办孔雀影片公司。当时虹口北四川路、海宁路一带是上海的影戏业中心，也是上海的商业区和住宅区，人口密集度高。郑伯昭慧眼独具地买下了北四川路的宜乐里，强行要求原住户限期搬迁，并买通警方强行拆房，制造了上海近代史上较有影响的"宜乐里拆房事件"。他在北四川路独资建造了奥迪安大戏院，可容纳千余名观众，装修华丽，是当时上海最豪华的剧院。他又经营"奥迪安电影公司"办理电影配给事务，当时美国派拉蒙出品的影片，都归其代理，声势大振。

奥迪安大戏院的门面

奥迪安大戏院广告

继又在东区建立"百老汇大戏院"，在中区建立"新光大戏院"。1932年，淞沪抗战爆发，奥迪安大戏院毁于战火。

1926年，黎民伟的民新制片公司迁到上海发展，在上海名人杜月笙等协助下，成立了上海民新公司，除摄制影片外，仍承办代理拍片、冲洗、染色和放映等业务，并开办民新影戏专门学校，后成为著名演员的金焰曾是该校的学员。1926年2月，公司开始制片，聘请了欧阳予倩等为编导。民新制作的影片反映了黎民伟一贯坚持的以电影"救国教民"的思想，也体现了黎民伟在艺术上不断探索创新的精神，如由欧阳予倩编导的《天涯歌女》等影片暴露了当时社会的丑恶。黎民伟独立导演的《祖国山河泪》以国民革命军北伐为背景，描写海外侨胞热爱国家民族的精神，同时暴露帝国主义压迫中国人民的狰狞面目。1930年10月，民新与华北、大中华百合公司合并在香港注册成立"联华影业制片印刷有限公司"，提出"提倡艺术、宣扬文化、启发民智、挽救影业"的制片方针。

三、郑正秋的影视公司

中国内地真正意义上的第一部电影是1913年诞生于上海的《难夫难妻》，这部影片有完整的故事结构，导演与编剧正是广东著名商人的后代——郑正秋。郑正秋出生于一个粤商世家，他的祖父郑介臣于鸦片战争后来到上海经商，开了一家郑洽记土栈（鸦片批发栈）而成巨富，早年他还是上海潮州会馆发起人之一。鸦片战争以后，潮州帮是上海最大的鸦片贸易商，几乎垄断了上海的鸦片市场，潮惠帮中的郑四太爷帮助怡和洋行推销鸦片，在后马路（今宁波路）开设了郑洽记土行，并逐步成为烟土界的领袖人物，郑氏族人陆续来沪，创设了郑永康、郑宝成、郑宝康等土行。一批同乡也紧紧追随，开设了陈源大、陈有利、蔡益源等土行。另有郭子彬的郭鸿泰土行。以郑洽记为首，形成了郑、陈、郭三姓的潮籍烟土帮。

郑正秋于14岁时就进入郑洽记土栈熟悉业务，渐渐在烟土行业成了受人欢迎的"少老板"。郑正秋揣摩经商规律、顾客心理，确定了"以义为利，薄利多销"的八字方针。一个"义"字，一个"薄"字，使他广交朋友，近悦远来，获利无数，少老板郑正秋的名声一时大振。

然而，郑正秋的真正兴趣却在戏剧和电影上，1913年他与宁波籍买办张石川在上海成立新民公司，招募演员，开始电影创作。郑正秋自编自导，同时配以潮州音乐的故事片《难夫难妻》（又名《洞房花烛》）终于诞生了，这部影片取材于郑正秋家乡潮州地区的婚姻习俗，描述青年男女的婚姻经过，讽刺了买卖婚姻制度。《难夫难妻》是郑正秋拍摄的第一部电影，也是我国第一部国产故事片。1915年，郑正秋离开新民公司，独立创办大中华新剧

第四章　醉心于戏剧影视

社,从事文明戏活动。1922年初,与张石川等再度合作,组建明星影片公司,并出任明星影戏学校校长,培养影视人员。被称为中国电影第一代导演、中国电影之父、中国电影第一人。明星公司自1922年成立到1937年,推出了许多中国电影史上的代表作,如《孤儿救祖记》《姊妹花》《春蚕》《火烧红莲寺》等,其旗下的广东籍演员胡蝶、张慧冲等,都是当年国内的主要明星。

身为电影界前辈,郑正秋以发掘和培育影坛人才为己任。1922年,郑正秋任校长的明星影戏学校(地点设在上海浦石路)宣告成立,这也是中国第一所培养电影专门人才的"电影学校"。这桩新鲜事顿时在上海飞快地传播,学校招生之日,有争相报名的,有围观看热闹的,邻近的贵州路、南京路等路口,人头涌动,热闹一时。郑正秋看见此情此景,兴奋地大笑说:"中国电影大有希望,大有可为!"毫无疑问,明星影戏学校的创立,

明星影片公司拍摄外景

不但为我国早期的演艺界培养了一大批有文化素质和技术素质的人才,也为中国电影事业的后继发展做出了不可估量的贡献。郑正秋之后,由郑鹧鸪主持校务,周剑云兼任校长。明星影戏学校办校宗旨:"发掘培养自己的演员","男女学员之矫然突出者、逐步代替文明戏演员和特约的西人","所有课程,每多侧重于银幕方面"。

被誉为"影坛皇后"的胡蝶,正是在这个时期由郑正秋亲自发掘并培养出来的著名演员。胡蝶原名胡瑞华,原

籍鹤山，1908年生于上海。1933年，上海新闻界发起举办女明星竞选，胡蝶获票最多，被选为"电影皇后"。她在郑正秋导演的《姊妹花》中，一人饰两角，卖座创纪录，成为中国电影的经典之作。胡蝶一直把郑正秋视为恩师。郑正秋在生命的后期，经常躺在担架上去片场工作，胡蝶总是跟随左右。郑正秋去世后，胡蝶甚至买下了他的房子，搬进去住。

阮玲玉与郑正秋的第一次相见，是在郑主持的中国第一所电影学校——明星影戏学校招生面试时。这个16岁的上海姑娘由于紧张而发挥失常，不过，郑正秋却从她的气质中看到了"一个真正的悲剧演员的模样"，他破例给了阮玲玉再试一次的机会，也成就了日后中国影坛一段悲剧般的传奇。后来同样成为一代著名电影艺术家的沈西苓，在人际关系处理上，一直被视为"怪物"和"弱者"，在天一公司屡受排斥。又是郑正秋的慧眼和支持，才让他在明星公司很快成为独当一面的编导。沈西苓如鱼得水，不久后，他编导的《十字街头》与袁牧之导演的《马路天使》，被并列誉为"中国左翼电影发展的第一个高峰"。

郑正秋之子郑小秋，原名郑鸿彬，艺名"药风子"。5岁步入影坛，12岁在郑正秋编剧、张石川导演的中国第一部长故事片《孤儿救祖记》中，成功地饰演了孤儿余璞，出色的演技，一定程度帮助了该片取得空前的成功，在当时引起轰动，成为著名电影童星。20世纪30年代初，他与胡蝶搭档，主演了《再生花》《啼笑姻缘》《姊妹花》等影片。作为中国早期电影演员，郑小秋经历了从无声片到有声片的过程，参加了近百部故事片的演出和导演工作，为中国电影事业做出了贡献。新

胡蝶、郑小秋主演《再生花》

第四章 醉心于戏剧影视

中国成立后，郑小秋根据电影事业发展的需要，转任科教影片的导演，也卓有成就。

与郑正秋齐名的另一位中国电影界名人蔡楚生，和郑正秋是潮阳同乡，比郑正秋小18岁，在上海某电影公司担任场记和临时演员期间，饱受排斥、歧视。1929年，在倾听蔡楚生对电影的无限痴迷和追求之后，郑正秋一眼窥出这个小同乡潜藏着的横溢才华，立即将其收在门下为学生，加以悉心调教。不久，郑正秋不顾公司总经理张石川的极力反对，聘蔡楚生为助理导演、副导演、美工师，还协助他拍摄了《战地小同胞》《桃花湖》《红泪影》等6部影片。1935年2月，在莫斯科举办的电影展览会上，中国选去的8部影片中，就有郑正秋的《姊妹花》和蔡楚生的《渔光曲》。《姊妹花》在会上被誉为一部"成功的影片"，而《渔光曲》则获得展览会的"荣誉奖"，成为我国电影史上第一部获得国际荣誉的影片。

1949年蔡楚生在香港

1935年8月上海广东人悼念郑正秋先生

1935年7月16日，由于长期受到病魔的折磨，加上拍电影的过度劳累，郑正秋走完了人生之路，时年仅有47岁。上海30多个团体、2000多人参加了他的追悼会，痛悼一代电影宗师的逝去。左翼电影领导人、著名作家田汉从南京送来一副亲笔题写的挽联："早岁代民鸣，每弦管繁急，议论风生，胸中常有兴亡感；谁人抒国难，正火热水深，老成凋谢，身后唯留兰桂香。"出殡当日，万人空巷，胡蝶、蔡楚生等一班电影界名人亲扶灵柩，一直送到旅沪潮人亡故安葬墓地的潮州八邑山庄安葬。

郑正秋在他短暂的生命历程中，创作编导电影达50余部，是当之无愧的中国电影"第一人"，堪称"中国电影之父"。中国电影娱乐业的前世今生，至今都离不开粤商的参与。

四、"鬼节"期间酬神演戏

广东文献常用"粤人俗鬼""信鬼神，好淫祀"的记载比比皆是。广州竹枝词云："粤人好鬼信非常，拜庙求神日日忙，大树土堆与顽石，也教消受一支香。"粤商笃信神灵的程度在全国的地域性商人集团中格外引人瞩目。粤商深信各路神灵都能影响人的命运。鸦片战争期间，广州当局强迫行商伍秉鉴认捐110万元，用以支付英军撤退之费。伍秉鉴的自我安慰是赔财免灾，感谢神灵保佑，事业更能顺利发展。他对各路神灵许的愿是：80万用来保佑自己生意兴隆，20万用来保佑长子永远孝顺，10万用来保佑最小的儿子。他的小儿子在其60岁（甲子）时出生，被认为是一种非常幸运的巧合，即所谓的"极品风水"。

明清以来，广东商人的足迹遍布大江南北。一般来讲，这些商人除了在本土的坐贾外，大多是行商。当然，也有不少外地行商客死广东的情景。广东商人长期在异地经商，有的长期寓居客地，直至老死他乡，这在当时繁华的大都市，因粤商人数众多，情况更为普遍。为了凝聚在异地的乡情，粤商专门集资创设了安置客死异乡同伴灵柩的殡葬场所——山庄。随着时间的推移，粤商山庄又成为所在地的一项重要的公益场所。

上海广肇山庄墓地票联

"粤商文化"丛书
粤商好儒

上海的广肇山庄坐落在上海新闸桥的西南方,最初由徐润的伯父徐钰亭等人捐资购买,占地30余亩,起初只是普通坟冢而已。清末旅居上海的广东人多达17～18万人,上海一度被称为"小广东"。1879年9月5日《申报》报道说:"广帮为生意中第一大帮,在沪上尤首屈一指。"这里的广肇是指由广州府和肇庆府商人组成的商人团体。

这么多粤商旅居上海,原来的义冢自然安置不了更多的亡灵。光绪二十五年(1899),唐廷枢、徐润等又在上海添置土地八、九十亩之多,扩大了山庄的规模,这次购买的土地靠近上海租界的繁华地段,建造有敦梓堂、地藏殿等设施,后又陆续购买土地,使得粤人山庄达到近百亩。粤人对山庄的管理,一方面将原籍信仰鬼神的活动大加发挥,另一方面也没有忘却借机进行的商业目的。山庄本来只是对客死异乡者的临时安葬场所,但由于种种不能确定的因素,一些灵柩需隔相当长时间后才能魂归故土,有的甚至永居客乡。活着的人总希望能通过某种仪式性的东西,让这些孤魂野鬼感受到他们的思念之情,又可借此凝聚同乡之情。

农历七月十五日,是我国传统社会民间的一个重要节日。人们将佛教的盂兰盆节和道教的中元节合而为一,举行各种仪式,超度亡灵,普度众生,提倡孝顺与博爱。各地粤商在这一天多会举行各种表演仪式来悼念已故的粤商,山庄成为迎神赛会表演的重要场所。上海的广肇山庄每年中元节都举行盛大的盂兰盆会,专门建立水陆道场,设坛讽经,届时各种纸扎的人物、供品,争奇斗巧,吸引了大批游人的观赏。同时,在山庄的道场还会举办各种形式的杂耍、演戏活动,"游人毕集,极为热闹"。

广肇山庄举办的盂兰盆会已经超越了原先祭祀先贤的内涵,既带有摆阔式的广告味道,又具有宣传广东地域文化、丰富上海人精神生活的公益色彩。广肇山庄在每年七八月间举办盂兰会活动时,上海地区非粤籍人大约因粤商举办的迎神赛会有特色,或者以为粤商祭祀的神灵比较灵应,迎神赛会的规模非常壮观、奢华,"香烛锭帛务极奢华,一会之费动至万金"。每到会期高潮那一天,不仅广东在上海的名流大亨齐集会场主持观看,而且上海各地民众也纷纷涌来,美女香车云集,"吴娃楚艳亦莫不香车宝马络绎而来",山庄周围,一时车水马龙,好不热闹。为了维持场内外的秩序,山庄主办者还聘请西捕站岗放哨,即"必雇西捕弹压"。

所谓西捕,就是上海巡捕房也就是租界警察局的警察,巡捕中的西捕就是西洋人。与此可看出,粤商与西方人之关系,也可见粤商利用山庄公益活动为商业发展造势的社会影响。光绪年间，上海的商业竹枝词就有"广肇山庄"说词："旅申广肇有山庄，地步宽宏寄枢忙。每遇盂兰开会日，各般陈设独辉煌。"广肇山庄竟被灵活的粤商开发为繁华都会的大聚会场所。

粤商在天津从事的商业活动，基本上是以天后宫为中心展开。早期广东商人运销商货到天津，一般在每年惊蛰前后抵达天津，船员上岸后都会先在天后宫举行隆重的酬神仪式，答谢天后保护商船安全的功德。由此在天后宫一带逐渐成为船只的汇集处及市民观看演戏、购物的聚集地，天后宫一带的商业应运而生，并逐渐形成了以后的宫南大街和宫北大街。每年农历九月十七日，是所谓财神爷生日，广东商帮和福建商帮联合在天后宫演戏三天，招待与之交易的客户，以联络彼此间的感情，然后满载北方的棉花、花生、大豆、杏仁、红枣、黄花菜等干鲜货及药材南返过年。天津的针市街、竹竿巷等街名与广东商人有关，前者是粤商早年北运的货物以缝衣针为主，在此设行出售量最大，故名针市街。后者因广东商人从南方运来竹竿、竹筷、竹篮等竹制品在此售卖，故称竹竿巷。

粤商在天津除了以天后宫为中心演戏外，晚清以来随着"作客津沽者人多"，自然少不了山庄，山庄活动时的热闹场景也是天津一大热点。清末张焘在《津门杂记》中记载，晚清以来，紫竹林的梁家园一带的闽粤山庄，当地百姓俗称洋蛮坟地。紫竹林一带正是天津开埠后，成为英美法等国的租界地，时称紫竹林租界。广东会馆于1916年在东局子半道之北购地200亩，划出20亩，新建山庄一所，山庄内遍栽花木果树，参仿西式。每年七八月间，天津的广东商帮就"醵资作会"，搭建起长达数百步的活动场所，悬挂着无数灯彩，聘请能工巧匠以粤戏中的人物为原型，进行扎制。在祭奠的那一天，锣鼓喧天，这些栩栩如生的纸人造型都挂在祭坛周围，"鼓动游人不下万计，车船轿马，流水游龙，倾城士女，空巷来观，熙熙攘攘"。至夜晚，彩灯齐放，"照如朗日"，还施放焰火，抛散食物，依然是香花鼓乐，游人兴致不减。

汉口的香山会馆每逢中元节，也举行隆重的盂兰盆会活动。据《申报》报道，1878年，有460多名粤商捐货数百金，举行祭祀神灵活动，讽诵藏经三昼三夜。1891年，粤商的祭拜活动也是讽经礼忏，铺张华丽。

明清时期，广东商人大量而频繁地进入广西从事商贸活动，以致在广西形成了"无东不成市"的谚语。广西的广东商人会馆数量也最多，分布也较为广泛，其中的一个重要特点就是几乎所有的广东会馆都建有戏台，定期举行演戏活动。例如，在粤桂湘三省交会地的平

第四章　醉心于戏剧影视

粤商好儒

乐府,据乾隆年间粤东会馆《鼎建戏台碑记》记载,"平郡会馆之设,创始明万历间",到了嘉庆二十年(1820)平乐的广东会馆又《重修会馆并戏台碑记》,捐资修馆的粤商约有222家,到同治年间再次重修会馆和戏台时,平乐本埠捐资的粤商达255家。

四川也是清代广东商人频繁出入的地方,粤商也是通过会馆联系商情,最重要的就是演戏,并定期举行祭祀活动,在成都附近的金堂县,广东会馆每逢六祖惠能祭日都会举办演戏活动,而成都附近的广东会馆"每逢神会必演戏庆祝,祈福还愿,皆携楮酒谷致敬尽礼"。为了演戏的需要,广东会馆大多建有戏台、戏楼,分男女看台。在演戏的同时,还举办大型灯会,以答谢神灵,金堂县每年正月十五上元节,广东会馆"树灯杆百尺,上悬圆灯数十,结成佛字,高矗碧空,彻夜光明,观者如堵"。这种以"佛"字为中心组成的灯会,不仅高大,而且造型也特别讲究,仅从"佛"字的结构就可看出。粤商是花费了一定的心思所制作,目的就是为了吸引民众,从而起到广告效应。

广东商人以自己特有的形式,在会馆、山庄建立专门的舞台,在"鬼节"举行祭祀娱乐活动,使亡灵得以安息,既促进了粤商之间的乡土凝聚力,有利于增强"粤商"这一大团体的实力,又为所在地做了一件有意义的公益活动,扩大了粤商的社会影响力。

清代重庆的广东公所

第五章
著书资治立说

"粤商文化"丛书

粤商好儒

历史上的粤商，不仅以商业谋利的手段和方法独到而著称，而且还因著述自成一说，也在中国文化史上留下了丰厚的精神食粮。其中，郑观应作为一名成功的大买办、大商人，在不断与西方人打交道的过程中，通过中西社会经济发展的比较，提出了"商战"之说，而且还在列强肆意瓜分中国之时，著出了至今仍振聋发聩的历史名作——《盛世危言》。当然，粤商的著述并非都如郑观应之类，他们的著述内容相当广泛，从中也可以管窥粤商所具有的文化潜质，体现粤商所具有的儒商色彩。

一、郑观应探索强国路

近代中国在西方列强坚船利炮的逼迫下，一步步地沦为半殖民半封建社会。列强对中国的肆意瓜分，已使中国到了亡国亡种的边缘。拯救祖国、富强祖国，已成为有识之士的共同心声。他们在黑暗中苦苦摸索，并形成著作，传播强国之良策。《盛世危言》就是一部事关中国国运兴衰的救世良言。据说，这部著作在19世纪90年代刊行后，在思想界、学术界乃至政治、经济各界都引起了强烈的反响。不仅戊戌维新派的康有为、梁启超和资产阶级革命派的孙中山等人受到影响，青年时代的毛泽东也非常喜欢这部巨著，他们都从中汲取了有益的养分。

而《盛世危言》的作者就是广东籍大名鼎鼎的大商人郑观应。

郑观应，本名官应，字正翔，号陶斋，又号居易、杞忧生，别号倚鹤山人，或罗浮倚鹤山人，是广东省香山县（今中山市）雍陌人。大约生于1842年（清道光二十二年），死于1922年以后，享年80有余。他是中国近代最早具有完整维新思想体系的资产阶级改良主义者，是揭开民主与科学序幕的启蒙思想家。1858年（清咸丰八年），16岁的他放弃科举考试，到上海学商，先后在宝顺洋行、太古轮船公司担任买办。1880年（清光绪六年）以后，先后出任过上海机器织布局、轮船招商局、上海电报局、汉阳铁厂、粤汉铁路公司等总办，是一位久经商海的老将。总之，郑观应从16岁开始学习经商，到80岁辞去轮船招商局的职务，前后60余年间，虽然间或有从事军、政等事务的时候，但大部分时间以从事商务为主。他在《盛世危言》一书中所提出的商战思想，就是从事商业的经验和对列强经济侵略的认识融合而得的结晶品。

郑观应在最初的科举失败之后，就奉父命到上海，走上了经商之路，"年十七，小试不售，即奉严命赴沪学贾"。此时，郑观应的哥哥郑思齐已是上海宝顺洋行的买办，叔叔郑秀山是上海新德洋行的买办。他在成为一名成功的买办商人后，开始了著述出版活动。不过，由于政治背景和社会环境的不同，虽然他也编了《训俗良规》《劝诫录》类带着浓厚乡土和商人文化气息的书，但是他更积极地将著述出版活动由传统的对世道人心的道德关怀移向更广泛、更具现实意义的社会问题。如他最有名的三种著作《救时揭要》《易言》《盛世危言》等，《救时揭要》的第一个版本刊于1873年春，《易言》的第一个版本刊于1880年夏，《盛世危言》的第一个版本刊于1894年春。这些著作涉及中外政治、经济、军事、文化和外交等的交往，涉及对中国传统的政治、经济、军事、文化和社会等方面的批判和改良，因而这些著作也奠定了他作为中国近代改良思想家的地位。

郑观应商战思想的形成，并不是一蹴而就的，而是一个渐进的过程。从他初期的作品《救时揭要》到《易言》再到最后震动天下的《盛世危言》，较好体现了郑氏维新思

郑观应像

粤商好儒

《盛世危言》刻本

想发展成熟的整个历程。

19世纪60—70年代，西方列强相继入侵中国，加之清政府的腐朽无能，这使得郑观应无比愤怒，因此，他根据自身对西方文明的认识和在商业活动中的实践，写出了《救时揭要》一书。该书共收录其政论文章24篇，主要内容包括反对侵略者从事"猪仔"贩卖活动、禁止鸦片贸易、救灾扶贫、医疗卫生、保护商民、移风易俗，还有因果报应等少量迷信成分，但主体内容是进步的。19世纪70年代至80年代初，西方列强对中国的侵略进一步扩大和深入，清政府的腐败无能也进一步显露，郑氏满怀忧国忧民之情，除了对外国侵略者进行揭露和批判外，还提出了比较切合实际的解决办法，这都反映在他所著的《易言》中。《易言》有36篇和20篇两种版本，中心思想是要变革清政府因循守旧的顽固习俗，学习西方先进的科学技术和民主制度，达到国家富强、赶走西方列强的目的。《易言》反映的思想认识比《救时揭要》又上了一个层次，在设立议院、注重吏治、兴办教育、发展工商等方面都提出了独到的见解，这是郑观应维新思想体系的最早体现。

19世纪80年代至90年代，西方列强对中国的侵略和掠夺日益加强，中华民族面临被瓜分的危机。此时的郑观应在经营商务活动过程中，积累的社会经验不断丰富，他的维新思想也渐趋于成熟，《盛世危言》的刊行，就是这种完整的维新思想体系的体现。1894年《盛世危言》5卷本刊行，在当时社会上引起了强烈反响，受到普遍欢迎。1895年中日甲午战争爆发，结果清政府又一次惨败，并以《马关条约》的签订而告终。一时之间，西方列强趁火打劫，掀起了夺取租借地、划分势力范围的瓜分狂潮，中国被推向了民族危亡的边缘。全国上下群情激昂，郑观应的爱国之情更加迫切，遂将《盛世危言》5卷本的87篇增定为14卷200篇，并根据甲午战争时期中国出现的新情况、新问题提出了一些见解和解决问题的办法。1900年，八国联军肆无忌惮地入侵中国并占领了清朝政治统治中心——京城，国内义和团运动轰轰烈烈开展着，对时政观察敏锐的郑观应对《盛世危言》又作了修订，形成了8卷本200篇，内容涉及建设现代国家和解决当时危难的所有问题。他在书中强烈要求改变君主专制制度，设立议院，实行君主立宪的民主制度，反映了他维新思想的变化和发展。

众所周知，鸦片战争以后，中国历次与西方国家较量，都以失败而告终。郑观应出于拯救民族的情怀，屡屡喊出危言，并以《盛世危言》著作问世，主题就是"富强救国"，对政治、经济、军事、外交、文化诸方面的改革提出了切实可行的方案，给甲午战败以后沮丧、迷茫的晚清末世开出了一副拯危于安的良药。洋务干将张之洞读了《盛世危言》以后评点道："论时务之书虽多，究不及此书之统筹全局，择精语详，可以坐而言即以起而行也。"言下之意，该书是当时谈时务书籍中的上乘之作。可见该书非同一般。

郑观应作为一名实业家，任总办期间的实业都是近代工业化的产物，因此也较多地接触到西方的经济理论和管理模式，他根据中国国情，提出了著名的"商战"论思想。

"商战"一词，最早由曾国藩在1862年提出，"商鞅以耕战二字为国……今之西洋以商战二字为国"。这里的"商战"与"耕战"对应，而商鞅"耕战"原意是重奖农耕和按军功授爵，即"耕、战"之意。因此，商战应为"商、战"，即对外贸易、军事对抗。

只有郑观应主张的"商战"，才是一个和"兵战"真正相对应的词，目的就是呼吁要勇于和西方列强展开市场竞争，改变中国积贫积弱的状况。所以，他才是真正主张"商战"的第一人，他的言论大都在《盛世危言》中有明确的表达。

第五章　著书资治立说

"粤商文化"丛书
粤商好儒

他主张"习兵战不如习商战"。这里的"兵战"应是指军事建设,"商战"则指市场运作。意思就是说向西方学习,不能仅热衷于购买西方的战舰、枪械,单纯按照西方模式建炮台、造水雷、设海军、操陆阵,还要不遗余力地学习西方各国经济发展的模式,尤其在世界大航海贸易时代,必须学习西方发展工商业的技术与管理经验。

郑观应一反传统重农抑商的理念,明确主张"以商立国"。他说:"商务者,国家之元气也;通商者,疏畅其血脉也。"郑观应这种"以商立国"的思想并不仅限于发展商业贸易,而是把商业看成整个国民经济的中心和主导部门,国民经济的其他部门都应从属于发展商业,尤其是对外贸易的需要。在郑观应的眼中,"以商立国""振兴商务",就是要以发展商业为中心,全面发展经济,振兴国家。

他把商务提到如此高的地位,正是长期与外商打交道的经验之谈,适应了时代变化的需要。当时西方各国以商立国,藉商强国,藉兵卫商。他认为随着国际贸易交流的日益扩大,国与国之间的竞争也会日趋激烈,西方列强到处伸出魔爪,"皆商人为之先导"。他说,中国要战胜西方列强,就必须摒弃陈旧的"崇本抑末"观念,树立以商为本的新观念,大力振兴商务,才能国强民富。

郑观应主张的商战,不是单纯局限于狭义的商业贸易,还包括生产和流通的各个部门。其实就是主张中国要按照西方的模式发展资本主义经济,建立独立的民族经济,扩大出口,限制入口,摆脱成为西方列强"取材之地,牟利之场"的处境,实现"国势日强,民生日富"的局面,最终达到"固本"的目的。

郑观应的商战论,并不是简单的说教,还具有相当的可操作性。他提出国家应革除"困商之政",实行"保商之法",调动一切有利于商业发展的资源为商服务,"士农工为商助也,公使为商遣也,领事为商立也,兵船为商置也"。总之,国家政策应以商战为基点,一切围绕商务展开。

鸦片战争以后,中国海关几乎都由外国人控制,关税自主权丧失殆尽。郑观应主张国家应采取措施,收回海关人事权,真正实行关税自主权,"此乃国体所保全者为尤大也!"然后改革关税,减轻出口货税,加重进口货税,促进对外贸易健康发展。

郑观应指出,提高商品质量也是保证商战成败之关键。"商务之盛衰,不独关物产之多寡,尤必视工艺之巧拙。有工以翼商,则拙者可巧,粗者可精。"也就是说,生产质优价廉的产品是与外国进行商战的重要条件,而不在于物产的多寡。所以光有商还不行,还必须要发展工业。

商战，说到底还是人才之战，中国要想在商战中获胜，就必须造就一批具有能按世界商业发展规则办事的工商业人才。他要求在中央特设商部，各省分设商务局，商务局必须兼设商学，"分门别类，以教殷商子弟，破其愚，开其智"。

郑观应"商战"论的出台，在清末社会暮气消沉的状态下，无疑是振聋发聩的"危言"，催人奋发向上。这本书甚至引起皇帝的重视，社会上层人士对此反映也很大。轮船招商局督办、中国电报局总办、时任天津海关道职的盛宣怀对此书也颇为赞赏，他在诵读此书四部之后表示"万分钦佩"，希望能将此书，"分送都中大老，以醒耳目，乞再分寄二十部"，如果能让他们一开眼界，有所醒悟，"公之功亦巨矣"。后来盛宣怀又致书郑观应说："《盛世危言》一书，蒙圣上饬总署刷印二千部，分散臣工阅看，倘能从此启悟，转移全局，公之功岂不伟哉！"可见，盛宣怀把《盛世危言》的作用看得很重。张之洞点评《盛世危言》说："上而以此辅世，可谓良药之方；下而以此储才，可作金针之度。"光绪帝读毕感叹不已，下诏分发给朝臣阅读。可见，这些危言对改变当时中国现状无疑是一剂苦口良药，具有重大的积极意义。

《盛世危言》的问世，恰逢甲午中日战争一触即发、民族危机深重之时，因而很快轰动了社会，好评如潮。一时间，京城内外掀起了一股《盛世危言》热，就连光绪皇帝也"不时披览"，并命总理衙门刷印 2 千部散发给大臣们阅看。而郑观应自己排印的 5 百部，也很快就被求索一空，求书者仍"络绎不绝"。《盛世危言》被不断再版，其版本多达 20 余种，创下中国近代出版史之最。

现代学者邵循正认为，直到 20 世纪前 10 年中，《盛世危言》仍对社会保持一定的影响。当时，包括革命者在内的维新人士，没有能够提出一个实现中国独立富强的方案，甚至没有能够写出一本较好的比较广泛地讨论中国实际问题的书，因此，19 世纪末的新学，到辛亥革命前后对知识分子还能起启蒙作用。

郑观应的著作，除了上述提及的《救时揭要》《易言》《盛世危言》等政论体文章外，还包括一些散文和诗歌，这方面他的突出创作成就在于实业诗，由澳门文人邓景滨先生所编著的《郑观应诗选》《实业诗人第一家》可知，郑观应创作了 6 百多首实业诗歌。郑观应因笃信佛教因果论，还曾写了《因果集证》和《陶斋志果》两书。中年以后，又因身体多病，郑观应对医药卫生知识特别注意，写过几本介绍医药常识的书。又因为他相信道教，所以也写

第五章　著书资治立说

"粤商文化"丛书
粤商好儒

过一些关于道术方面的作品。其他政论性的文章还有《海行日记》《南海日记》等。

《海行日记》是郑观应做轮船招商局会办时，为巡查沿江沿海各城市招商分局局务所写的日记。他先后到过牛庄、广州、汕头、厦门、福州、汉口、重庆等城市，把沿途所见有关商务、水程、出入口货物和漏卮利弊种种情形，随时随地记载下来，汇聚成《海行日记》二卷。并把他考察南洋新加坡、槟榔屿、小吕宋、暹罗、西贡等地的情形，附录于书后，作为商务的参考和借鉴。

《南海日记》是郑观应奉彭玉麟的委命，到西贡和南洋各地，侦探法国在越南活动的情形所写的日记。时间在1884年（光绪十年）的五六月间。这次南游先后到过西贡、新加坡、曼谷、槟榔屿、马六甲、柔佛等地。郑观应此行所负的主要使命有二：一为赴西贡侦探敌情。二为说服暹罗不要助法国攻打越南。他的日记除了记载这两方面的事情之外，对沿途行程、遭遇也记载颇详。每到一地，对于该地的地形、气候、物产、民族、历史背景、政治组织、风土人情、华人概况等均有所记载。这次南游，增加了郑观应的海外见闻，对许多问题又有了新的认识，如邮政、鸦片、南洋诸地之苛待华人、设领事以保护侨民、华工、议院制度等问题，在《南游日记》中都曾讨论过。

郑观应，这位久经商场的老将，其心系国家安危，怀揣忧国忧民之情，为此，他著书立说，阐明其维新思想和观点，为中华民族的存亡而奔波。他的维新思想反映了十九世纪末逐渐产生和形成的中国早期资产阶级的心声，是早期资产阶级改良主义思想的重要组成部分。

二、徐润自编年谱

20世纪初，一位在上海滩被称作"富甲王侯"的商人，在静安寺附近兴建了一座私宅，名为"愚斋"。今上海的愚园路由此得名。

这位富商名叫徐润，又名以璋，字润立，号雨之，别号愚斋。1838年出生在今珠海市北岭村的一个望族世家。

在珠海也有一座愚园，这是徐润从小长大的地方。但是，从这座乡村草木苍翠的愚园走向繁华的大上海的愚园路，徐润也许自己都没有想到，他会成为一个时代的杰出代表。

19世纪后期的中国，在沿海通商口岸，出现了一个与传统农耕文明完全不同的边缘地带。一大批最早接触西方文明的中国人，在这里成为近代工商业发展的先驱。

徐润就是其中之一。他是当时中国最大的茶叶出口商、最大的房地产商、最早的股份制企业创始人；他奠定了中国近代航运业的基础，创办了中国第一家保险公司、第一家机器印刷厂，他还参与创建与经营了中国第一家机械化的大型煤矿等众多工商业领域。

徐润的父亲在清朝做官，珠海愚园那种充满田园情调的生活，富足而又恬静。但徐润并不满足。15岁到上海就学未成，而进入洋行当学徒，十几年后升为英国大洋行宝顺洋行总买办。他一边给洋人当买办，一边自己开设丝茶栈给洋人供货，以两种身份赚两份钱。后来被李鸿章看中，委任为上海轮船招商局会办，总办是今珠海籍另一大买办出身的唐廷枢。徐润在这里任职十几年，他和唐廷枢一起创建了中国最早的现代化企业——轮船招商局。同时他们还创建了仁济和保险公司、开平煤矿和唐胥铁路。

这一期间，徐润还是上海茶叶大王、丝业大王和地产大王。他极具商业头脑，能捕捉住商机，早在上海开埠时期，他就看中了黄埔江边的荒滩，后来他在这里兴建了十六铺码头和法租界金利源码头。他在沿黄浦江地区买了很多空地，后来都成为外滩中心商务区。徐润对上海开埠时期经济发展的贡献不小，上海商界都认可徐润的贡献，选举他为上海丝业同业会董事、上海地产同业公会董事。徐润是有名的上海地产大王，晚清政府还委任他为上海商务总会会长。

举个例子来说，徐润的生活就具有典型的中西结合的特征，他是宝顺洋行的大买办，年轻时就有和洋人打交道的经验，在经营航运、矿业等实业中，也必然与外国的商人和技术人员打交道。他是最早深入西方社会、经济、生活中的中国人之一，然而他的生活却打上了民族与国家的烙印。

英国人莱特这样描述徐润："身着长袍，剃过的头上戴着一顶瓜皮帽。"长袍与瓜皮帽一中一西，加上剃过的头既像晚清臣民又不像，活脱脱中西结合的打扮与装束。徐润的婚娶喜庆等又是晚清的习俗，1858年"冬令回家婚娶"，"酬谢之酒历四五天，每日在杏花楼设四五十席，可谓一时之盛"。徐润的饮食起居也是传统与现代的结合。

徐润在家乡香山和上海、天津乃至苏州、镇江都有宅园，其中苏州和上海的住宅正是中外风格迥异的代表作。苏州有一园名未园，"泉石深邃，春夏之间池水如锦，秋光老圃尤多晚香"。像一幅"拳山勺水"的人间居处画卷。未园典型的中国式园林特征，充满着浓郁的传统文化气息。徐润把它作为"憩息之所"，常与亲戚朋友在此"会桃李之芳园，叙天伦

第五章　著书资治立说

粤商好儒

之乐事"。而徐润在上海的住宅则迥然有别，该宅位于仁济医院旁，英租界山东路265号，雕梁画栋、华丽异常，门窗镶嵌大理石，地板光洁如镜。"与其所闻东方人家大相悬。""又有花自海外来者，不能知其何名，作花无常信，香色界要常有。"连光绪帝的老师参观徐润在天津大沽的花园时都认为有"夷气"。"归赴徐雨之花园，园小而曲折，然楼阁几案皆有夷气。"可见，徐润的生活方式与欣赏水平已不同于旧式的商人与官僚，而接近于西方上层人士的生活方式与水准。

晚年的徐润组织编修《北岭徐氏族谱》，撰写《徐愚斋自叙年谱》，派人回故乡北岭村修建村道、祠堂，修筑"竹石山房"（即"愚园"），捐资办义学。1911年3月9日，徐润在沪逝世，终年73岁，其灵柩从上海运回北岭村安葬。

《徐愚斋自叙年谱》是徐润晚年自撰年谱，除介绍其生平经历外，更具有丰富的史料价值，体现清末商业发展的重要历史，也是研究买办不可或缺之史料。

徐润的《徐愚斋自叙年谱》及《上海杂记》。《徐愚斋自叙年谱》计10万字，忠实地记录了徐润的实业生活。《上海杂记》是徐润长期与欧洲朋友交往"共广见闻，以冀集腋成裘，"分成一册。这两部著作为中国近代史研究提供了珍贵的文献资料。

徐润晚年所撰《徐愚斋自叙年谱》是了解晚清政治、经济的一部不可多得的珍贵历史书籍。其中所锁定的一系列关于洋务经商的种种细节，不仅具有重要的史料价值，而且对于洋务运动一些重要人物及重大事件都有画龙点睛

徐润《徐愚斋自叙年谱》影印

式的白描。《徐愚斋自叙年谱》目前所知有两个版本,一是徐润家族自费刊印于1927年,香山徐氏校印的民国版本。此版采用古籍常用之竖排右读,无标点,若从封面到年谱正文结束,不包括所附《上海杂记》,约11万字,自叙其生到卒的经历与见闻。第二个版本为台北的文海出版社于1978年列入《近代中国史料丛刊续编》影印出版。

徐润在晚年靠回忆与口述完成年谱,从书稿中明显可以看出其青壮之年所作所为,事迹平平。晚年尤其是年届古稀入主轮船招商局,其年谱中则有详细记录。年谱的记叙,模仿中国史书编年体裁的逐年铺叙。徐润从15岁离开香山北岭老屋,跟随四叔父徐荣村到上海宝顺洋行去做学徒。他从事商业的路子,几乎是当时香山许多贫苦人家孩子的老路。徐润踏入上海滩后,先从学徒生涯开始,扫地递茶粗役活计自不可免。但他勤奋学习也昭然纸上,"黎明即起,习字数百,又学算于阙",其间"学异国方言聱牙佶倔",他勤劳刻苦,办事练达,深受洋人大班器重与同行师伯的喜欢。

从年谱记载徐润每月薪水的变化,可看出其业务的进步。进宝顺洋行头一年,"学丝楼秋学茶",月得俸薪本洋10元。17岁"仍充丝茶等职薪水二十元"。18岁"仍充丝茶等职兼佐理阿多臣栈务薪水二十八元"。21岁"月给薪洋五十元,俾无内顾忧"。

由上可以看出,徐润在沪上不到五年时间,已由学徒升任帮办,兼管账务,全面接触洋行的管理业务,并赢得了洋行东家的信任和同行的爱戴。24岁起,徐润即受宝顺洋行英籍大股东韦伯所托,全面主持该行在中国的各项业务。几年之内,宝顺洋行已形成了一个以上海为大本营,在长江中下游和沿海各开放口岸收购土特产、推销进口洋货的庞大经营实体。

徐润在收购和推销中不仅从洋行东家得到为数不菲的薪水,还按商业惯例有回扣可收。年谱记载,徐润从22岁起,即与曾寄圃等人合资开办绍祥字号,承办各洋行丝茶棉花等生意。洋行的历练、合资、独资、投股合作的商业磨合,使徐润经济眼光明显高人一筹,心理承受能力亦随之提高。个人投资中获得过暴利,也出现过大亏其本。这是一种必不可少的市场经济中烈火与炼狱的训练,使25岁的徐润,在十里洋场的上海,只用了10年时间,就成了上海滩的商界闻人。

同治二年(1863),26岁的徐润已在沪上购"地二千九百六十余亩,造屋二千另六十四间",在房地产投资上,徐润不仅有先见之明且确有过人之处,不仅在上海,在天津、塘沽、广州、镇江等地亦购地建房,并敏锐地指出:"上海自泰西互市,百业振兴,万商咸

第五章 著书资治立说

"粤商文化"丛书
粤商好儒

集,富庶甲于东南,地价日益翔贵,以今视昔,利逾百倍。"由于徐润在洋行业务中所训练的国际商业眼光,使得他深谙商业经济的规律,成为上海滩叱咤风云的房地产巨商之一。

同治七年(1868),31岁的徐润乘宝顺洋行股东拆股之机,遂自立门户成立宝源祥茶栈。徐润前后侍身洋行充当买办16载的历练,使他从此有了一个国际的视野与非同凡响的胸襟。最后摇身一变而成了洋务运动中实力派人物,也成为上海滩的风云人物。

作为一个独立的商人,徐润与一批粤籍亲友和沪上同行不仅在商界施展拳脚,互通声气,相互帮手,还与挚友唐廷枢等担任洋药局、仁济医院以及辅元堂、清节堂、仁济堂、元济堂、格致书院等慈善机构的董事,并与沪上大亨盛宣怀、胡雪岩、叶仕翘、唐翘卿等同办公益善举之事,这一批几乎全是买办出身的商人在市场经济规律的调拨中,逐步成长为民族资本的先行者与弄潮儿。

同治十二年(1872)七月,徐润"奉北洋大臣李札委会办上海轮船招商总局会同唐道廷枢办理"。36岁的徐润从此进入了人生的鼎盛期,踏进了人生重大转折乃至坎坷的门槛。

从年谱上可以得知,徐润从25岁起即花钱买官,"由监生报捐光禄寺署正";26岁"在江南粮台报销局加捐员外郎并报捐花翎",27岁"在上海皖营捐输分局报捐以员外郎分发兵部学习行走",29岁"苏军分援浙闽各省,叠克城隘,转运出力案内,蒙前爵阁督部堂李奏保加四品衔",34岁"奉南洋大臣两江总督曾札委办理挑选幼童出洋肄业"等事务,35岁"在皖捐局捐升郎中,仍分发兵部双月选用并捐免保举",36岁"奉北洋大臣李札委会办上海轮船招商总局"。

晚清之际,捐官制度已成为清廷明码标价的公开惯例。发了财有了钱的富商巨贾,或为了光宗耀祖,或为了炫耀世人,纷纷花钱捐官。这从某种层面上也折射出经商者在心理上,有出将入相建功立业的渴望。

权臣李鸿章一直在关注着上海滩的粤商大佬级人物唐廷枢和徐润的动向。同治十二年(1872),李鸿章先后任命唐廷枢、徐润为濒临破产的当时最大的国有企业——上海轮船招商总局的总办、会办,并对其进行官督商办的重组。36岁的徐润,意气风发、踌躇满志地协助他的挚友唐廷枢,对轮船招商总局进行了按照市场规律办事的大刀阔斧的改革。筹资招股,兼并收购,轮船招商局终于起死回生。老谋深算的李鸿章在其为国筹划中,也实在是殚精竭虑。上海轮船招商局是防止洋人垄断,维护国家主权的深谋远虑。筹办之际用人不当后,才起用唐、徐二人,李鸿章说:"唐藉徐之财力,徐藉唐之才力。"唐、徐二人互相倾心，唐有宏图，徐有耐力。二人搭档，可谓是珠联璧合。唐主外，徐主内，上海轮船招商总局果然不负众望，成了晚清中国工业经济上的一艘旗舰。

人算不如天算。46岁的徐润迎来了他一生中的多事之秋。光绪九年（1883），中法战争爆发，法国军舰一度企图封锁吴淞口，上海滩经济顿陷混乱，市面萧条。在这一次前所未有的金融危机中，年谱记载说："举市所有现银不到百万，恐慌不堪言状。巨家如胡雪岩、刘云杞、金蕴青皆相继坏事。"徐润所经营的大宗地产、股票等投资价格暴跌。与其有往来的钱庄、票号计22家之多，均因资金周转不灵纷纷找徐润清账。

轮船招商局内部，人事纠纷斗争激烈，明争暗斗亦使徐润焦头烂额，瞻前不能顾后。徐润毕竟久经商场，在这关键时刻，徐润将上海的房地产、股票等物业集中作价"三百数十万成本之产业，摊作二百余万之款，清偿完结"。在轮船招商局内之欠款计十六万二千二百五十六两八钱七分五厘，亦用地产、花红等予以结清，而轮船招商局尚欠徐润六十九两九钱三分五厘。

徐润在年谱中记录的一些"事略"，实际上反映了他对商业发展不顺的焦虑。如，光绪九年《记地亩股票合业始终兴败事略》详细记录了徐润资产明细即抵债还款的明细事项。而《宝源祥赔结招商局各数事略》则条理分明地叙述他与轮船招商局之银钱往来。徐润在其笔墨中不无心痛地记录了官商合办企业不按市场规律办事，官商不分，赏罚不明的许多难言之隐与钻心之痛。

徐润在内外交困、双重打击之下，毅然壮士断臂，以自己的资产，捍卫商人的诚信与做人的尊严。盛宣怀等人借端发难，到北洋大臣李鸿章处打

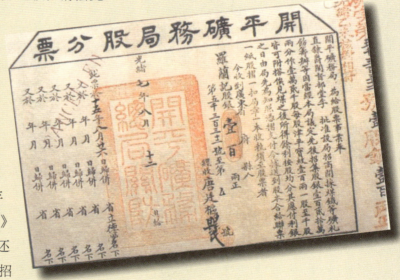

光绪七年发行的开平矿务局股份票

第五章 著书资治立说

"粤商文化"丛书
粤商好儒

小报告,在"弊窦滋生,几难收拾"的争权夺利环境下,徐润与唐廷枢联名辞职。李鸿章亦禀奏清廷将徐润革职。

徐润年谱中对光绪九年之变故亦耿耿于怀,地产、股票旋即升值,其价达2000万两白银。为了尊严,义无反顾地清债还钱,虽可惋惜,亦为痛快。他的母舅当时甚至认为,以徐润的执拗与刚烈,"非服毒,即投河"。然而,徐润自励自强,"在润此时只有一个定字,立意终不负人,忍耐至今,亦渐渐过去"。他还自撰警句:"放宽肚皮袋气,咬定牙根吃亏。"对盛宣怀的评价,"口蜜腹剑,良有以夫",一笑置之。对李鸿章的为官平衡之道,虽心存不忿,也只是用"偏听独任,痛心千古,付之一叹而已"。

官商合办,抑或官督商办,其结局与后果及个中甘苦,真是非局中人,亦难以与外人所道。徐润年谱中透露出的生动细节,至今仍令人可圈可点,可悲可叹。

徐润在48岁时,筹金数万开办南京书肆,初虽获利,却因经营人员不慎:"为灯火所误,以致失慎,全肆俱付一炬,荡然无存。"徐润慨叹曰:"时运之否,莫此为甚。"49岁,与友人共股经营茶叶生意又亏数万。50岁,与唐廷枢等出喜峰口,考察矿产。51岁,赴台湾帮办矿务,水土不服抱病而返。

开平煤矿创建之初

年谱中逐年记叙50岁以后考察、投资、创办开平煤矿、贵池煤矿、永平金矿、平泉铜矿、基隆煤矿、香山天华银矿、承平三山银矿、建平金矿以及多处矿产。其勤奋之状,认真之态,在年谱中都有生动反映。

年谱中记载与唐廷枢友谊之处颇有生花妙笔。53岁记叙开香山天华银矿一事，就曾对唐廷枢助人不记功有如下的评语："景翁概不计较，当时香港诸人咸谓唐景翁志量极大，不扬人过，识人之难，怜人之苦，大不易得云云。"并对唐廷枢逝世前后，出现了48乡人送万民伞的动人场景，对其六十寿辰以及死后哀荣作了比较翔实的记载。

徐在晚年一度被袁世凯起用，重回上海轮船招商局掌舵，虽仍与盛宣怀的势力互有争斗，这些细节的实录，都为研究晚清洋务派人物之间的微妙关系，提供了真实的细节。

徐润人生的第一阶段，就是在沪投身宝顺洋行，从学徒到掌门再自立门户的21年，即咸丰二年（1852）至同治十二年（1873）。第一阶段又可分三部分，即学徒期，从15岁到23岁，徐以一个伙计学丝学茶，学习英语，成为账号帮办，打理洋行业务。8年时间，成为一个熟谙洋行事务的业务骨干，其中付出的勤奋与刻苦可以推想。从23岁到31岁的8年，主理宝顺洋行，业务迅速扩张遍及长江中下游，北方各码头并达日本、东南亚等地，徐在24岁记叙中说："进出并计总在数千万，实一时之盛，洋行中可屈首一指者也。"在这一阶段，他不仅洋行业务得到发展，个人投资亦已展开。经验的积累，资本市场规律的学习，中外贸易的知识，商业的惯例，与官府的交道，都在历练中开眼界得提升。由于买办身份，除了薪水还有佣金。徐润个人资产身家都完成了第一桶金的积累。31岁到36岁，脱离宝顺洋行，自立门户，成立宝源祥茶栈，并在房地产等方面投资经营，成长为民族资本家，成为上海滩上粤籍商人中的佼佼者。

徐润人生的第二阶段，即受北洋大臣李鸿章札委会办上海轮船招商局总办。即同治十二年（1873）至光绪九年（1883）从36岁到46岁，把人生最美好的年华奉献给了当时官督商办的中国最大经济实体。在这一阶段收购了旗昌轮船公司。旗昌在各码头的用地，为上海轮船招商局发展奠定了基础。

徐润人生的第三阶段，即光绪十年（1884）至宣统三年（1911），追随唐廷枢会办开平煤矿等，在唐逝世后仍对矿产资源多处考察、投资，表现了一个民族资本家对国家资源主权的强烈关注与主权意识。他用了前后10年时间，个人理财，还清旧债，收还抵押的物业、地产。在各种投资中开办同文书局、景伦丝厂，开发房产，虽有亏有盈，总体上是盈为七八，亏为二三。仍是19世纪末20世纪初中国民族资本家中的一代翘楚。

徐润年谱对曾国藩、李鸿章、袁世凯、唐廷枢、盛宣怀等的各种实录，不啻成为后人研究洋务运动史、研究中国近代经济政治史不可多得的重要资料。徐润年谱中记载的关于轮

船招商局的实业细节，关于矿产资源的调查实录等，都成了研究那个时代经济个案的宝贵资料。徐润年谱中完整保留的中国派遣留美幼童的四批名单，是研究一这问题的权威史料。徐润家庭成员的结构，妻妾的生活，孩子的读书，亲戚的经济往来等，都生动反映了中国近代史急速变动时期，中国中上层家庭的伦理关系和道德走向。

三、唐廷枢兄弟的《英语集全》

说到唐廷枢，珠海人并不陌生，甚至上海人、河北人、天津人，对这个名字都不会陌生。因为唐廷枢在中国近代史上创造了许多"中国第一"：中国第一家民用企业轮船招商局、第一家煤矿开平矿务局、中国民族保险历史上第一家较具规模的保险公司仁济和保险公司、第一条铁路唐胥铁路（唐山至胥各庄）、钻探出第一个油井、铺设了中国第一条电报线等。唐廷枢对中国近代经济的发展、对中国社会的近代化，都起到了举足轻重的作用。

那么，这个唐廷枢究竟何许人物呢？

唐廷枢，字建时，号景星，亦作镜心，于1832年出生于广东香山县唐家湾（今珠海市唐家镇唐家村）。1892年10月7日，逝世于天津。他是中国近代历史上著名的洋行买办，又是清末洋务运动的积极参加者。他的一生，对创办中国近代民族实业，推动民族经济发展，有过重大贡献。唐廷枢逝世后，时在上海的《北华捷报》发表纪念文章，赞扬他的一生代表着中国历史上的"一个时代"，他的死"对外国人和中国人一样，都是一个持久的损失！"于此可见，唐廷枢在当时的社会影响。据传，唐廷枢的葬礼十分壮观，其灵柩由招商局专轮运回，外国使馆、洋行有专轮护送，共计13艘，途经上海黄浦江时，外滩灯火齐

唐廷枢像

明，为之送行。驶至唐家湾后，灵柩安放在岸边的灵棚里，13艘外轮一字形排列，各下半旗。各国代表上岸向灵柩鞠躬。

唐廷枢兄弟三人，哥哥唐廷植，弟弟唐廷庚，其中唐廷植出生于1827年、唐廷枢出生于1832年、唐廷庚出生于1845年。兄弟三人被外国媒体称为"中国工商业现代化的先驱"，"在上海中外贸易关系的历史中，扮演了一个重要的角色。在依据外国的方式开创和发展商业的进步群体中，他们可以称得上是这一群体的领袖"。

李鸿章与唐廷枢一起视察唐胥铁路

我们姑且不谈这三位兄弟的商业才华，单表他们著书立说，以嘉惠时人的举动。唐廷枢为近代著名买办，他的父亲在1840年前后将他们三兄弟送到位于澳门的马礼逊学校学习，故人谓其"少游镜澳，从师习英国语言文字"。唐廷枢在1841年进入该校肄业，1850年该校停办后，他又转入英国伦敦会传教士理雅各在香港所办的学校继续学习。这两个学校都由来自英美的教师任教。10年学习为他打下了深厚的英文及了解西方文化的基础。1851年到1857年他在香港的司法机关充任译员，1858年离开香港到上海海关任总翻译。1861年起在怡和洋行任买办，结束了12年的翻译生涯，在买办这个行当又干了12年，为怡和经理库款、收购丝茶、开展航运，将其业务从上海扩大到其他通商口岸。这种经历，表明他的英文水平在当时的中国人中是屈指可数的。李鸿章称赞他"熟悉中外语言、文字、船务、商务"。

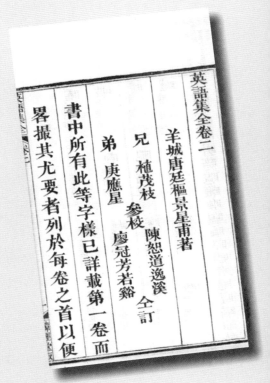

《英语集全》影印

第五章　著书资治立说　133

"粤商文化"丛书

粤商好儒

  1862年广州纬经堂刻印了他的《英语集全》。张玉堂所作的序文云，唐氏在广东期间，"留心时务，立志辑成一书，以便通商之稽考。但卷帙浩繁，一时未能卒业。迨北游闽浙，见四方习英语者谬不胜指，而执业请讲解者户限为穿。唐子厌其烦而怜其误也，于是决志取前未竟之书，急续成之。凡阅二年而脱稿，标题曰《华英音释》"。可见，唐氏编纂该书开始于1858年之前，而重编旧稿则始于1860年，且原定书名为《华英音释》。

  众所周知，"广州英语"是早期在广州对外贸易交往中产生，专指在广州的中国人与西方人之间为商贸交易发明的独特媒介语言。这是广州民间智慧的创造，是中外贸易的产物。

  中国与海外的语言交流始于何时？已无从考证。但汉唐时，曾存在过外国人学习中国语的热潮。明清时期，官府禁止外国人学习中国语言，甚至将中国人教外国人学习中国语言，斥为汉奸。既然外国人不能学习中文，那么外贸往来总需要有一种交际语言。清代广州商人享受了清廷实行的广州一口贸易政策，在利益驱使下，不愿错过与外国人交往获利的机会，这就必须要想办法解决语言障碍问题。

  晚清时期，美国传教士卫三畏曾活动于中国。他说，中国商人受利益诱惑，为了获取与外国人交易的资质，为了与满嘴"番语""鬼话"的西方人沟通，他们不得不利用一切可能的机会去拾取片言只字。为了得到机会，他们逗留在十三行街上的店铺以及其他外国人经常光顾之地，不久就能够用"广州英语"表达自己的思想。

  美国商人亨特说，聪明伶俐的广州人，巧妙地运用听惯的外国音调，依照自己的单音节的表达方式，使用最简单的广州话来表达他们的意思。他们就这样创造了一种语言，可以说是没有句法、也没有逻辑联系的语言，只将其化为最简单的成分。它却很牢固地扎下了根，成了许多数额巨大的生意或极为重要的事情的便利交际媒介，以其活力和奇特性一直流行到今天。这种语言在广州最先是一些葡萄牙语和印度语，后来随着英国人的到来，并最终成为最主要的贸易者，这种语言便成了著名的"广州英语"。

  清代英语的使用在广州较为普及，连小商小贩中的妇女也会讲英语。据档案记载，1821年9月，美国船"急庇仑号"在广州黄埔装货时，一名买卖水果的番禺妇女，就用英语与美国水手讨价还价，结果"价钱讲不成"而发生争执，被美国水手用瓦坛打中她的头坠水淹死。道光初年编纂《粤东成案初编》卷3《斗杀共殴》记载说，郭梁氏与其女经常在珠江划船售卖水果，中方调查后认为，"民妇郭梁氏系被夷人掷坛打伤落水溺毙，当时有郭梁氏之女郭亚斗，及稍谙夷语之船妇陈黎氏在船目击，喊同粤海关差役叶秀捞救不及，尸夫郭苏娣捞获尸身报经该县，传齐该国大班及夷商船主人等眼同相验，郭梁氏实系受伤落水淹死"。当番禺知县到"急庇仑号"船上公开审讯德兰诺瓦时，美方和中方证人各执一词。中方证人是被溺死妇人的丈夫、碇泊海关艇的妇女及两个8岁至12岁的儿童。而"这个妇女似乎是主要的证人，可以用英语向我们讲，因为她通晓英语远比通事好"。女性直接与外国商船打交道，为了能与洋人做交易，她们甚至学会了外语，即"稍谙夷语"。当时并没有专门的外语学校，相信这些女性是在长期与洋人打交道的过程中自学成才，也就是民间的"广州英语"。

"广州英语"，说白了就是商业英语。亨特将"广州英语"的英文拼为 Pigeon English。Pigeon 一词是 business（商业、生意）一词的讹转。Business English（商业英语）主要特点就是以粤语方言为主，夹杂着许多英语词汇，本指不同语种的人们在商业交往中发展起来的混杂语言，最初从澳门葡萄牙语脱胎而出。澳门葡语是广东人在澳门发明，主要用于和澳葡商人交往的语言，其出现比广州英语更早，主要由水手和店主使用，是葡萄牙语和中国话的混合体。18世纪英国人开始成为中西贸易中的主角，"广州英语"代替了澳门葡语。

"广州英语"直接影响了上海"洋泾浜英语"的形成。五口通商以后，随着外国的商行逐渐向上海转移，大量的广东买办也相继进入上海，"广州英语"盛行于上海外国商馆集中的洋泾浜，而成为"洋泾浜英语"的主流。尽管"广州英语"在初创时还不成熟，却是中外商人交际的有效工具。十三行的行商就是凭借"广州英语"与外商斡旋。同文行的潘启官、怡和行伍秉鉴、同顺行的吴健彰等都能用广州英语与外商交流。

"广州英语"风行一世，在十三行商馆附近的书店，就畅销过一本名叫《鬼话》的小册子，相当于今天的英汉词典，其中每个英文单词下都用汉字标出该单词的读音，如 today（今天）下标有"土地"、man（夷人）用"曼"表示。由于广东方言与普通话和其他方言的差异很大，用广东方言为英语注音的汉字，只有用广东方言来念，才能更接近被注英语的正确发音，而用其他方言来念，就无法读出被注英语正确的发音。

在十三行商馆中有专门从事外语翻译的人，甚至朝廷接到有关的外国公文也交行商派人翻译，如嘉庆年间，英国贡船抵达天津，嘉庆帝催令洋商赶快选派熟悉英语的翻译生二人，兼程赶赴京城礼部衙门报到，"以备翻译之用。"道光十九年（1839），林则徐到广州查禁鸦片，在广州设立译馆，组织人员翻译外国书籍、报刊。可见在广州懂"广州英语"大有人在。

第五章　著书资治立说

"粤商文化"丛书

粤商好儒

唐廷枢著《英语集全》

《华英音释》正式出版时更名为《英语集全》，广州纬经堂在1862年刊本上除了注明是唐廷枢所著外，还注有唐廷植、唐廷庚，以及其朋友陈恕道、廖冠芳共同参与编纂、校订。唐廷枢于同治元年（1862）授权广州纬经堂制版发行了6卷本的《英语集全》，中英文对照，成为第一部由中国人自己编写的英汉字典，这是由唐廷枢、唐茂枝、唐应星兄弟三人合作的产物，原名为《华英音释》，正文卷端题《英语集全》，共6卷，线装4册。在没有更好的注音方式的情况下，唐氏发明了一些方法来区分音节、舌尖音、卷舌音等，反映他对准确读音的追求。全书将基础词汇成53门，合122类，收词汇、短语、简单句子在6000个以上，也有说是9000个以上，是当时教授正规英语最好的教材。作者在序中说明编撰的动机，是欲助国人学好英语和让华人买办有书可用。

该书的编纂方式仿佛今日的汉英词典。以汉语字词为主，下以中文注英文译音。旁边另有一行，上以西文字母注该汉字的读音，下为与该字相应的英文单词。English Language被翻译为"英语"，就是由唐廷枢确定下来的。

《英语集全》是兼备词典和教科书性质的综合性著作。书前序言3篇：分别是张玉堂首序，同治元年三月于九龙官署鹅飞鱼跃西楼（张乃收复九龙城的副将）；次由青溪外史吴湘于同治元年清明节序于珠江旅舍；三为唐廷枢自序。目录前有《切字论》及《读法》短文两篇，卷一前有《切音撮要》，附有英文字母11种书体及读音表。此书编排一如今之汉英词典，条列汉语字词为主，下有中文注英文译，旁有一行以西文字母注出该汉字的读音，下为与该字相应的英文单词。此书不但方便中国人自学英语，也可以让英美人士学习汉语，出版数十年间，风行海内，《申报》称赞之"中外咸宜"。

书中英文表达正确，兼具口语和书面语。但唐廷枢仍然采用广州话注音，如他将英文字母 C 注音为四，G 注音为志，便是典型的粤人读法。该书依然承袭广州英语的传统，可以说，它是广州英语发展的结果，二者之间有紧密的历史联系。

唐廷枢在《英语集全》的卷首说明这本书是适应"广东人和外国人来往、打交道的需要"。因为他看到广东的中外商贸发达，但很多商人却为不懂英语所苦，遂决定编写一部适用性的英语读本。他在该书自序中写道："因睹诸友不通英语，吃亏者有之，受人欺瞒者有之；或因不晓英语，受人凌辱者有之，故复将此书校正，自思不足以济世，不过为洋务中人稍为方便耳。此书系仿照本国书式，分别以便查览，与别英语书不同，且不但华人可能学英语，即英人美人亦可学华语也。"他强调首先是英美两国都使用英语，来华外国人中"贸易最大莫如英美两国，而别国人到来亦无一不晓英语，是与外国人交易，总以英语通行。粤东通商百有余载，中国人与外国交易者，无如广东最多，是以此书系照广东省城字音较准"。此书共 6 卷，第六卷标题就叫"买办问答"。

《英语集全》正文卷前有《切字论》和《读法》两篇，其中《读法》中指出了该书也是采用流行的用汉字来注英语的读音，这是为了给学习者提供发音便利的不得已的方法，"中外文字相去甚远，有一汉字，而外国文字翻出数字，而亦有一外国文字译出汉文数字者，尤宜详审。……如汉文一字外国文字有以三字读音，若读了上两字略住，即将下一字牵搭下句而读，上下语气隔断不相贯注，则音韵不谐，人即不解为何音。善读者使上下三字一气呵成，累累如贯珠，则音韵出而文义显矣"。

该书正文分六卷，卷一天文、地理、时令、帝治、人体、官室、音乐、武备，卷二舟楫、马车、器用、工作、服饰、食物、花木，卷三生物百体、玉石、五金、通商税则、杂货、各色铜、漆器、牙器、丝货、匹头，卷四数目、颜色、一字门、尺寸、斤两、茶价、官讼、句语（短句、长句），卷五人事，卷六主要是各类商贸英语的句语问答，等等。在英语词汇和句语的收集方面，该书比以往的英语读本要丰富得多，在该书页眉上除了音注外还有若干商贸知识的解释，如"呢吓做的同，Make some coffee just now"一句，作者在注释中说："啡是豆名，番人取之炒焦，磨粉冲作茶用。"又如"明日叫两只二水船"的注释说："二水船系由行驶货到洋船之小船。此船名乃香港所用，别处即不同，如广东省城系用西瓜扁，上海系用乌篷船，但凡系此等驳买小船，外国人均呼为加碎。"

《英语集全》等英语读本的编写，是中国近代英语教学史和中国近代外语出版史上的大

第五章　著书资治立说

事,该书的问世打破了比较正式的实用性的英语读本由外国学者编刊的局面,从而揭开了晚清以后更大范围、持续时间更长的接连不断的中国人参与英语读本编译和出版的历史。

四、陈启沅的《广东蚕桑谱》

中国近代机器缫丝业的开山鼻祖陈启沅是广东南海人。1854年他在南洋经商时,遍历南洋各埠,考察机器生产。1873年,回到家乡南海西樵开办继昌隆缫丝厂,这是中国第一家蒸汽缫丝厂。他也是中国第一位采用机器缫丝新法,使中国缫丝业从手工作坊走向企业规模化管理、机械化生产、系统化经营的实业家。陈启沅还是一位学者,他的《广东蚕桑谱》《周易理数会通》《陈启沅算学》等著作,对广东实业和对改良蚕桑贡献良多。

陈启沅,字芷馨,号息心老人、息心居士,后人尊称他为"陈氏七子"。生于1834年,少年好学,但凡诸子百家,天文地理,无所不读,但仕途不顺,青年时两度乡试均不第,便回家乡以教学为生。

1854年,陈启沅随在南洋经商的兄长陈启枢到越南堤岸,开设"怡昌荫号"丝绸杂货店,继而扩充经营米行、酱园以及典当生意,经过10余年的辛勤努力,成为当地富商。陈启沅想到家乡的种桑养蚕兴盛,但缫丝的方法却相当落后,决心要振兴家乡的丝织业。他利用充实的经济条件,游历南洋各埠,考察蒸汽锅炉及其他机械设备。陈启沅于1872年回到家乡策划筹建丝厂事宜,从厂房设计,锅炉、水管安装,他无不亲力处理。同治十二年(1873),南海西樵简村汽笛长鸣,宣告中国第一家民族资本经营的近代蒸汽缫丝厂——继昌隆缫丝厂正式诞生。这是中国近代

陈启沅像

民族资本主义机器工业发端的一个标志性企业。

继昌隆以半机械化缫丝,不仅效率大大提高,丝质细滑光洁,而且售价提高,获利甚丰,于是引起了附近以传统旧法缫丝业主的联合反对,陈启沅被迫于1881年将缫丝厂迁至澳门。

数年后,陈启沅又再次回到家乡简村兴建丝厂,招收女工数百人,全部使用机械化生产。为了销售丝织品,他还在广州开设了昌栈丝庄,办理生丝出口业务。由于陈启沅开风气之先,终于引起了原来反对者们的仿效,短短数年间,南海、顺德等县相继涌现出数十间机械化生产缫丝厂。到19世纪末,广州及其附近就一跃而为当时民族资本缫丝业的中心。陈启沅也因此成为中国近代民族工商业的先驱者。

如果说陈启沅对中国民族工商业发展的最大贡献是改革了传统手工缫丝的方式,那么,他对中国农业的商业化发展也值得大书一笔,这就是他留给世人的《广东蚕桑谱》。这也是粤商中留下的唯一一部关注农业的专业书籍,对蚕桑种植业具有重要的意义。

陈启沅在海外从商之时,一直没有忘记家乡的农桑种植,"沅游外国,仍未尝废农桑之心也",除了学习西方的机器缫丝外,还留意西方蚕桑业的种植技术,用心加以考究,并参考广东省本地的栽桑养蚕经验,撰写了广东第一本蚕桑专书《广东蚕桑谱》,又名《蚕桑谱》。这本书的内容是他"皆系数十年中亲手考究得来,非道听途说"之种桑、养蚕、缫丝诸法,详加记述而撰成。

陈启沅在自序和凡例中介绍了他写《广东蚕桑谱》的动机时说,自机器缫丝普及以来,"缫丝之法既善,而养蚕之法然犹未精。故特悉心考究,神而明之",即特别悉心考

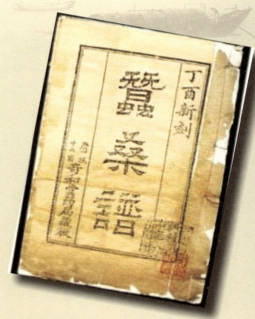

光绪丁酉年(1897)刊刻《蚕桑谱》

陈启沅自序《蚕桑谱》

"粤商文化"丛书
粤商好儒

究中国本土和外国的蚕业技术,以让人们"神而明之"。他希望"植桑养蚕之家,人人皆通此理,照法饲之,不难野无恶岁,处处丰年,有心人共为广传"。《广东蚕桑谱》"专为教人种桑养蚕之法",全书分为两卷,第一卷为总论,包括《蚕桑总论》《论练种法》《论放蛾泡水要法》《养蚕赞育篇》;第二卷除论缫丝外,详细列述了养蚕各造的过程,最后是种桑宜忌篇。陈启沅在书中尽量做到文理通畅,明白易晓,避免晦涩难懂,是真正为村民书写而不是为文人而作。书中使用大量俗字,以防乡音各异而产生歧义。同时为了使业蚕桑的妇人孺子都能读懂书中的种植饲养方法,有时需将一个问题复述多次。

陈启沅指出,蚕丝业是当时广东的"第一要务"。他认为种植水稻和水果,主要只是供国内市场,而蚕丝业的产品则主要供应国际市场,可以换取外国资金。嘉庆时,顺德龙山堡就有《竹枝词》云:"呼郎早趁大冈墟,妾理蚕缫已满车,记问洋船曾到几,近来丝价竟何如。"大冈墟在嘉庆《龙山乡志》卷首"大冈墟图说"记载,墟期每月一、四、七日,"乡邻商贾交易其中,盖由来久矣"。这里交易的商品主要是蚕丝,"洋船"则意味着当地与国际市场发生密切联系。为了适应国际市场对生丝的需求,蚕桑业与缫丝业已成为珠三角农家普遍的家庭手工业,南海九江一带几乎家家种桑养蚕,竹枝词云:"佃得东家数亩塘,阿侬耕种在家乡,四时力作饶生计,卖罢鱼花又采桑。"随着蚕桑业发展,顺德龙山大墟成为远近闻名的"桑市",也成为重要的丝业交换场所,嘉庆《龙山乡志》卷4《田塘》记载,龙山"乡大墟有蚕纸行,养蚕者皆取资焉。每岁计桑养蚕,有蚕多而桑少者,则以钱易诸市。桑市者,他乡之桑皆集于此也。所缫之丝率不自织而易于肆"。

《广东蚕桑谱》特别强调了在珠江三角洲地区流行的桑基鱼塘这一生态农业的重要性。他说,蚕桑之物没有可以废弃的东西,蚕吃完的桑叶可以用来养鱼;蚕的粪便可以给桑树和蔬菜杂粮施肥,也可以用作药材;蚕化成蚕蛹也可以食用,是上等的菜肴;病态的蚕虫称为僵蚕,可以做祛风药,变坏的蚕虫也可以喂鱼;缫丝用过的水可以用作肥料。书中还用专门的篇幅记述了珠江三角洲桑基鱼塘的情况。他认为南海、顺德等地桑基鱼塘的形成,主要是由于当地地势低洼,田地积水不能种稻,但适宜挖鱼塘养鱼。人们在四边高基上种桑,构成塘水养鱼、塘泥肥桑、桑叶养蚕、蚕粪饲鱼的循环养殖系统,一般基面和鱼塘的比例是四分水六分基。这样,水陆资源就能得到充分的利用,形成了物质和能量的良性循环。《广东蚕桑谱》对桑基鱼塘的记载早于刊刻于光绪十九年(1893)专门记载桑基鱼塘的专书《粤中蚕桑刍言》。

《广东蚕桑谱》内记载了大量种桑养蚕的技巧，包括建议蚕农使用新式的温度计，这在当时无疑是最为先进的控制养蚕温度的做法。养蚕要掌握温度，古代养蚕都是靠人的经验来体会温度，以控制养蚕的室内环境。使用温度计，就使得蚕的养殖过程较接近科学化了。陈启沅建议熟蚕上箔时，若遇阴雨天，要先将蚕箔放在炕上，以炕蚕法炕之，使蚕箔焦干；然后捉蚕暗暗焙之，通过温度计控制温度，使蚕在适当的温度下吐丝而不致蚕丝霉烂。《广东蚕桑谱》记载的很多技术皆有科学根据，一直沿用至今，如在蚕起眠时，等蚕起至八九成时才放桑叶喂蚕，这样可以使蚕下次眠时达到弃眠的要求。

《广东蚕桑谱》不仅详细地叙述了蚕桑技术，还有针对性地对当时蚕农的不当行为加以纠正，如针对专业蚕农不顾桑叶好坏，贪图便宜卖桑叶饲蚕的情况。他在书中告诫说，种蚕饲育所用桑叶必须适时而熟，切勿饲以柔嫩的桑芽、嫩叶。因为养蚕所用桑叶的好坏，不但会影响到蚕的发育，而且还会影响蚕卵和下一代蚕的发育，也影响蚕丝的质量。在专门论述种桑的章节中，他指出种植桑树的土地要肥美，泥宜润泽而不淤结，桑林要通风，能使桑叶接受阳光；桑叶虽然喜欢雾雨，也不适宜太多；北风霜雨的季节，要使桑树不露根条，注意排水，以免浸坏桑根。这对当时的蚕农和桑农具有启发意义。

《广东蚕桑谱》对蚕的病害也有细致的记载，如对当时蚕体容易受到蝇蛆的侵害，书中提出以纱帐遮住窗口以防蝇苍进入，尤其要在蚕吐丝后尽快炕茧。他还提出要采用烘茧法，以减少蝇蛆穿孔，防止发育快的蚕蛹花蛾穿出。

《广东蚕桑谱》是一本通俗易懂且实用性强的蚕桑书，因而在珠三角地区颇为流行，人们争相抄写、传阅，并引起了广东官府的重视，光绪二十三年（1897），官府将《广东蚕桑谱》首次刊行，广州奇和堂药局藏版，光绪三十二年（1906）再次刊行，陈启沅的朋友潘衍桐为书作序，称赞此书"诸法具备，洪纤靡遗"。此书甚至传到了北方地区，时人吴尉在天津某官署看到此书，大喜过望，又将此书重刊，使得该书在北方地区也得以流传。《广东蚕桑谱》刊刻，证明了陈启沅是一位重要的蚕学家，该书的流传对

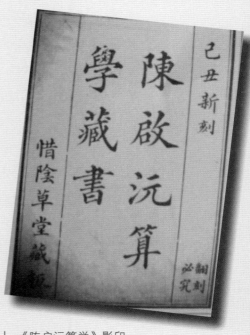

《陈启沅算学》影印

"粤商文化"丛书
粤商好儒

晚清蚕桑科技的传播发挥了很大的作用。

陈启沅不仅是一位成功的蚕丝业商人,还是一个著书研术的学者。据他在《陈启沅算学》自序中所言,除了《广东蚕桑谱》外,他还著有《联吟集》《菊宜谱》《略验方拾遗》《艺学新篇》《课儿尺牍》等书。《陈启沅算学》是他关于应用数学的著作,共13卷。《理气溯源》6卷,则是陈启沅关于风水学的著作。现在除了《广东蚕桑谱》《陈启沅算学》《理气溯源》有刻本之外,陈启沅的其他著作已经散佚。

《陈启沅算学》是一本普及性的算学读本,先引入古代算书的结论,然后举出常见例子,以"陈启沅曰"的方式列出题目的运算方法。陈启沅取古书中"至精且详者,师其意而变其法,删其繁而表其奥",使本来晦涩的算学简易化、通俗化。这本书的卷一和卷二以应用题问答形式解答"贸易常用之要",问题皆贴近生活,为市井交易所需,简单浅易,目的是为"下材之人"和"初学之人"设计,如"假如有冬菇每斤价银三前八分,问每两价银若干?""假如有土丝每两价银一钱八分五厘,问每斤价银若干?"卷三《上方田章》是讲解立方、平方的算法,虽然古算书已有详解,陈启沅"犹恐下材之人未透其旨,故复详解"。其他各卷也多以解答日常生活中的算数问题为主。陈启沅认为一本面对初学者的算书,编写要做到"平"和"直","平则初学者易晓,直则初学者易明"。

《理气溯源》是一本风水学方面的专书。陈启沅对风水学有30多年的研究,是晚清南海乡间有名的风水先生。这本书分《提要辨谬》《考原便览(上、下)》《罗经管见》《黄道恒星表》《利用合璧谱略》,共6卷。每卷前有陈启沅的序,均写于光绪九年(1883),刻本为光绪十五年(1889)惜阴草堂藏本。《提要辨谬》是陈启沅根据文献记载,对《四库全书总目提要》中关于风水学著作的提要作出一番考证辨谬,纠正了提要中的一些错误。《考原便览》是对风水学的源流作考证。《罗经管见》讲述罗经的使用,以图解的形式介绍如何制作罗经和使用罗经观测风水。《黄道恒星表》讲述历学和天文学,具有一定的科学价值。《利用合璧谱略》主要讲述阳宅的风水。

陈启沅于光绪二十九年(1903)去世,享年69岁。现南海简村建有陈启沅纪念馆,陈列着当年他设计的缫丝机器模型和他撰写的《广东蚕桑谱》《算学》《理气溯源》三本著作。在育蚕季节,还有人在馆内为参观者作缫丝表演。

五、郑崇谦的译著

郑崇谦为广东南海人,生活在清代乾隆至嘉庆年间。他的父亲郑尚乾于乾隆五十八年(1793)创设会隆商行。乾隆六十年(1795),郑尚乾病故,由郑崇谦接管会隆商行。嘉庆九年(1804)郑崇谦以郑芝茂之名,先花钱捐了个州同的职位,又继续追加钱财,弄了一个提举的职衔。嘉庆十五年(1810)破产入狱,次年被发配到新疆的伊犁服役,十八年(1813)在伊犁戍地身故。在郑崇谦担任会隆商行行主期间,有外商传入种牛痘到广东,郑崇谦和一班洋行商人,积极参加推广接种牛痘的工作,他为此还编写了《种痘奇书》刊行、招募专人研习种痘方法,后来这些研习者都成为精通接种牛痘的专业人才,向世人推广种痘之术。

据道光年间编纂的《南海县志》记载说:"《种痘奇书》一卷,国朝郑崇谦撰。"编者接着用按语的形式说:"按牛痘之方,嘉庆十年自外洋至,崇谦为洋行商,刊此书,募人习之。同时习者数人,今则人精其业矣。崇谦殁后,后嗣势微,遂有窃其书而增益之以问世者,不复举崇谦之名氏也。良可慨矣!"也就是说,这本原为郑崇谦所著述的科技类的医书,在他入狱去世后,却被人盗版而故意掩盖了原著者的知识产权。

光绪五年(1879)《广州府志·杂录》也强调说,《种痘奇书》的作者是郑崇谦,"乾隆间,蕃商哆啉吇携牛痘种至粤。其法用极小刀向小儿左右臂微剔之,以他小儿痘浆点入两臂,不过两三点,越七八日,痘疮即先向点处发出,比时行之痘大两倍,而儿并无所苦,自尔不复出,即间有出者,断不至毙,诚善法也。洋商郑崇谦司马刊《种痘奇书》一卷,以广其传"。

天花,又名痘疮,天花名来自民间,相传五代有人因患天花而满脸痘疤,人们戏谑地称之为天花。这是一种高度传染性的病毒性疾病,一直是人类生存的天敌,仅18世纪,在欧洲死于天花的人就达数千万人,即使在天花后得以幸存,也会双目失明,或容颜全毁。而在中国古代社会,说起天花,人人惊惧,上至皇帝老儿,下到平民百姓,没有不害怕的。传说,清朝顺治皇帝因染天花而死,康熙皇帝幼年时也得过天花,幸而得以死里逃生,同治皇帝也死于天花。在民间社会,天花更是儿童的夺命杀手,十个孩子中会有三四个死在天花的魔掌之下。

天花的流行,引起了中国医家的极大关注。传统中国医学一直在不断寻找治疗天花的良方,"人痘法"就是中华民族发明的医疗方法之一,而且确实也挽救了很多孩子的性命。

第五章 著书资治立说　143

"粤商文化"丛书
粤商好儒

但总体而言,"人痘法"危险系数高,预防效果也不理想。

晋朝医家葛洪第一次准确而详细地描述了天花症状,"比岁有病时行,仍发疮头面及身,须臾周匝状如火疮,皆戴白浆,随决随生。不即治,剧者多死。治得瘥后,疮瘢紫黑,弥岁方灭"。这是世界上对天花病最早的文献记载。自此人们同天花进行了坚持不懈的斗争,摸索出种种预防和减轻病情的方法,一直到明代中国才正式发明了人痘接种术。

所谓人痘术就是通过天花患者的痘痂、痘浆,用人工方法使健康者得到轻度感染,从而产生对天花的免疫抵抗力,以达到预防的目的。这种方法可以说是中国早期《黄帝内经》中朴素的"以毒攻毒"免疫思想的继续与发展。中国古代民间医家在传染病的防治过程中,逐渐认识到患过某种传染病后,可以长期甚至终身不再患此病,并将在这种医疗实践中产生的认识运用于疾病预防。

正是人痘术有效地制止了天花病的泛滥,明末统治者对人痘术予以肯定,清初下令在京师设官方检痘机构,其中的"查痘章京"专门检查痘疹,将人痘术列入官府预防天花病的计划予以推广,18世纪中国的人痘接种术已在海内外得以传开。18世纪末,英国伦敦大学医学院毕业的医生琴纳受到中国人痘接种法的启发,发明了更为安全有效的"牛痘法"。他首先冒险在人身上进行牛痘接种试验。他从一名挤奶女工手上的牛痘脓疮中取出痘浆,接种到一位8岁男孩手臂,3天后小男孩手臂接种处出现脓疱,第7天腋下淋巴结肿大,第9天轻度发热,小孩略感周身不适,不久局部结痂,留下小疤痕。接种后第7周,琴纳再给小孩接种天花患者的脓液。几周过去,奇迹出现,实践证明,小男孩对天花产生了免疫力。琴纳将试种牛痘成功的方法撰文向世人介绍。1803年,英属孟买总督将一批痘苗赠送给英属澳门东印度公司,首次在澳门的中国儿童身上试种牛痘,但未成功。1805年,英国外科医生皮尔逊利用从马尼拉运来的另一批痘苗,再次在澳门试种牛痘,获得成功,并撰文进行宣传。

十三行商人积极引进种牛痘之法,在天花防治方面发挥了重要作用。当时长年往来于澳门与广州之间的十三行商人获知这一消息后,会隆行商郑崇谦更是积极推行施种牛痘的佼佼者。他于嘉庆二十年(1815),在广州十三行街的行商公所开设诊所,推广施种牛痘之术,请皮尔逊到场亲自指导和监督,他请皮尔逊写一份详细的说明,详细介绍种痘的全过程、种痘方法和种痘后的特性、器具等,并请斯当东将其翻译成中文,题为《英吉利国新出种痘奇书》(内题《新订种痘奇书详悉》),郑崇谦亲自作序,落款署名为"会隆行商人郑崇谦敬书",在广州出版发行,这就是著名的《种痘奇书》。这是中国最早关于种植牛痘的书籍,这本书对于牛痘技术在中国的传播起到了深远的影响。因此，有人认为郑崇谦是"最早传播牛痘法的中国人"。郑崇谦还积极提倡传习此法，邱熺、谭国等人受郑崇谦之雇募，成为中国第一批学习和传播西方牛痘术的中医师。邱熺又根据行医实践，撰写了《引痘略》一书，成为中国人自撰牛痘术最早著作。据《引痘略·自叙》说："予时操(商)业在澳，闻其事不劳而效甚大也。适予未出天花，身试果验。洋行之家人戚友，亦无不验者。于是洋行好善诸公以予悉此，属于馆专司其事，历十数寒暑，凡问途接种而至者累百盈千，无有损失。"

所谓的"洋行好善诸公"，就是指怡和行商伍敦元、同文行商潘有度和广利商卢观恒及会隆行商郑崇谦，据史料记载，嘉庆十五年(1810)"蕃商剌佛复由小吕宋载十小儿传其种至。洋行商人伍敦元、潘有度、卢观恒，合捐数千金于洋行会馆，属邱、谭二人传种之，寒暑之交，有不愿种者，反给予资，活婴无算"。应该说，十三行商人在天花预防方面所表现出来的社会责任感，确实令人折服。当时郑崇谦、伍敦元、潘有度、卢观恒等行商共捐款3千两白银，在洋行会馆设牛痘局施种牛痘，每八天开种一次，重金聘皮尔逊来广州推广牛痘术。从1805年冬到1806年春，广州天花流行，疫情猖獗，为了加速种痘技术的推广，皮尔逊和十三行商人采用"接种不要钱，另给车马费"的措施，吸引民众前来栽种牛痘。最初受到吸引的主要是贫苦百姓，他们栽种的牛痘初见奇效后，牛痘栽种也逐渐地被富人接受，主动要求种牛痘，以预防天花。当时两广总督阮元的孙子也是接种者之一，阮元还为此特写诗一首，赞其奇效："阿芙蓉毒流中国，禁之仍恐禁未全。若得此丹传

邱熺译著《引痘略》

第五章　著书资治立说　　145

"粤商文化"丛书
粤商好儒

北京米市胡同的南海会馆,现作为"康有为故居"列入北京市文物保护单位

各省,稍将儿寿补人年。"据统计,自嘉庆十五年至道光二十年(1810—1840),广东接种牛痘者达到30万人次之多。牛痘技术在中国的推广,得益于行商们的开放心态,没有行商的大力捐助和极力推广,就不会有牛痘术的迅速传播。牛痘技术在中国的推广,行商可以说功不可没。

《引痘略》于嘉庆二十二年(1817)在广州刊行,影响广泛,很快就在湖南、甘肃、上海、广西等地多次重版,并被多种医学丛书收录,促进了牛痘接种术在广东以至全中国的传播和推广。各地纷纷派人到广州的牛痘局学习,或聘请广州的痘师到各省设局接种牛痘,一时牛痘局遍布全国。广东实际上成了当时中国推广牛痘术的中心,各地的牛痘都是从广东散布出去的。道光八年(1828),广东著名盐商潘仕成在北京宣武门外的南海会馆设牛痘局,请广东人余心谷主办种牛痘,约请北京的医生参观学习。从此以后,种牛痘防天花医术逐渐传播到中国各地。全国人民得以普遍接种牛痘,收到预防天花病的良好效果,南海人伍秉鉴的长兄伍秉镛赋诗赞赏粤商大力传播接种牛痘的功劳,其中云:"人事补天天无功,天心牖人人乐从。牛痘始种自夷域,传来粤海今成风。"

六、行商家族士人辈出

清朝广州十三行商的名声享誉海内外，行商中尤以同文（孚）行的潘家、广利行的卢家、怡和行的伍家等最为兴盛，潘、伍两家更是在近百年的洋行商务中屹立不倒，富甲海内外。而潘家更是人才辈出，文人士子众多。

潘启官家族经历第二、第三代后，其家人的社会身份开始明显发生转变，第一代的潘振承由商业开拓起家，第二代潘有度精心经营，使得其家族的商业发展达到一个顶峰，第三代潘正炜主管下的同孚行与前两代相比已有所逊色，但其商业的影响力在十三行中仍占有重要席位。

在潘家商业发展的同时，其家族在仕途、文化方面也屡出人才，表现出浓厚的亦商亦儒的形象。鸦片战争后，广州十三行贸易体制趋于解体，行商的垄断地位结束。潘氏家族更加鼓励子弟读书进取，正如潘有为在诗中所云："五岁就傅授我书，冀我奋作千里驹。"潘家一跃而起又在岭南文化的园地中占有一席之地。

潘振承，这位以潘启官著称的大行商，是潘家"同文行"的创始人，也是潘家从福建迁居广州河南龙溪乡的始祖。同文行的来历，据潘家族谱记载，潘家从福建泉州府同安县迁居广州，同文行的"同"字乃取同安之意，"文"则是取自家乡"文圃山"之意，"示不忘本也"。潘振承被当时中外文献称为"潘启官"，是一个好学上进的人，据其族谱记载，潘启官年轻时，曾多次前往吕宋国贸易，精通"夷语"。这里的夷语是他在吕宋经商期间学会的西班牙语。后来，他出于商业交易的需要，还掌握了葡萄牙语以及广州英语。

潘振承像

"粤商文化"丛书

粤商好儒

美国人马士的《东印度公司对华贸易编年史》记载，1772年7月，外商曾就丝的合约问题，致函广州行商潘启官，信件是用葡萄牙文写的，而潘启官的复信是用西班牙文。

潘启官还经常收到外国商人写给他的英文信函，他可以与外商直接进行语言交流，外语水平受到外商的称道。《潘启官传略》这样描述他："当时海舶初通，洋商以公精西语，兼真诚，极为钦重，是以同文行商务冠于一时。"

潘启官在行商的经历中越来越明白，商人仅仅富裕还不行，必须要贵。而贵的途径无外乎读书进取。所以，他的次子潘有为，字卓臣，号毅堂，在乾隆三十七年（1772）高中进士，成为钦点内阁中书，加盐运使司衔，在京城参加《四库全书》的编校，后因看不惯官场的尔虞我诈之风，遂回粤归隐龙溪乡，于漱珠桥畔建六松园，他以东汉杨孚为榜样，将六松园命名为南雪巢，潜心著述。他既善诗又善书画，精金石，醉心于搜罗古钱、古印、书画、彝鼎等珍藏，并建"看篆楼"，首开清代羊城鉴藏文物珍品之风，乾隆年间，被誉为"岭南鉴藏家之魁首"。在京做官时，潘有为时常到琉璃厂搜求古印，珍藏历代古钱、古印、书画、彝鼎甚丰，其中有颜真卿名印等。嘉庆年间，他将藏品分门别类，刊刻了《看篆楼古铜印谱》《汲古斋印谱》《古泉目录》。此外，尚有《南雪巢诗抄》问世。

同文行第二代掌门人是潘启官的第四子潘有度。1788年，接任同文行商务，任公行首领10余年，以诗才著称于商界，著有《义松堂遗稿》。他的儒雅气息，还可以从他的住宅得以印证。他的住宅名为漱石山房，旁边还有一间小室曰"芥舟"，看起来和听上去都甚有文人的雅兴，没有半点商人的铜臭味。

同文行的第三代掌门人是潘有度的第四子潘正炜，自1820年至1842年担任洋商，但实际的商务则是他的堂兄弟潘正威经理。潘正炜既出身于富豪的外贸之家，又成长于书香世代的科第名门。得家风陶冶，自幼勤学善书，崇尚苏（东坡）、米（芾）笔法，精小楷。在洋务之暇，嗜好书画、碑帖的收藏，其藏品宏富，"甲于粤东"。其第四子顺徵为国学生，擅画梅花，孙子宝鋆、宝琳二人登进士。由于子孙俱以科举成才，潘正炜也叠领奉政大夫、荣禄大夫、翰林院编修等荣衔，为羊城罕有的科第名家。他喜欢与文化人结交，著名的有吴荣光、张维屏、陈澧等，都是当时广州文化界的名流。他不仅醉心于藏书与收藏文物，而且专门在家居处建立一个比较有诗意的"听帆楼"，用于存放藏书，"贮书极宏富"，刊刻有《听帆楼诗抄》《听帆楼古铜印谱》《听帆楼书画记》等。

无论是潘有度的"芥舟"，还是潘正炜的"听帆楼"，都有一个与航海船有关的字眼，于此又可以看出，潘家在观念中又深深镌刻着海洋贸易的烙印。

潘家以资财富厚，人才出众，在弘扬民族文化方面也取得了丰硕的成果，潘家子孙先后刊刻传世的文集、诗集、专著达百余种，不少在海内外图书馆尚有原本可见，或在地方志中也有目录可查。据统计，清代潘氏家族除了从商的三个掌门人外，其他后裔多以科举入仕或学有专长，他们或绘画或书法或诗文或鉴藏，留下著作的就有20多人。其主要著述如下：

  潘有为《看篆楼古铜印谱》《汲古斋印谱》《古泉目录》《南雪巢诗钞》。

  潘有度《义松堂遗稿》。

  潘有原《常荫堂遗诗》《常荫堂诗社萃雅》。

  潘正亨《万松山房诗钞》《丽泽轩同怀稿》。

  潘正纲《漱石山房剩稿》。

  潘正琛《北游草》。

  潘正绵《暹圃诗存》。

  潘正常《丽泽轩诗钞》。

  潘正炜《听帆楼书画记》《听帆楼法帖》《听帆楼古铜印谱》《听帆楼诗钞》。

  潘仕徵《培春堂咏草》。

  潘恕《双桐圃集》《双桐圃诗钞》《双桐圃文钞》《灯影诗余》《十国春秋摘要》《梅花集古诗》《南汉杂事诗》《粤东金石绝句》《桐圃题咏》。

潘飞声行书

粤商好儒

潘仕扬《三长物室诗钞》。

潘定桂《三十六草堂诗钞》《蝶巢文钞》。

潘光瀛《梧桐庭院诗钞》《梧桐庭院词钞》《梧桐庭院文钞》。

潘丽娴《崇兰馆诗钞》《饮冰词稿》。

潘宝鐄《望琼仙馆诗钞》。

潘飞声《西海纪行》《柏林游记》《游萨克逊日记》《泰西铁路图考》《天外归槎录》《罗浮纪游》《老剑文稿》《游樵漫草》《雨窗杂录》《江湖载酒集》《弢弓集》《香海集》《论岭南词绝句》《今夕庵绝句》《说剑堂诗集》《海上秋咏》《在山泉诗话》《绿水园诗话》《珠江低唱》《说剑堂词集》《柏林竹枝词》《花语词》《海山词》《长相思词》《粤东词钞三编》《凿空狂言》《雨窗杂录》《翦淞阁随笔》《论粤东绝句》等。

广州十三行中另一首富级的大行商伍家的伍崇曜，不仅是藏书家和出版家，而且也是著名的诗人。据说，伍氏的资产总和比当时朝廷的国库收入还要多，已经跻身于世界级的富豪行列。鸦片战争前夕，伍家的势力日愈膨胀，跃居各商行首位，是十三行商的总代表。在鸦片战争前的禁烟运动和战争期间，由于伍崇曜是中英交涉的主要中介者，曾代表两广总督与英国侵略者议和，被道光帝"著加恩以道员，不论双单月归部选用"并"赏给三品顶戴"，清廷又赐布政使和荣禄大夫衔，是岭南名重一时的"红顶商人"。

伍崇曜致力于搜书、藏书、刻书，其在谭莹帮助下完成了《岭南遗书》《粤十三家集》《楚庭耆旧遗诗》《粤稚堂丛书》等嘉惠士林，他的刻书之举，有利于提升他在中国这个传统社会中的声望，也使伍家成为首屈一指的儒商代表。伍崇曜嗜绘画，喜诗文，著有《粤雅堂吟草》《茶村诗话》《粤雅堂诗钞》等传世。于此可见，伍崇曜也是一位著述丰富的儒商。

第六章
新式创意广告

"粤商文化"丛书

粤商好儒

　　宣传推销自己的商品与商号，已经成为古今中外商家概莫能外的一种手段。在中国传统社会由于受到信息和技术手段的制约，商家只能在有限的空间范围内，通过幌子、招牌等雅俗共赏、喜闻乐见的各种手段来宣传营销策略，敢于以王婆卖瓜的推介方式，标新立异地制造社会轰动效应，最终逐渐占领市场。粤商的成功就有自己的一套宣传秘诀，其中的许多营销策略和理念，至今还为现代商家的广告策划和运营带来某些灵感。而这些带有新式创意性的广告宣传，本身就是一种文化的再创造，因为这种创新性的广告，也是文化的重要组成部分。

一、张裕葡萄酒广告

　　"百年张裕"是一句经常出现在各种新闻媒体中和户外广告牌上的广告词，也是当今海内外酒桌上的常备红酒系列之一。但许多人对"张裕"这个词并不十分了解，这到底是人名，还是物名，抑或其他？"张裕"其实是中国产的葡萄酒品牌商标，已经历经百年之久，其商标的主人就是南洋华侨首领之一的粤籍商人张弼士。

　　张弼士，又号肇燮、振勋，广东大埔县人，清末民初著名华侨实业家。18岁从家乡漂洋过海抵南洋谋生，经过不断打拼而成为南洋华侨首富，被美国人称为"中国的洛克菲勒"。洛克菲勒是美国实业家，美孚石油公司创办人，是世界公认的"石油大王"。张弼士的身份让很多人感到神秘，他是南洋华侨中的富商，但是人们在公开场合中见到的张弼士却常身穿清廷的官服。

　　张弼士在南洋获得巨大的成功，引起了清朝上层官员的关注，光绪十九年（1893）清驻英钦使龚照瑗抵达槟榔屿会晤张弼士，两人就中西致富话题有一精彩的对话，龚问："西人操何术而能使南洋诸岛商务隆盛若此？"又问："君致富又操何术？"张弼士借《史记货殖列传》回答说，农工商皆为衣食之原，"夫农不作，则乏其食；工不作，则乏其用；商不出，则三宝绝；虞不出，则财匮少；财匮少，则山泽不辟。此四者衣食之原也。"张弼士的话反映了他具有深厚的中国传统文化底蕴，而"农"字突出了他对中国民生的历史与现状十分谙熟。龚照瑗听后十分赏识，遂邀他回国救亡，"君非商界中人，乃天下奇才，现中国贫弱，盍归救祖国乎？"并向李鸿章力荐。张弼士遂被清廷委派为驻槟榔屿领事，开始其报效祖国的人生转折，"服官祖国之始，展其抱负之时也"，走上了一条亦商亦官的道路。光绪二十年他被清廷任命为新加坡总领事官，又受李鸿章委托创办大清银行。光绪二十六年（1900），奉调回国，随办商务。光绪二十九年（1903），张弼士受到慈禧太后、光绪皇帝召见，赏其侍郎衔，三品京堂候补之职。自此正式进入王朝统治核心层，获得参政议政的机会，其言论影响了王朝政策的某些走向。

张弼士在南洋经营酒业时，就和当时的荷兰军官交上了朋友。这位朋友后来位居总督职位。张弼士借助总督的招牌，事业蒸蒸日上。

一次偶然的机会，促成了张弼士在国内投资兴办实业的行动。

那是在法国领事举办的一次宴会上，张弼士应邀参加。饮酒时，法国领事对端在手中的葡萄酒大加赞扬。原来这酒是用法国波尔多地区的葡萄酿造而成。这位领事看到张弼士是中国人，就向他透露说，中国烟台的葡萄也可以酿造与此同质的葡萄酒。因为一位天主教的神甫曾对他说，英法联军入侵中国时，驻扎在天津的法军士兵曾用烟台葡萄酿过酒，酒味醇正甘甜，和法国葡萄酒不分上下。

张弼士将这些话牢记在心里，也萌生了亲自到烟台考察开办葡萄酒厂的想法。心动不如行动。1891年，张弼士借公事到烟台之机，对烟台的葡萄种植业进行了详细的考察，立即决定投资建厂。1892年，张裕葡萄酿酒公司正式在烟台成立，资金300万元，雇用2000多名工人，成为中国第一个工业化生产葡萄酒的厂家。1896年冬，他又从海外采购葡萄秧14万株，次年夏运达烟台；后又从海外再购葡萄秧50万株投放烟台，种植面积达400亩左右。据史料记载，张弼士在烟台、天津购地三千余亩，"聘名师，采各种葡萄自种自接"。所产葡萄全部用于自己开办的张裕酿酒公司，"所制葡萄酒曾列中外博览会，屡获金牌证书，特许注册，免除厘税，国内销路甚盛，输至新加坡等处为额亦巨"。

粤商好儒

大清国直隶总督、北洋大臣李鸿章和清廷要员王文韶亲自签批营业执照。张弼士通过各种关系花费300两白银的润笔费,请光绪皇帝的老师、军机大臣翁同龢亲笔为公司题写"张裕酿酒公司"六个大字。无形之中既抬高了张裕的身份,又被人广为传诵。

"张裕"二字,冠以张弼士的姓,又取昌裕兴隆之意。

张弼士作为老资格的大商人,深谙西方企业化的管理方法,最大限度地优化公司的资源配置,提出"三必"原则,即"原料必得其优,人必得其能,器具必得其新"。张裕公司为了适应外国市场,在原料上严格把关,并从法国重金购买葡萄种,在烟台地区培植,公司开垦荒山千亩作为葡萄园。还花大价钱从国外购进先进的压榨机、蒸馏机、发酵机,从马来西亚购进橡木,制造成贮酒的酒桶,并安装升降机进行机械转桶,使酒充分发酵。

质量是企业能否生存并发展壮大的生命。张裕公司从一开始就有很强的品牌意识,狠抓葡萄酒的质量。根据化验师的分析,葡萄结果多会影响酒的质量。为此,他们在给葡萄剪枝时,只留下可结实5斤的枝条。试酒之初,酒的质量欠佳,他们便毅然放弃前期的酒,继续试制新酒。1896年,当第一批白兰地葡萄酒造好后,张裕公司即打消急功近利的念头,将酒放入地窖的橡木桶中做长久储存,历时18年之久。直到1914年经上海大医院英人柯医生化验,确认为"滋养妙品",并认定张裕酒达到"成熟香醇、色泽深浓"的质量标准时,方申请商标注册,投放市场。严把质量关,是张裕制胜的秘诀。难怪张裕酒一上市,即名噪天下。

在管理用人上,张弼士多次从国外聘请技术人员,管理机器设备、指导种植葡萄,甚至将外国酒师有意灌醉,以套取"酒经"。张弼士聘请的第一位酿酒师是荷兰人。这位荷兰酿酒师从荷兰抵达上海时,发生了意外,他得了牙痛病,在上海拔牙后,因为感染死了。而后又聘了第二位酿酒师,这次张弼士却碰上了一个江湖骗子,他酿出的酒全是废品。直到最后,在一次宴会上,张弼士得知奥地利驻烟台的领事是一位酿造葡萄酒的高手,遂表达了求贤若渴的心情,领事当即表示愿意辞职,到张裕当酿酒师。张弼士喜出望外,两位外交领事的商业合作,成为外交界的一段佳话。酿酒师是葡萄酒酿制过程中,不可或缺的关键人物,张弼士在这方面花费了不少的心血。不过,功夫不负有心人,最终还是寻觅到了理想的酿酒师。

张弼士在营销上也费尽心机。当时国人以喝白酒居多,葡萄酒并非酒业的主流。他首先在包装上大做文章,设计出长颈凹底,色彩鲜绿的酒瓶,白兰地装在瓶里晶莹剔透,美观大方。每逢节假日,公司专门制作彩车,摆放小瓶样酒,沿街派送,还随手搭配一个刻有"张裕"字样的小酒杯,吸引民众的眼球。在上海滩,只要有外国军舰到黄浦江暂停,他就立即派人摇着舢板送酒过去,以扩大张裕酒在国外的知名度。

传说张弼士在北京担任约法会议议员和参政院参政期间,不时带着亲信随从到东交民巷酒楼餐馆吃饭,每次都指定饮用张裕公司的白兰地葡萄酒,而且有意问酒店服务员:"你喝过这酒吗?我走遍天下从未喝过这样的好酒!真的是举世无双的好酒!"说完,总是要服务员喝完一杯,才让他离开。

南洋是张弼士的发迹地,在那里他有很高的威望。通过广泛宣传,张裕葡萄酒在新加坡、槟榔屿、巴达维亚、万隆、日里、曼谷、河内等华侨集中地很快就打开了销路,并逐渐扩及菲律宾、加拿大和中南美各地的华侨地区,连俄国酒商每年也都有订货。过硬的质量、广泛的宣传,使张裕葡萄酒在国内外赢得了很高的声誉。

1912年,"中华民国"大总统孙中山先生为张裕葡萄酿酒公司题赠:"品重醴泉"。

到1914年,张裕公司不过22年的历史,但张弼士已是74岁的高龄老人。这一年,美国政府向中国政府发来邀请函,请中国派代表团赴美参加万国博览会。民国政府决定选派工商界领袖人物、张裕公司创办人张弼士出任"游美商业报聘团团长",黄炎培任秘书。

1914年12月16日,张弼士率40余人的报聘团从上海出发,坐轮船20多天后抵达旧金山。这是中国首次派团亮相国际舞台。之后,张弼士还率团拜访白宫,得到时任美国总统伍德罗·威尔逊的接见,被美国媒体称为中国的"洛克菲勒"。

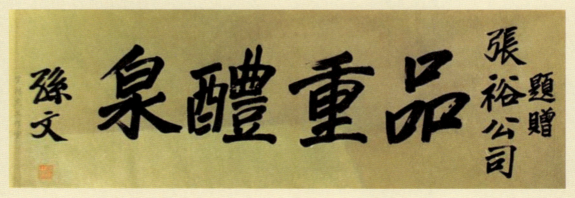

孙中山先生手书

"粤商文化"丛书
粤商好儒

1915年2月20日，旧金山宝石大厦，美国总统伍德罗·威尔逊为万国博览会隆重揭幕，来自31个国家的20多万件展品分别在11个展馆展出。当时中国的参展商品主要有茶叶、瓷器、丝绸、白酒和张裕葡萄酒，共有4000多件。

2月25日，美国总统伍德罗·威尔逊、副总统托马斯·马歇尔及前总统西奥多·罗斯福及各界要员再次光临中国馆，并品尝了中国参展的10多种名酒，对风味独特的中国名酒赞不绝口。

外商对中国的茶叶、瓷器、丝绸早已熟悉，但对中国的葡萄酒还闻所未闻。一天，面对冷冷清清的展台，张弼士决定主动出击。他倒了一杯张裕可雅白兰地，向一位名叫莫纳的法国商人走去。莫纳先生漫不经心地摇晃着酒杯，不料那琥珀色液体弥漫出的酒香扑鼻而来，令他十分惊讶，他抿上一口，醇厚的味道使他更觉陶醉。回味再三后，莫纳询问道："此酒产自哪里？"张弼士悠然一笑，吐出4个字："中国烟台。"

1915年5月，博览会进入高潮。大会成立高级评审委员会，由来自世界各国科学、艺术、工商界共500人组成的评审团，在参赛的各类展品中评定优质产品。经过专家的几轮评审，张裕产品最后压倒众多欧洲老牌葡萄酒，产自中国烟台的"可雅白兰地""红玫瑰葡萄酒""琼瑶浆（味美思）"和"雷司令白葡萄酒"一举荣获4枚金质奖章。从此，"可雅白兰地"改名为"金奖白兰地"。由此，张裕葡萄酒名扬四海，远销70多个国家，成为世界品牌。

谁都不曾想到，仅有20多年生产历史的张裕葡萄酒能战胜历史悠久的欧洲产品。当时《巴拿马万国博览会会刊》及《旧金山报》，将其获得金奖评为"最不可思议的事件"，并一致认为张裕葡萄酒"风味独特"。这是中国葡萄酒第一次走上世界博览会领奖台，创造了中国葡萄酒发展史上的一段传奇。从此，张裕以其优良的品质蜚声海外，在著名的《牛津词典》上，被收录的唯一一家中国葡萄酒企业即为张裕。

这一消息立即在旧金山的华人中引起了轰动，华侨社团特意设宴庆贺。张弼士在庆祝宴上即席发表演说："在这盛大的酒宴中，一眼望去，锦绣华堂，全是令人自豪的东西。一是早已驰名世界的中国菜；一是享誉全球的中国瓷器，摆满整个大厅；还有一件是获得金奖的中国葡萄酒，都是举世无双的好东西。唐人是了不起的，只要发愤图强，就能'后来者居上'。"

张弼士于1916年病逝，孙中山闻讯，亲撰挽联：

美酒荣获金奖，飘香万国

怪杰赢得人心，流芳千古

张裕除了重视酒的质量外，更深知广告宣传在当时商业促销中的重要性。为此，张裕公司采取了边向南洋推销，边在国内广为宣传、扩大影响的方法推销产品。他们除在报纸上刊登广告，在车站、码头书画巨幅广告外，还特制酒杯分赠给茶楼、酒馆；每逢节日，车载装潢美观的巨型酒樽招摇过市，沿途还将小瓶装的白兰地酒分赠给过路人品尝，以招揽顾客，扩大销路。他们还在国外精印宣传小册子、仿单、名人题词等，到处赠送，宣传张裕酒的保健功效，提高张裕酒的知名度。

张裕葡萄酒也利用报刊媒体展开大张旗鼓的宣传攻势。1914年在《申报》刊登广告，声明在烟台设立总发售处，在上海英大马路寿康里设分销处，商号"裕和成"。1918年又在《小说月报》登载了一幅彩色精印的美女广告，画面是一位拿着酒杯微笑而坐的标致女郎，画面周边摆放着张裕葡萄酒瓶的装饰。这张匠心独具的彩色广告，体现了张裕的文化内涵。

一个多世纪以前，当西洋横行的舰船与轰鸣的大炮打开中国门户之时，葡萄酒这种色泽殷红、口味酸涩的液体，曾一度引起人们的无限好奇。而100多年后的今天，当初的舶来品已经成为国人高尚饮食文化的一部分。正因如此，葡萄酒业已经成为目前中国最有市场前景的产业之一，

《小说月报》刊登张裕广告

而且在世界葡萄酒行业中占有一席之地。这无可厚非得归功于这位19世纪末中国最炙手可热的红顶商人、"中国葡萄酒之父"张弼士。

二、南洋兄弟香烟广告

南洋兄弟烟草公司是由广东南海人简照南、简玉阶兄弟于1905年在香港创办的中国最早、历史最长的民族烟草企业,是中国民族工业的先锋,也是中国最早的民族工业品牌之一。1909年更名为广东南洋兄弟烟草公司。1911年起,公司转亏为盈,业务不断发展。1916年在上海设立卷烟厂,接着又在全国主要城市及南洋群岛一带设立分支机构。1918年改组为南洋兄弟烟草股份有限公司,向北洋政府注册,额定资本为500万元,实收270万元,并将企业中心由香港移至上海。在此期间,公司最大的竞争者英美烟草公司曾3次企图吞并它而未果。

南洋烟草公司成立后,面对老牌的英美烟草公司,如何打开销路,占领市场?他们着实费了一番功夫,最后决定采用与粤剧、电影联姻的方式,先在岭南地区和东南亚一带打开市场销路,这是一种全新的广告招数。为了与英美烟草公司抗衡,南洋兄弟烟草公司在20世纪30年代初推出了其重头产品——"白金龙"牌香烟。

"白金龙"牌香烟

早在19世纪末和20世纪初,美国纸烟公司和英国的大英公司挟其雄厚资本,伴随着强大的武力为后盾,强势进入我国设立公司,建造厂房,利用我国低廉的劳动力,收购我国便宜的原料,进行生产和销售纸烟,逐渐占据了我国各地的烟草市场。1902年成立的英美烟公司,在成立后的十年中,工厂由一个扩充到四个,工人由百余人扩充到近万名,资本由10万元扩充到1000万元,超过了当时中国所有烟厂资本的7倍。1909年创办的南洋兄弟烟草公司正是在英美经济势力肆无忌惮地在我国发展时诞生的,到1915年的资本还只有100万元,不及英美烟公司的十分之一。但南洋兄弟烟草公司并不示弱,敢于挺身而出,提出了"提倡国货,挽回利权"的响亮口号,与强大的英美势力相抗衡。虽然屡遭英美千方百计地打击暗算,却始终不屈服,并最终立住了脚。

"白金龙"卷烟的历史可谓源远流长,早在南洋公司创建伊始即开始生产,南洋公司用"龙"这个中华民族象征的图腾来作为自己的品牌,称得上是中国民族烟草工业最古老的牌号。"饭后一支烟,快活赛神仙"这条"白金龙"香烟的广告语曾风行天下。但由于洋烟长期霸占中国市场,国产烟要想打开市场还较为困难,南洋公司于是想借名人效应,来宣传和推销自己的产品。

当时的影视明星无疑最受大众欢迎,为了在江浙一带打响"白金龙"香烟的品牌,南洋兄弟烟草公司在上海得知杭州老艺人杜宝林的说唱艺术一直深受老百姓的欢迎。这位被当时和后人称为"一代笑星"和"第一笑嘴"的喜剧演员答应出面为"白金龙"香烟做宣传,双方签订合约。第二天,杜宝林就在演出中巧妙地把话题扯到吸烟上,利用自己的口才,对洋烟大加贬低,却力捧"白金龙"香烟的好处。他说:"诸位,最划不来的是吸香烟。香烟的味道,又苦又有毒,吃上了瘾,戒也戒不掉……"但话锋一转,又接下去说:"戒烟不容易,有人对我说,他戒了多次也没有戒掉,弄得自己比死还要难过,怎么办呢?我说办法只有一个,因为香烟中的尼古丁害人,外国香烟尼古丁最多,千万不能吸。我调查了一下,只有国产烟,尤其是南洋兄弟烟草公司出产的白金龙香烟尼古丁最少,如果你真的戒不掉,那么就吸白金龙香烟,最为安全……"这一宣传使"白金龙"香烟身价大增,名声大噪,很快在市场上独领风骚。

其后不久,南洋公司又在广东请著名粤剧艺人薛觉先帮忙宣传"白金龙"香烟,薛觉先为支持南洋公司增加产品与外国烟的竞争力,与编剧一起改编了以南洋公司产品"白金龙"香烟命名的《白金龙》粤剧。粤剧是岭南戏剧的主要剧种,流行于两广和港澳地区,在东南亚和欧美华侨聚居区也很有影响力,和岭南画派、广东音乐并称为"岭南三秀"。20世纪二三十年代,粤剧进入鼎盛时期,出现了粤剧五大流派,即薛觉先的薛腔、马师曾的马腔、白驹荣的白腔、廖侠怀的廖腔以及桂名扬的桂腔。艺术名家众多,表演流派纷呈。1930年

第六章 新式创意广告

"粤商文化"丛书

粤商好儒

《白金龙》首场演出时,舞台大幕上绣着"观白金龙名剧,吸白金龙香烟"的广告词,南洋兄弟烟草公司还专门派人到剧场向观众免费赠送"白金龙"牌香烟。此剧持续上演一年,后来还灌制了唱片,并将其拍成了中国第一部粤语片《白金龙》电影,使"白金龙"香烟的知名度迅速提高,畅销到东南亚。国产香烟为此也销路大增,挫败了英美洋烟在华的垄断优势。

南洋兄弟烟草公司在20世纪30年代初推出了重头产品白金龙牌香烟,果断地决定采用粤剧这种土生土长的民间艺术形式来进行广告宣传。粤剧也成为全国地方剧种中最早进行商业宣传、参与商业广告的剧种之一。粤剧"薛派"泰斗薛觉先接下南洋兄弟烟草公司的邀请函后,废寝忘食地与编剧进行策划。他们根据美国电影《郡主与侍者》的情节,改编成以中国才子白金龙为主角的粤剧大戏。《郡主与侍者》原是描写美国男女青年追求个性解放的电影,薛觉先取其情节而舍其观念,按照中国传统戏曲才子佳人的恋爱方式及中国传统道德标准去包装演绎,颂扬青年男女间的纯洁爱情,迎合了中国观众的欣赏习惯与审美兴趣,薛觉先饰演剧中的男主角白金龙。

薛觉先的化妆剧照

粤剧《白金龙》戏中不仅出现了高雅的交谊舞、多姿多彩的集体舞、活泼的单人舞等舞蹈形式,还有打斗、魔术、催眠术等,开阔了观众的眼界,首次使用电吉他伴奏演唱,也尝试性地运用豪华欧洲风格室内陈设,极大地吸引了观众。

《白金龙》首演就轰动了穗港澳,剧院前人山人海,观者如潮。持续上演一年,常常座无虚席,备受欢迎。1932年,薛觉先移家上海开办南方影片公司,与天一影片公司合拍全国第一部有声粤语电影《白金龙》，他与妻子唐雪卿饰演影片中的男女主角。《白金龙》开创了粤语片的潮流，也开创了中国电影从无声进入有声的新时代，更扩大了白金龙牌香烟的影响力。影片《白金龙》打破了广东、东南亚、欧美唐人街所有的票房纪录。天一影片公司的创立者邵仁枚、邵逸夫兄弟正是凭着这部《白金龙》，开创了邵氏娱乐王国的基业。

南洋兄弟烟草公司为了宣传自己的品牌，除了利用粤剧《白金龙》的效应来宣传之外，还利用老百姓喜闻乐见的方式做宣传，产生奇妙的效果。南洋兄弟烟草公司声誉鹊起，"白金龙"香烟销量飙升，不但行销到全国僻远地区，还畅销东南亚。"白金龙"借助人们崇拜影视名人权威的心理，提高了产品知名度，成功地达到了行销的目，很快在市场上独领风骚。

英美烟公司对此举大为眼红，他们以不断改换和增加香烟品牌的办法与南洋公司竞争。英美烟公司甚至以其资本雄厚为支柱，进行不正当的竞争，他们派人到各地收买南洋兄弟的香烟，然后故意储存到发霉时再进行抛售，并唆使烟贩去找南洋公司更换；甚至还用重金收买南洋公司在雅加达的仓库保管员，唆使他有意把南洋烟搁置在仓库，待发霉后再发货。1931年7月间，在汉口，英美公司见南洋公司10支装"白金龙"香烟销量日大，又暗中采用"偷梁换柱"的手法，将劣质香烟换入"白金龙"烟的小包里，试图以此破坏该烟在消费者中的形象。南洋公司于是在包装上进行改造，即在小包两头加横条封口，使其不能任意拆封偷换烟支；同时向社会散发传单，揭露英美烟公司的卑劣行为，号召大家不要上当受骗。

南洋公司还重视不断提高产品质量，改善经营管理与推销方式，使自己的产品由中国南部逐步推广到长江以北的广大地区，成为我国规模最大的自办香烟制造业的第一家。他们面对英美烟公司独占中国市场的野心，出于提倡国货的爱国之心，在全国人民的爱国热情支持下，与之展开了数十年针锋相对的斗争，虽然历经险阻，但终立于不败之地，为我国卷烟工业的发展奠定了良好的基础，在中国工业史上占有重要的地位。

南洋兄弟烟草公司在面对强劲的竞争对手时，充分利用中华文化的智慧，将商业营销和戏剧、电影等文化产业进行了有机的结合，再度展现了粤商将商业与文化协调融合的经营理念。事实证明，这一营销策略是成功的。

这一手法，也为其他粤商沿袭。邀请电影女明星作产品代言人，在今天已司空见惯。这一举措在20世纪初，粤商已创造性地利用此打造自己的产品。1934年，冠生园在上海大世

第六章　新式创意广告

界举办盛大的月饼展销会，特邀著名女影星胡蝶到场剪彩，胡蝶满脸微笑地与冠生园特制的一个大月饼合影。展销会现场挂着的巨型横幅上写着"唯中国有此明星，唯冠生园有此月饼"。

1917年归国华侨邓凤墀等在广州创立广东兄弟树胶公司，生产胶鞋底，用"双飞箭"为商标再加"中国第一家"为标志，胶鞋底比布鞋底耐穿又防水，颇受市民欢迎，成为中国橡胶工业的先驱。1929年，总厂迁到上海，生产球鞋。为了与美国、日本的产品争夺中国市场，树胶公司邀请了主演过《野玫瑰》《渔光曲》的女明星王人美，作为球鞋产品代言人，取得了轰动效应，公司产品畅销几十个城市。

不仅如此，南洋烟草公司还利用当时的新式媒体做广告宣传，他们在《良友》画报上大做广告，积极宣传白金龙香烟。与张弼士一样，这个时候的广告不能单纯是文字的叙述，而且还必须配备精美的插图，做到图文并茂，以吸引人的眼球，南洋烟草公司在《良友》画报上的广告画与广告语是："美人可爱，香烟亦可爱，香烟而为国货则尤可爱。"广告配以清新娴静的画面：美丽的女主人公弯身为男主人公献烟，男主人公坐在沙发上，跷着二郎腿，一只手翻着书，一只手夹着烟，青烟袅袅，男女主人公都显得悠然自得，其乐融融。这则广告除了传达出南洋烟草公司倡导消费中国香烟外，最大的一个亮点就是通过一幅充满生活情趣的画面来表现"白金龙"香烟给人们带来的无限情趣。南洋烟草公司在《良友》画报连续刊登相同广告画面、尺寸的广告，逐渐加深读者对其的印象，进而由印象转化为消费行为，最终达到销售目的，有时又变换广告的插图与广告词。例如，在《良友》第10期封底的广告画则是一位高贵而自信的美女，并配之"独步一时，良烟如益友，须臾不可离"的广告词。从侧面反映了香烟是社会交际的工具。

三、异彩纷呈的广告创意

利用最新式的媒体为推销商品做广告，已经成为今日各大生产制造商和营销商家的重要法宝，因此，不管你愿意与否，只要你打开报章、电视、甚至互联网等，各类商家的广告都会扑面而来。而在电子媒体尚未普及之前，报纸无疑是最大众化的宣传媒体。粤商自然不会利用这一具有传播信息与文化的新式媒体，来达到自己的推销盈利目的。

利用报纸进行公告宣传，自然要有一番精心的策划与设计，否则难以收到预期的广告效益，从此也可以看出粤商对中国传统文化具有良好的底蕴。在中国历史上，"济公"是一位传奇式的人物,他不仅扶弱抑强,而且救病济众,是一位大江南北妇孺皆知的大和尚。广州何济公制药厂就有意效法"济公"普济众生的愿望,其创始人何福庆因而以"何济公"名之。同时,由于"何济公"谐音为"活济公",故在长江南北一带出现了广东有个"活济公"的传说,使"何济公"其名不胫而走。

广州何济公药行成立于1938年,生产"灭痛散",后改名为"止痛散",主治解热止痛。因何济公的粤语谐音为"活济公",产品很快就风靡大江南北。

何济公创始人何福庆深深懂得广告对企业的重要。他曾说:"我卖田卖地都要卖(做)广告",他不但将过去能买几十亩地的积蓄拿来做广告,甚至连仅有的二亩祖田都卖掉拿来做宣传广告。

为了做广告,他开设五大办事处,广招一、二、三等广告推销员,分区划片包干广告推销业务。何福庆本人除亲力亲为做广告外,有时还跟踪明察暗访广告的效果,同时大摆筵席慰劳推销员。

"何济公"的广告形式多样,也不断翻新花样,如用报纸宣传、贴街招、写墙壁、放电影、"邮办"广告、挂广告布幕、穿"济公"戏服敲锣打鼓,扛彩旗随街游行等。其广告手法也屡出奇招。

何福庆在长期的广告战中,了解了受众的心理,因而在广告宣传上,也屡出新招。1946年的一天,武汉的《新湖北日报》在头版显要位置,登出一幅"广东飞来何济公"字样的广告,令人莫名其妙;第二天又登出"止痛唔使(不用)五分钟"的字样,更让人丈二和尚摸不着头脑;第三天才解开谜底,说明是广东何济公药行制造的灭痛散,由留美医药博士发明,行销海内外,刚用飞机运到武汉。这一广告成了武汉三镇人们街头巷尾议论的焦点,收到了轰动效应。

利用学堂的学生做广告,也是何福庆的一出新招。一次,有个学堂的学生因无钱读书,就逃课跑到何济公药厂求职,何福庆知道原委后,立即找来这位生活困难的学生,询问其是否仍想继续读书?他得到学生的肯定回答后,就叫这位同学白天继续到学校上学,夜晚则在人流较多的地方,为他的药行做3小时的马路广告。条件是这位同学只要在马路人流经过的闹市处唱歌即可。当然,歌词是有规定的内容,这就是:"何济公,何济公,止痛唔使五分钟""发烧发热唔使怕,何济公止痛散顶呱呱"。这一招果然奏效,吸引了不少人留步观看,自然也就将何济公的产品宣传了出去。

第六章 新式创意广告

粤商好儒

"川贝枇杷露"糖浆至今仍是人们润肺镇咳的重要药剂。他的生产商就是广州老字号潘高寿。光绪年间,广东开平人潘百世、潘应世兄弟在广州开设了一家前店后场式的"长春洞"药铺,前店卖药,后场制丸,主要生产中药蜡丸。潘氏兄弟于20年代初先后去世。药铺由潘百世之子潘逸流、潘应世之子潘楚持共同经营。没多久潘逸流、潘楚持又相继离去,转营他业。药铺由潘百世的四子潘郁生出任司理,潘郁生刚接手经营,就爆发了广州起义。长春洞药铺毁于战火。潘氏改在西关十三行路豆栏上街设店,重新营业。

辛亥革命后,西医逐渐为人们所接受。这对于传统中成药的一统天下,无疑是一大冲击,那些药效平平的中成药铺就更是惨淡经营,长春洞潘高寿蜡丸营业额也因此一落千丈。潘郁生意识到再死撑一味蜡丸业,将难以持久经营,只有另辟路径才能立于不败之地。求变与求新的唯一选择就是把中西医结合起来,开发新的药剂。他看到南方气候炎热多雨,有

民国广州街道中的药铺招牌

时乍暖乍寒的天气,使得人们容易患感冒咳嗽,但市面销售的枇杷露多是独味单方,治咳疗效不显著,于是他将具有润肺镇咳作用的川贝母和有祛痰作用的桔梗与枇杷叶一起熬炼,为消除病人怕吃苦药的心理,还在药液中加上香料和糖浆,将汤剂改为糖浆剂。为了使该剂能耐久存放,他又吸取了西药制剂的方法,加进了苯甲酸等作防腐剂。新药制成后,定名为"潘高寿川贝枇杷露"。

潘郁生为扩大宣传，以父亲潘百世的真像和自己的画像为商标，并特意在自己的像旁注明潘四俶创制（潘郁生又名潘四俶），印成精致的包装盒，使人容易辨认。为了推广新产品，他也通过报章大加宣传，不过，与众不同的是，他不是做专门的广告，而是经常在报纸上发表一些奇谈怪论的文章，引起社会人士注意，使潘高寿川贝枇杷露声名鹊起，几年间便成为家喻户晓的治咳药，并行销穗港澳及台湾等地。

随着潘高寿川贝枇杷露在市场的走俏，1929年，潘郁生正式竖立潘高寿药行的招牌，专营枇杷露，兼营蜡丸。由于潘高寿川贝枇杷露畅销，不少药铺也纷纷仿制，为此，潘郁生曾在香港与诚济堂打了一场官司。事情的起因是诚济堂在香港的各大报纸上卖川贝枇杷露广告，潘郁生一向以创制川枇杷露自居，见此情况，十分气愤，于是以"一二三四五六七，忠孝仁爱礼义廉"为题，在报章上撰文嘲笑诚济堂"忘八"（王八）"无耻"，寓意其川贝露是冒牌货。诚济堂的人见文后，到法院告潘郁生，因为诚济堂的川贝枇杷露在香港政府中有注册，故此法院判潘郁生以影射他人冒牌而败诉。于是，潘郁生又在川贝枇杷露的包装盒上印上"劝人莫冒潘高寿，留些善果子孙收"以泄愤。

先施公司也非常重视广告宣传。1918年8月创办了《先施公司日报》，首开公司自主办报的先河，报道公司的各类商品销售信息，刊登公司有奖销售的预告。同时，还刊登漫画、小说、诗歌，成为雅俗共赏的精神产品，是市

广告林立的广州商行

第六章 新式创意广告

"粤商文化"丛书
粤商好儒

民了解商品信息和时尚的一个窗口。

1918年，广东南海人冼冠生在上海创建冠生园食品公司，经营糖果、蜜饯、糕点、肉脯、罐头等食品，因经营得法，产品对路，营业额不断上升。1923年改组为股份有限公司，生意越做越大。1931年在上海漕河泾镇购地40亩，开设新厂，购置最新制造果品的机器设备，开设农场和养殖场，竭力打造自己的品牌。1931年"九一八"事变爆发，10月4日，冠生园在《申报》上刊登了标题为"冠生园在抗日运动中"的整版广告，倡导抵制日货、使用国货的运动，"敬以国货糖果、饼干供国人需用"。

冠生园还邀请了当时上海著名的画家，创作了不少很有特色的月份牌广告，印制非常精美，作为赠品附送购买冠生园产品的顾客。冠生园借助广告名声大振，各类以"生"字为商标的特色食品，牢固地占领了食品销售市场。

四、"俭德社"的公益广告

潮州人善于经商，至今仍令人刮目相看。清末民初徐珂在《清稗类钞》农商类中，专列"潮人经商"条曰："潮人善经商，窭空之子只身出洋，皮枕毡衾以外无长物，受雇数年，稍稍谋独立之业，再越数年，几无一不做海外巨商矣。"这里的"出洋"，我们既可理解是今天意义上的出国经商，也可理解成潮人离开本土、漂洋过海到祖国沿海或内地投资经商。上海就是潮州商人重要的大本营之一。潮州商人精明能干、擅于计较的商业作风，被上海人称作"潮州门槛"。这或许反映两个问题，一是潮州商人在上海商界确实有一套经营理念与实践，另一就是潮州商人在上海人数的可观。这两点从潮州会馆在上海的修建可得到印证。潮州商帮在上海的商业活动多种多样，仅以经营潮糖为例，在上海经营潮糖杂货的潮商就约900家商号，人数3000人以上，著名的商号有：振生（老板为郑焯云）、黄云记（黄笠云）、鸿昌（林少卿）、和丰祥（林英谦）、通安（柳志纯）、许省记（许祥仁）、裕盛源（林慧波）、集大（蔡子植）、南丰（张奋可）、南泰（蔡秉滋）、谢壁记（谢克琳）、庆丰（蔡孟臣、林俊庵）、裕昌隆（蔡碧初、陈怡生）、诚昌号（郑秉东）、郭乾泰（郭协辅）、元兴铨记（廖石泉）、聚安成记（郭明瀚）、信元行（黄士毅）、仁信（谢立威）、利长庄（谢基琼）、德友祥（李仰东）。

1934年12月，旅沪潮州商人组织了一个称为"俭德社"的团体。顾名思义，该团体将倡导以勤俭为美德，反对各项副业和婚丧庆吊的"繁文缛节，徒事虚糜""豪阔奢华"风气。该团体为此制定了公约，发布了广告，印发了《入社志愿书》，广泛征集同乡入会。

俭德社社址设于上海法租界公馆马路（今金陵东路）昇平里33号。该社制有一种宣传广告，即在一张16开纸的4个角上分别印有标语，中间直书二行对联式的格言，4个角上的标语分别为：右上角为"提倡俭德"、右下角为"改良陋俗"、左上角为"崇尚节约"、左下角为"力戒浮华"。中间直书的二行对联式格言为："一粥一饭当思来之不易，半丝半缕恒念物力维艰。"以上四条标语表明了俭德社的任务，直书的格言是来自《朱子家训》，又称《治家格言》，属于传统儒家伦理读本，也是广大群众所容易接受的话语。

出口的广彩

俭德社在成立《缘起》中指出：我国"文化落后，吾人不能袭其自强不息之精神，仅受世界物质文明之荼害。骄奢淫逸，穷奢极欲，以致贪污、暴戾、堕落、放纵，各种病态，不一而足，社会日趋虚伪，民族渐形颓废，内忧洊至，外侮频仍，民气萎靡，国将不国！欲图振作，自非彻底湔雪已往恶习，积极更始奋发不可"。这段话十分明确地说出了组织"俭德社"是为了力图通过革除"恶习"，振作民族精神。《缘起》中还说："我潮古朴之乡，民风淳厚；然因习尚所趋，亦不免随欲俯仰，而尤以旅外同乡为甚。豪阔奢华，相因成例；盖气居体养，环境之移人者至矩。"潮汕一带本来民风淳朴，但近代以来受海外文化影响，有所变化，而旅外同乡大都是工商业者，在消费观念上受环境熏陶，难免染有奢华风气。潮州旅沪同乡会组织俭德社"拟以团体之力量，为风气之推移"。在旅沪同乡中提

清末潮州金漆木雕神亭

第六章 新式创意广告　167

"粤商文化"丛书
粤商好儒

倡俭德,"由浅入深,由近及远",逐步推向全社会。

至于潮州旅沪同乡会主张"恢复其固有之俭德.为民族复兴之先声",反映出潮州旅沪同乡会传统文化意识仍占主导地位,这与孙中山在民族主义演讲中强调的"我们今天要恢复民族的地位,便先要恢复民族的精神"主张一致。孙中山认为:"中国从前能够达到很强盛的地位,不是一个原因做成的。大凡一个国家所以能够强盛的缘故,起初的时候都是由于武力发展,继之以种种文化的发扬,便能成功。但只要维持民族和国家的长久地位,还有道德问题,有了很好的道德,国家才能长治久安。……所以穷本极源,我们要恢复民族的地位,除了大家联合起来做成一个国族团体以外,就要把固有的旧道德先恢复起来。有了固有的道德,然后固有的民族地位才可以图恢复。"

孙中山的说法虽过分强调了传统道德的作用,但至少发现了传统道德中精华成分,这对当时的中国来说,无疑是具有积极意义的。潮州旅沪同乡会对孙中山的说法,给予了行动上的支持,从自身做起,然后由近及远地推广。这种立足于桑梓,着眼于中华,勇于实践、探索的精神值得肯定。

俭德社订立的约章全称为《潮州旅沪同乡会俭德社约章》,计3章11条。均用文字的形式向社会传播,倡导以勤俭为美德,强调"本社以提倡俭德、改善陋俗为宗旨",规定"凡旅外潮籍同乡不拘性别,年满20岁者均得加入为本社社员"。社员入社时,须填写入社志愿书,愿意遵照俭德社的公约,"切实履行并宣传劝导,以资推广"。

"公约"的内容涉及婚嫁、寿庆、诞育、吊丧、宴会等,涉及民众家庭生活的方方面面。这些公约主要是针对当时社会追求奢华豪阔风气的约束,以婚姻而言,举办婚庆仪式一直是中国传统最注重的仪式之一;但不应过分追求豪阔奢华,公约规定婚姻的聘金、妆奁确实不可少,但要"不议聘金多寡,不计妆奁丰啬",只要"妆奁应切合实用,以国产为主"。很明显,潮州商人还有支持国货的爱国行为,结婚新郎和新娘的"礼服应用国货"。亲朋好友若要送喜庆钱,"贺仪限送中元至一元,其有特别情形者,至多不得超过二元"。婚姻当事人双方家庭,若要回赠礼品,也要"购赠实用物品者,以国货为限,其价值不得超过中元一元,特殊情况下不得超过二元"。

"公约"还规定:"结婚礼堂布置务求简朴,如需假座,双方宜合设一处";要求对"一切无谓仪仗"予以废除,甚至反对大摆酒席,"不得设筵款客,唯可酌备茶点"。号召人们祝贺要守时,"贺客观礼须确守通知之时间",并对传统社会流传的"闹新房"习俗加以废止。

俭德社在"公约"中对婚礼仪式的种种规定，反映了之前可能流行的习俗是铺张浪费，因而这些规定的出台，对会员会有相当的限制力，可以有效地制止互相攀比之风，推行讲究实惠的新风尚。潮州旅沪同乡多数是中小工商业者和一部分文化界人士，因而婚事新办，节俭实惠，不仅可以解决婚姻当事人双方的经济压力，而且对整个社会风俗来说，也可以起到一定的移风易俗效果。这无疑具有重要的社会意义。

"公约"中对新生儿的到来，其报喜也有规定："凡诞育子女，如欲发红蛋报喜，以至亲好友为限，惟每份不得过十二枚。"而亲友"贺仪限送中元至一元，其有特别情形者，至多不得超过二元"，而且给新生儿赠送的礼品，也"不得致赠不切实用之无谓补品"。在孩子满月时，"不得设筵款客"。中国传统民间习俗，生孩子一般会向亲友送红蛋报喜，有些人甚至借此机会大筵宾客，向来宾收贺礼，形成铺张浪费，花费许多不必要的人力物力，以至生活贫困的至亲友好不堪经济负担。俭德社并非完全废除送红蛋报喜的喜庆风俗，而是限制主客双方的经济负担，这些改良事宜对多数家庭有利。

中国传统文化既重生又重死，有时候丧事会大操大办，铺张浪费很严重。"公约"中规定："讣告不得滥发，以亲友姻戚为限"，"祭堂丧帏须力求朴素"，"废除一切无谓仪式（如倩人举哀，陈列街牌等等）"。假如丧家有宗教信仰，"须讽经营斋者，以一日为限"。如果亲友对逝者感情浓厚，需要举办"公祭者，其费用由发起人负担"，而且所有的"祭品须用国产"。出殡时"废除一切仪仗执事等无谓排场"，同时还明确规定"废除路祭"。中国传统的丧吊往往以铺张为荣，而且整个过程中的繁文缛节也相当繁杂。俭德社的上述条文，对传统的丧吊仪式进行了改革，这一做法对家庭、社会和国家都有好处。

中国人在迎来送往中很注重以酒食招待的风气，在此之中逐渐建立起感情。但这种以宴会待客之道，有时会给主人带来经济压力，"公约"为此规定："如欲款飨待客，或以特别事故请客者，每桌席资不得超过1元。"并再次强调时间的观念，"宴会须严守时间，逾时10分钟即行开席，迟到一概不候，主人逾10分钟后不到，宾客可自由离散。"与此同时，"宴会所需各种酒菜烟茶糖果等食物，均须用国产"。甚至连宴会用多少菜也有规定："普通宴会如家庭聚餐，过节请客，用以联络情感者，菜色以六味为度，至多亦不得过十味。"俭德社关于宴会的改革，不仅可大量节约金钱，而且可节约时间。

"公约"还对拜年送礼等，也有规定："废除拜年拜节，贺年可酌用贺柬"；"废除互送年节礼"；"迁居不得送礼"。拜年送礼有时关键是相互攀比，俭德社的主张无疑有益于改进

"粤商文化"丛书
粤商好儒

社会风气，也有助于减少官场的腐败。

俭德社提出节俭的目的何在？这一点在"公约"中有所说明："无论喜庆丧吊，其当事者欲为其尊亲或其他特定人永留纪念者，可酌提依本公约限制下俭约，所余之款若干，捐助学校、医院等公益慈善机构，以种福田而益社会。"显然，俭德社将节约与社会公益事业联系起来。节俭不仅有益于个人、家庭，有益于社会风气改良，而且其节约的余款可直接捐助社会公益事业。这一新颖的主张，凸显了潮州商人关爱社会的公德之心。

为了让会员尽快进入节约的环节，俭德社还直接为会员提供各种需要的物品，仅按成本发售给会员，从而将规定和行动结合起来，"本社用国产纸料，制备各种婚丧、庆吊之帖式封套、通告等，照本发售。社员可自由选购，并可承托定制"。这就为社员提供了节约之门径，

清末出口的茶具

充分发挥了团体在社会管理中的作用。

俭德社约章后有"附则"两条，说明"本约章由潮州旅沪同乡会常委会议议订提交执监委会议通过推行"；"本约章有未尽善事宜或因时势需要，得随时由潮州旅沪同乡会常委会议增删修订，提经执监委会议核准修正之"。这体现了该约章的制定和执行的民主精神。俭德社在入社志愿书中明确说明，"公约"所规定的内容仅仅是提倡，而不是强制，违背者将受到良心的制裁，"倘有违背，愿受良心道德最严重之制裁"。这一声明也表明俭德社仅仅是一个民间

的团体组织，试图通过提倡，向会员灌输自我觉醒、自我约束的道德意识。当然，社员如违约，也会受到同乡舆论的谴责，也是一种社会的制约，对改变社会风气多少会产生影响。

五、百货公司的"洋玩意"

现在广州的标志性建筑，大约要数天河的中信广场和小蛮腰广州塔了。但在改革开放之前，广州首选的标志性建筑则是南方大厦，"不到南方大厦，就不算到过广州"，是当时十分流行的说法，"请你去南方大厦九楼饮茶"，曾经是当时广州最时尚的请客方式。而南方大厦的前身，就是民国初年的大新公司。

大新公司的创始人——蔡昌，今广东珠海市人。出生于贫苦农民家庭，童年时曾替人放牛，只读过3年私塾，光绪十七年（1891）随兄蔡兴到澳洲悉尼谋生。蔡昌到悉尼后，起初在市郊开辟园地种植蔬菜、水果。后来在城内开设一间小商店，经营百货与水果。经过几年的拼搏，他积累了一定的资金。

1899年蔡昌回到香港谋求发展。因他的哥哥蔡兴是先施公司最初8个股东之一。所以他先进入先施公司工作，结果在先施公司一干就长达10年之久。在先施公司期间，蔡昌通过虚心学习掌握了先施公司的运作模式，留心先施公司运作的每一步，遂决定独立开设百货公司。

蔡昌兄弟俩人在港穗华侨及商界中募集资金400万港元，随后在香港创办了大新公司。1912年大新公司在香港开业，英文名为"THE SUN"，寓"旭日初升，大展新猷"之意，并以"旭日"为商标，"大新"的命名取"大展新猷"，英文名"大新"则是"The Sun"的粤语谐音。由蔡昌任经理。蔡昌必事躬亲，每日四点就起床安排工作，大新公司不久就在香港站稳了脚跟。在香港站稳脚跟后，大新公司也到广州寻求发展。1914年，蔡昌等人在惠爱街（今中山五路）与双门底（今北京路）的十字街口兴建了"城内大新公司"，这是现在的新大新公司的前身。1918年，大新公司募集40万港元，再在广州西堤开设"城外大新公司"，作为香港总公司的分店，这就是后来广州南方大厦的前身。

大新公司最显著的特点就是"新"，而且是大大的新，不断追求营销模式等方面的创新与发展。广州"城外大新公司"楼高9层，是20世纪20年代广州的最高建筑。公司选址可谓占尽地利，广州西堤一带历来是商贸通衢，十三行即位居于此。大新的建筑和设施在当时十分引人注目，1层至7层是百货公司、8层至9层及天台则为游乐场所。大新公司自置

"粤商文化"丛书
粤商好儒

民国初年坐落在广州西堤的大新公司

供水、发电等设备，还设有4部电梯接载客人，这在当时的国内商界十分罕见，成为当时广州最受欢迎的购物及娱乐中心。同时还在大厦的东侧专门修筑了一条汽车通道，以便于小汽车可以盘旋而上，开至顶层。这种豪华气派的设施一时成为广州新闻，在社会上广为传播。

"城外大新"与"城内大新"虽然同为百货公司，但经营项目不同，实行错位发展。具体而言，西堤店主要是经营百货零售兼营亚洲酒店、觉天酒家、天台游乐场、西餐厅、理发室、照相处及验光配镜等业务；惠爱分店则是开展百货零售业务，同时兼营天台游乐场、酒业部、饮冰室、浴室等。天台游乐场的收费标准为每人1毫，深得民众喜爱，游人如鲫，热闹非凡。

自大新公司在广州开业以来，"游公司"已经成为广州百姓最时髦的口头语。大新公司在广州民众和商业时尚之间架起了一座重要的桥梁，通过大新公司的现代化设施和服务，广州市民逐渐接触到现代企业文化，对现代商业经营模式的认识不断加深。

为了扩大公司的影响力，大新公司在各大报纸上打出开业周年纪念的广告，赠送名牌香皂，以酬答老顾客，并借此广告来吸引新顾客的光临。广告还说：凭当天购货发票，每满若干元则赠送大新香皂一块，多购多赠。

1938年广州沦陷前夕，大新被暴徒洗劫一空。广州沦陷期间，大新又遭焚毁，货物和设备均荡然无存。"抗战"胜利后，大新虽曾一度谋求复业，但终因资金难筹而化为泡影。中华人民共和国成立后，政府开始谋划恢复大新公司。1952年，通过政府拨款，在广州西堤的大新公司旧址重建12层的商业大厦——南方大厦。1954年国庆节，大新正式复业，成为当时广州市的标志性建筑。而惠爱路的大新公司在1951年被改为广州市百货公司第五门市部，是广州首家国营百货零售企业，后来将原有的5层高房屋清拆，重建为16层高的商业大厦，并于1989年改名为"新大新"。大新公司长期引领广州百货行业的发展潮流，对于现代商业理念的推广做出了重大贡献。

香港和广州的大新公司获得成功以后，更激励了蔡昌的创业热情。他把目光转向全国经济中心的上海，积极筹划开设上海大新公司。

经数度审慎考虑，蔡昌遣手下人员到上海探听商情，搜集信息，经缜密调查后，蔡昌拟定实施计划。1934年招募股金600万元，其中100万元是广州大新公司拨款先行占股的，随后亲至上海筹备一切业务。他曾在闹市街口南京路一带观察市情，一连数天自早到夜，用豆粒在袋中计数，观测行人及各种车辆往来的流量，并预测今后热闹繁华地区发展的前景，

第六章　新式创意广告

"粤商文化"丛书
粤商好儒

然后择定西藏路、南京路、劳合路（今六合路）交汇处为设店地点（即今上海市第一百货商店所在地）建设百货大楼。

上海的大新公司占地36000平方米的一座综合性商业大厦，高10层，1～4楼是百货，5楼是酒家和舞厅，6～10层为游乐场；另外，还设有屋顶花园并首创地下商场，内设廉价商品部。鉴于上海对新式百货商店的需要，大新努力建立全方位的购物天堂。不仅外部宏伟壮丽，而且室内设施新潮，铺面商场装有电动扶梯，连贯直达3楼。这是大新首创，远东绝无仅有，轰动一时。顾客只需立足其上，即能随梯上下，稳妥迅速；商场各个楼面都装有冷暖气管，可随时调节室内温度。"冬无严寒，夏无酷热，颇有八节常春之象。"所有这些在当时都是国内首创，因此吸引了不少顾客前来参观购物。

蔡昌给公司取名"大新"，本身就包含有"更大、更新"之意。因此，大新公司虽开设最晚，但营业额很快成为当时各大百货公司之首，资本总额一度跃居中国百货业第一位。

1936年1月10日，上海大新公司正式开张，地下室及一、二、三楼为百货商场，面积达1.7万多平方米，为全国百货商业之冠。商品琳琅满目，摆设新颖整齐，一目了然。营业员服式整齐划一，男着黑呢中山装（部长西服系领带），黑皮鞋，女着玫瑰色旗袍，食品及医药部外罩白大衣，一律胸佩商店编号襟章。商场全部清洁工作由清洁公司承包，做到一尘不染。室内设有电梯6部，其中一部专供运货之用。此外，又从美国沃的斯公司购得自动电气扶梯两座，每小时可供4000人上下，顾客购物可免上下楼梯拥挤之虞。在当时引起了广大市民的好奇心，皆以能捷足一试为快。

大新公司开业时，当时上海其他各大百货公司和一般百货商店，都有讨价还价和常年大减价（即一年四季都在举行大减价）的习惯。顾客买卖，不还价又吃亏，还价则既麻烦又怕还得太高仍旧吃亏，同时对于常年举行的"大减价"抱有怀疑，而且见到家家店店常年的举行，亦失去兴趣，因此反觉得诸多不便。大新公司鉴于这些状况，在开业即树立"薄利多销""货不二价"的方针，不论何人购货（包括本公司经理职员及其亲友家属在内），都不减不折，明码实价，并要求全体职工严格恪守这一信条。即便在开业当天也不例外。

大新的这种对顾客忠诚、负责的做法，使顾客感到耳目一新，大感便利，纷纷前来购物。时人对大新公司的这种做法也大加赞赏，"大新公司素来以不二价，诚实无欺，来做营业的基本原则。我们看到他们在香港、广州的营业事业是如此，而现在上海大新公司的开幕宣言中，又是很确定的写出坚守不二价真谛的字句，这是使我们很觉欣慰的！"

当然，蔡昌之所以能获得成功，绝不是盲目上马，而是胸有成竹，谋定后动。他手中有三大法宝：一是努力创新。规模大，设备新，经营理念新。自动传送电梯在今日早已司空见惯，但在当年则是上海第一、中国第一、亚洲第一。其游乐场布置也颇费了一番脑筋，内设天台16景，同时开辟京剧、话剧、电影、滑稽、魔术等节目演出。上海人很喜欢赶时髦、凑热闹，大新公司的创新瞄准了上海人的心理。难怪大新开张初期，顾客十之七八是为见识自动传送电梯而来的。二是错位竞争。在经营特点上，先施、永安所销售的外国货比例较高，尤其是永安，物美价昂，走的是高端路线。大新博采众长，错位竞争，昂贵的洋货不放弃，面向普罗大众的商品也兼顾，特地在地下商场开辟廉价商品部，以招徕广大顾客。三是依托香港。蔡昌在香港有丰厚的资产，广泛的人脉，在资金方面可以济上海之急。事实上，大新开张以后，先施、永安等曾联手对其挤压，蔡昌就是靠其香港的关系平安过渡的。

新新公司也是上海的老字号。新新公司由粤籍华侨刘锡基、李敏周共同创建，从中国最早的百货公司先施公司分离而来。上海先施公司开业后的第五年，公司股东内部之间产生了矛盾，经理刘锡基与部分高级职员决定集资50万元，重新开办一家中型百货公司。南洋兄弟烟草公司的总经理简照南得知此事，表示愿意支持以开办成大型百货公司。简照南突然病故后，刘锡基等人千方百计筹集资金，通过广东银行总经理筹集资金300万元，其中华侨资金占60%。刘锡基等人选定先施公司西侧至贵州路之间的地皮作为兴建公司的用地。该地块总面积共5.33亩，原属哈同洋行所有。当年哈同洋行租给永安公司时租金只有每年5万两，但由于数年之间上海地价飞涨，哈同洋行向刘锡基等人索要的租金已经高达每年8万两。为了租下这块地皮，刘锡基不得不数次招股筹资。

粤商总是能充分利用现代化的传媒手段来招揽顾客。1925年，新新公司营业大楼竣工，1926年1月23日，大楼披红挂彩，敲锣打鼓地开张。在十里洋场的大上海，公司起了一个具有浓厚儒家文化气息的名字——新新公司。这个名字来源于《大学》，"汤之盘铭曰：苟日新，日日新，又日新"。新新公司由于资金规模有限而先天不足，在四大公司中居于末位。新新公司开业时，上海此时已有了粤商开办的先施、永安等大型百货公司，人们对百货公司已没有新鲜感。因此，新新公司要想站稳脚跟，必须在经营策略上有所创新，否则难以和其他百货公司抗衡。李敏周苦思冥想，终于想出了一个绝妙的主意。

这个主意就是在新新公司六楼设立了一个四壁皆为玻璃墙的"玻璃电台"，邀请当时名人邝赞做主持，1927年3月19日正式开播，成为上海第一座由中国人自己创办经营的播音电台。电台不仅播送新新公司开办的各类游艺活动、介绍公司经营的各类商品，还播放流行

第六章　新式创意广告

"粤商文化"丛书
粤商好儒

的唱片和戏曲。这一招果然奏效,吸引了大批顾客前来参观购物。新新公司在上海的南京路上获得了一席之地。

"玻璃电台"不但使购物顾客能够观看播音情况,满足好奇心,更可大力为新新公司和商品大做广告。同时,该公司首创在百货公司内开设理发厅,以及夏季冷气开放,科技、技术理性的"魔力"吸引了众多喜欢新奇的上海人前来,亦附设旅馆和储蓄保险业务,终于使得新新公司与先施、永安两家大型百货公司在南京路上形成了三强鼎立的局面。

新新公司一改先施、永安主要经营外国货的做法,打出"倡用国货"的旗号,将公司的经营宗旨定位在推销国货精品上,并且在中国注册,这也是第一家在中国注册的大型百货公司(永安、先施、大新都在香港注册)。同时,新新大胆打出"万货大商场"的牌子,以区别于永安、先施的百货公司。在公司的楼层布局上,新新公司汲取先施、永安的长处,避其不足,无论外形设计、内部布局都更美观、合理。公司底层为日用小百货和烟酒、南货商场,二层为绸缎、时装、鞋帽商场,三层为钟表、照相机商场,四层为粤菜馆,五层设新新茶室、新新旅馆、新新美发厅,六层设新都饭店、新都剧场。

新新公司力求带给消费者新的感觉,在其开幕活动上可谓新颖别致,惊喜不断,"门首高悬旗帜,遍扎鲜彩。楼下大扶梯旁,以丝绸扎成双龙,左右相对,中间悬一龙珠,形颇壮丽。双龙体内满储香水,展动机关,香水即由口内喷射",引得参观者纷纷拿出手帕、毛巾等吸取香水,并盛赞布置之奇巧特别。

在开幕式上,燃放爆竹长达半小时,并由华商烟公司赠送龙门牌香烟一包给前来参观者。此为南京路各大公司所未曾有过的,因此前来参观者人山人海,轰动一时。

同时,公司还首创夏季冷气开放的先例,成为第一家装有空调的百货商店。炎热的夏天,顾客到新新,不仅可以怡然购物,而且可以避免酷暑之炎热。吃喝玩乐一条龙的服务设施,也让顾客流连忘返,直到日落西山,暑气大消才满载而归。新新也正是通过推出这些极具吸引力的措施,生意逐渐兴隆起来,在南京路站稳了脚跟,并被美誉为当时最新型的、最完备的商店。

新新公司重视对经营策略的研究,经营方法推陈出新,不断采用新型营销手段,通过采用"猜豆得奖""当场摸奖"和"房屋奖券"等吸引公众的眼球,招徕顾客进店消费。新新公司在营销手段方面的发明创造,对于提高上海商业竞争水平,改变民众消费观念,从而促进近代商业文化的发展具有积极意义。

第七章
传播西方文化

"粤商文化"丛书
粤商好儒

广东自古以来就是我国海洋贸易的大省，官方开辟的海上丝绸之路最早从广东徐闻出发，浩浩荡荡的商船队驶向东南亚及西方各地，也同时吸引了西方的物质和文化源源不断地进入中国，有学者甚至认为佛教最早是通过海路传入岭南，然后再北上中原的。明清以来，随着地理大发现的完成，西方人通过海洋更加主动地向东方靠拢，广东得益于王朝国家的政策，成为明清两代中国与世界各国经济、文化交流的重要区域。在这一过程中，粤商得风气之先，也开风气之先，对西方文化进行了改造性的吸收，使西方文化中国化，使之更适合中国社会的需要，这本身也是一种物质和精神的双重制造。

一、广钟改变时间观念

"远看是洋货，近看是广货"，这是中国人对广东产品的最形象描述。至少自明清时期开始，"洋广货"已经成为士人书写和民间口语对广东商品流行的专用词汇，从中也可以看出广东制造带有的西洋风味。"广钟"就是由广东商人仿照洋货钟表制作，并流行于市场的代表。

中国古代的计时没有固定的模式，我们在影视剧中常见的漏沙、烧香，就是典型的古代计时之表现。而中国人以钟表来计时，最早大约在明朝万历年间，而且仅限于宫廷和上层社会中，由意大利的天主教传教士利玛窦从澳门经广东肇庆等地带到北京，最后进贡给万历皇帝，这种灵巧别致的西方自鸣钟表很快就引起了皇帝、后妃及王公大臣们的青睐。自此以后，这种由人工制造的机械钟表逐步由宫廷走进寻找百姓之家。

我国开始仿造制作机械钟表始于何时？史料无明文记载，而且这种仿造大概也要经历一段时间的摸索，但至少从清初开始，顺治皇帝就已经以钟表计时了。据雍正年间成书的《庭训格言》说："明朝末年，西洋人始至中国，作验时之日晷。初制一二时，明朝皇帝目以为宝而珍重之。顺治十年间，世祖皇帝得一小自鸣钟以验时刻，不离左右。"康熙帝每日也用自鸣钟安排自己的时间。康熙五十年（1711），他作《咏自鸣钟》云："法自西洋始，巧心授受知。轮行随刻转，表指按分移。绛帻休催晓，金钟预报时。清晨勤政务，数问奏章迟。"时人沈初说："诸臣趋值，各配表于带，以验晷刻。"这说明至少在清初，机械钟表已由奢侈品转变为实用性物品，这些钟表并非全部都是正宗进口的"洋货"，应该说其中有一部分是中国人仿造的钟表。其中的广钟就是指由广州制造的自鸣钟。能够在钟表的名称中镶嵌着广东的地域名，这就意味着广钟在当时中国社会所产生的巨大影响。乾隆以后，自鸣钟已经由从达官贵人向普通民众家庭发展，清人丁柔克曾说："今则商贾、奴隶，无不有表，且有多者。"

清代广州是我国进出口贸易的重要港口，尤其是乾隆二十二年（1757）朝廷规定只允许广州作为对西方贸易的唯一合法口岸，史称"一口通商"。截止到鸦片战争前，广州差不多保持了近百年的一口通商地位，成为全球航海贸易的中心城市。在中西方的贸易中，西洋钟表是较为珍贵的一种商品，清代宫廷中的许多西洋钟表多采购自广州口岸。特别喜爱钟表的乾隆皇帝曾多次要求广州官员为朝廷采办西洋钟表，而且对采办的钟表要求也近乎苛刻，甚至对不能将优等钟表进贡的官员加以处罚。因此，广州的采办官员总是竭力搜罗奇钟异表，以满足乾隆帝的欲望。

上有所好，下必效之。乾隆皇帝对西洋钟表的嗜好，他甚至还在圆明园的如意馆内专设了钟房，以便给西洋传教士们制作钟表，由此引起了中国上层社会富贵人家效仿

清代制作的广钟

的对象,从而掀起了一股"自鸣钟热"。富贵人家开始争购钟表并置于家中显眼的位置,既是一种居家的摆设,又可以显示自己的尊贵身份。中国社会对西洋钟表的大量需求,进一步刺激了广州钟表贸易的发展,钟表成为广州外贸的重要进口商品之一。在一口通商之前,广州已有西洋钟表的进口,但乾隆时期最为繁多,据乾隆五十六年(1791)粤海关报告,当年由粤海关进口的大小自鸣钟、时辰表等达1000多件,钟表进口税也成为粤海关的重要税收来源。时任两广总督和粤海关监督因进贡镀金座钟而受到皇帝表扬。清代广东地方官府每年都要进呈钟表,粤海关监督在正贡内还备办钟表,以满足清廷的需要。

也就是说,广州人凭借得天独厚的地理位置和特殊的海洋贸易优势,最早、最多接触到西洋机械自鸣钟及其制造技术。随着中西贸易的日趋频繁,西洋各式钟表通过广州口岸源源不断地被送往宫廷和达官贵人家中,民间社会也开始对钟表有了一定的需求。聪明的广州工匠于是开始学习来自西洋的制表技术,仿照进口西洋钟表制作"自鸣钟"。康熙时广州工匠已经掌握了制作钟表的技术。康熙、雍正、乾隆三朝,都有广州钟表匠在内廷工作。乾隆时期因广东钟表工匠进京服役较多,而被称为"南匠"。这些钟表工匠多由广东督抚挑选,技艺高者还可带家眷。当时一般的工匠每月钱粮四五两,广钟制作技术高超的人进京则可享有优厚待遇,给安家费高达八九两。18世纪后期,"广钟"生产已经具有相当大的规模,制作工艺也日趋成熟,与英国生产的钟表不相上下,且价格比英国钟表便宜,其在社会上的普及程度及使用范围也得以扩展。

清代广州工匠模仿西洋钟表制作工艺制造的广钟,其技术与海外无多大差别,这表明钟表制造已经国产化,而广州是最早的落地生根之处。广钟与后来的宫廷钟、苏钟在清代一并齐名天下。作为机械计时器,广钟在机械构造、造型设计、制作工艺上既模仿外国钟表,又融入了我国传统的工艺特点和艺术风格,以景泰蓝为钟壳装饰,从创意到设计都相当新颖奇特,中西合璧,且具有浓郁的中国南方风格,兼有计时、摆设和娱乐的功能。

所谓宫廷钟,是指清代皇帝在宫中特设内务府造办处,其中就有专门仿造西洋钟表的人员,以供宫廷御用。这些宫廷钟表大多摆放在宫中,清宫内的钟表及其他陈设在最盛时约有2万件,钟表在清代宫中几乎达到了须臾不可缺少的地步。所谓苏钟,则是指清代由南京仿造的西洋钟表,因为其在江苏地区较受欢迎,故称之为苏钟。

而在上述三大类的钟表中,广钟的造型大多为亭、台、楼、阁、塔等,钟壳大多是色彩鲜艳、光泽明亮的铜胎珐琅,钟壳的机械构造较复杂,除走时、报时、伴乐系统外,还附有变化多端的小玩意。既有模仿欧洲钟表的特点,又有自身的独到之处,既能准确计时,又能作为娱乐消遣工具，令人赏心悦目。雍正六年（1728），查抄明珠家总管安图时就有"乌木架自鸣钟四架"，其中两架是广东做的时钟。

清代广州本土的一些钟表作坊专为供应市场需求而制作，同时将一些精品上贡给朝廷。随着海外贸易的大规模展开，一方面有大量高质量的欧洲钟表进入广州，另一方面一些技术精湛的欧洲钟表匠也来到广州，这就使得广州工匠可以直接向外国钟表技术人员学习交流，使广钟的制作锦上添花。据汤开建等学者研究，在康熙开海前，广州人已经掌握了仿制西洋钟表的技术。康熙五十九年（1720），广东巡抚杨琳曾在奏折中称自己在广州找到了一名叫潘淳的钟表匠。潘淳原籍福建，住在广州经营钟表作坊，是"广钟"的生产者之一，能制造"法蓝时辰表"。另据广州《潘氏典堂族谱》记载，族人潘松轩擅长自鸣钟制造，且因此而"生计饶裕"。广钟不仅在广州市场上行销，而且还有"精品"制造向朝廷进贡。据乾隆《广州府志》记载："自鸣钟，本出西洋，以索转机，机激则鸣，昼夜十二时皆然。按：广人亦能为之，但未及西洋之精巧。"乾隆时，广东工匠已经能制造出结构复杂、造型艺术极具民族特色及装饰工艺华美的高质量广钟。1800年前后，广州制作的钟表已和伦敦一样好，但广钟价格只是进口西洋钟表的三分之一。北京故宫博物院的钟表收藏十分丰富，其中广钟在钟表藏品中数量位居第二，仅次于英国制造的钟表。广州博物馆也藏有清代广钟十余座，最具特色的一件藏品是乾隆年间制造的"铜镀金亭式转人转鸭自鸣钟"，上部是一个小亭，下部为

清代制作的广钟

"粤商文化"丛书
粤商好儒

罗马字钟盘，通体鎏金，每15分钟奏乐报时一次。乐声起，亭中人物回旋，小门自开，走出一个手捧"招财进宝"折子的小铜人，不仅做工精美，而且构思奇妙、技术精湛。

广钟的走时、报时功能改变了国人传统的计时方式和时间观念。古时没有机械钟表，除用水流计时外，民间也有用点香计量时间。烧香计时最早见于宋代的文献，虽精度不高，但简单易行，适合民间使用，一度十分流行。广钟的出现使得计时更为方便准确，再加上其具备伴乐功能，深受各界人士的喜爱。反过来，又进一步刺激了广钟生产行业的发展。据《红楼梦》所记，康熙时每个西洋钟表高达5000两，后来因进口增多以及广钟和苏钟的出现，大自鸣钟每个估银500两、中者200两、小的100两。广州制钟业以较低廉的价格和越来越好的质量争取买家，赢得市场。广钟的装饰风格往往洋味较重，这既是中西文化交流的结果，也是为了迎合人们以洋为贵的消费心理。

广钟的生产与行销，对人们的生活方式产生了重大影响。1872年，陈启沅在家乡开办的缫丝厂，其对缫丝厂的管理也有西方企业管理的味道。由于缫丝工人大多是本村或附近村庄招来的农家女，上岗前，必须经过严格的技术培训。缫丝厂规定女工上下班，必须严格按照时间进行，女工从上午6时到下午6时为工作时间，中间只有半小时的午餐时间，每周开工7天，上下班都以敲打铜钟为准，女工已经完全改变了过去田野劳作的随意性，必须按时上下班，实行计件工资制，刺激了女工的工作效率。除工资外，年终还对熟练的缫丝女工进行物质奖励。为了让女工能安心工作，他还专门雇请村中老妇为女工做饭，省却了女工做饭的时间，使她们有足够的精力投入下午的工作。

二、中西并蓄的画商

广东行商还把欧洲绘画诸如素描、水彩画、铜版面、肖像画等工艺成功地运用到中国的出口瓷器的彩绘上。他们在广州河南创办瓷器彩绘作坊，雇请一批画工和画匠学习西方的绘画艺术，并请西方艺术家给予指导，在景德镇运来的素胎瓷器上装饰欧洲的绘画，开炉烘染，制成彩瓷。这就是历史上有名的"广彩"。因瓷器彩绘作坊设在珠江南岸之河南，所以又称河南彩。嘉庆、道光间最为盛行。

清代从广州出口海外的瓷器，广彩最引人瞩目。所谓广彩，就是广州彩瓷的简称，源于明代广州民间绘瓷。清代西方珐琅制品传入广州后，西洋珐琅彩也在广州逐渐流行起来，绘瓷艺人开始大量采用珐琅彩颜料及其工艺在白胎瓷器上绘画，创造了驰名中外的广彩。广彩以人物、花鸟图案为主要内容，多仿照西洋画，有的也按照外商提供的样板加工制作。这些按照西方商人需要加工的图案，多由欧洲中世纪的城堡、教堂、花园风景、帆船以及人物、花鸟肖像等图案构成，形成了一套完整技艺。其笔法既有中国绘画传统风格，又有西洋画风采，充分展现中西合璧的特点。其中的佛像最受外商欢迎，"洋商喜购瓷佛，大小素彩，层出不穷"。19世纪，广彩已大量采用西红（金红）、法蓝（水清）、水绿、茄色（紫色）、湖水绿（鹤春）、牙白、二绿、双黄等，同时采用氧化铜、氧化钴等外国珐琅颜料，形成了颜色以薄、艳、亮见长的特色。

17世纪，茶叶、巧克力和咖啡先后传入欧洲。18世纪，西方人开始热衷于热饮，中国瓷器因此成为他们最喜爱的热饮器具。清代广东瓷器向海外销售的数量十分庞大，1744年9月，瑞典哥德堡号第三次抵达广州，这一次瑞典商人和十三行商人经过不断的讨价还价，终于招揽到大约700吨的货物，包括约370吨的茶叶、约100吨的瓷器（约50至70万件）、19箱丝绸、133吨锡、11.4吨良姜、3.4吨珍珠、2.3吨藤器和1.8吨胡椒等货物，于年底驶离广州港，沿着他们熟悉的海洋贸易路线，缓缓地向瑞典进发。1784年美国"中国皇后"号首航中国，就从广州购买了960余担瓷器贩运美国。

乾隆年间，广东商人为了满足国际市场的需要，专门到江西景德镇订造素身瓷器，即白瓷坯，运到设立在广州河南的加工场，再请广州的绘瓷手根据欧洲人的风俗习惯，并参考西洋画本，以西洋画法绘彩于白瓷坯胎上，加釉烧成三彩或五彩，制成精美的广彩瓷器，受到欧洲商人的欢迎。刘子棻的《竹林陶说·广窑附广彩》记载说：

  清代中叶，海舶云集，商务繁盛，欧土重华瓷，我商人投其所好，乃于景德镇烧造白瓷，运到粤垣，另雇工匠仿照西洋画法加彩绘，于珠江南岸之河南，开炉烘染，制成彩瓷，然后售之西商。

当时广州加工广彩瓷器的规模相当大。乾隆四十二年（1768），爱尔兰人威廉·希基到广州河南参观时曾做过如下描述：

  我们参观了制瓷的一系列工序，我们看见在一条长走廊中，有一百多人工作。他们正在每一件特殊瓷器上描绘各种花纹，有些部分是由上年纪的人进行的，其他部分由青少年进行，甚至有六七岁的儿童参加。

广彩因瓷器彩绘作坊设在珠江南岸之河南，所以又称为河南彩，嘉庆、道光间最为盛

第七章　传播西方文化

"粤商文化"丛书
粤商好儒

行。十三行行商因业务需要而造就了一批从事西方绘画艺术人才，他们在广州开设画店，从事商业绘画工作。

18世纪中叶至19世纪中叶，在广州出现了一批绘制西画的中国人，他们的作品作为商品卖给了来中国做生意的外国商人和海员，经海上贸易大批流向欧洲，或被收藏或被赠送给亲朋好友，这些画被称为外销画。

外销画对于今人来说，已变成了一个相对陌生的名词。所谓外销画至少具备两个元素：（1）由中国画师绘制而专供输往国外市场，通常是销往欧洲，后也及于美国；（2）在绘制时不同程度地采用西洋绘画的技法。这种外销画既不同于传统的中国画，又不同于地道的西洋画，明显带有中西合璧的特色。

西方传入中国的绘画作品，最早大约要数明代万历年间，由意大利传教士罗明坚和利玛窦先后带到中国的天主像和圣母像。之后，不断有西方传教士携带西画来华，其中有些人因熟练掌握西画技法而进入中国宫廷，成为御用画家。意大利传教士画家郎世宁就特别得到乾隆帝的赏识。

与宫廷西洋画相比，清代广州外销画则是根据民间的商业要求而发展起来的。自乾隆二十二年（1757）开始，作为中国唯一对外开放港口的广州，每年都有大量西方商船停泊在黄浦港，形成了以十三行商馆为中心的外商集中地和贸易区。

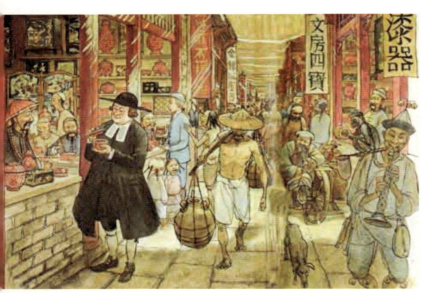

广州街上的中外商人

行商因业务需要而造就了一批从事西方绘画艺术的人才，同时西方绘画的传入也影响另一些人学习西方的绘画艺术，丰富了不同风格的绘画。广州的外销画家通过各种渠道学习西洋绘画，而他们学习的目的主要是为了市场对外销画的需求，也确实出现了不少有名气的外销画家。

早期外销画家中最为出色的画家是史贝霖（Spolilum）。对于这个人物的身份，目前没有一致的说法。流行的观点是，史贝霖就是活动于乾隆、嘉庆年间的南海人关作霖。据宣统《南海县志》记载，嘉庆年间，关作霖少时家贫，"因附海舶，遍游欧美各国，喜其油相传神，从而学习，学成而归，设肆羊城，为人写真，栩栩欲活，见者无不诧叹"。所谓设肆，就是开设专门的书画店，目的是通过"为人写真"，赚取钱财。他的画是典型的欧美油画风格，他也因此成为我国赴欧美学习油画的第一人。

林呱（Lamqua）是广州外销画的最著名画家之一。不过，他到底是谁？至今尚无定论。现今有三种说法，一是关作霖，二是关乔昌，三是关世聪，这三个广州人都是这一时期的著名外销画家。

商货云集的十三行商馆区

从18世纪中期到19世纪中叶，许多职业或业余的西方画家曾到过广州口岸，在广州居留期间，他们创作了不少中国风景和人物的写生作品，不少作品后来直接成为外销画家临摹的对象。关乔昌早年在澳门跟随英国的乔治·钱纳利学画，后在广州开办自己的画室。钱纳利是19世纪在中国华南沿海居留时间最长的西方画家，对广州外销画

影响最大。林呱熟练地掌握了钱纳利的英国风格，他在画室的门牌上写着"林呱，英国和中国的画家"。

在林呱存世的大量作品中，有很多行商肖像和海景、风景画。行商因在与洋人贸易往来中，最早接触、接受了相对于传统中国画更为"存真"的西方绘画。《伍呱像》是由林呱完成的行商伍秉鉴的画像。大行商潘振承曾把自己的画像送给瑞典公司作纪念。

19世纪中叶，是广州外销画的鼎盛期。这一时期，出现了一批著名的外销画家，他们原本的真实姓名已不为人知，他们在创作外销画时一般都使用英文名，如新呱、林呱、庭呱、煜呱等。"呱"是当时的外商，特别是十三行内的洋人称呼外销画家的一种习惯，"呱"也因此逐步发展为画店、作坊的名称。

外销画家们为了使画作能迅速进入流通市场，他们将画店、作坊都设置在离洋人较近的十三行地区的靖远街、同文街，鼎盛时有画工多达两三千人，模仿西方绘画技法、风格，绘制洋味十足的作品，说明外销画已成为很大的赚钱行当。

鸦片战争之后，摄影术传入中国，广州的照相业开始逐步取代外销画家。广州也不再是唯一的外贸港口，外销画家创作也相应地发生了变化。一些外销画家开始在香港或上海开设画店，部分外销画家也开始兼营摄影，还有一些外销画家开始使用新的石印技术，制作流行的仕女月份牌画和商标画。摄影术的引进，意味着广州外销画时代的结束。

2003年，英国维多利亚阿伯特博物院藏的208幅广州外销画，在广州艺术博物院与世人见面，内容反映了广州的制茶、制丝、制瓷、船舶以及各行业的场景，还有各类植物、鸟类、昆虫及乐器等，生动地展现了当时广州社会的风貌。这些精美的画作已由上海古籍出版社公开以《18—19世纪羊城风物：英国维多利亚阿伯特博物院藏广州外销画》出版。

三、百货公司的西式营销

百货公司被公认为是开启中国现代百货行业的金钥匙，最早让中国人真正享受到现代化的购物环境与服务水平，同时领略到全新的生活方式。中国传统商人大多以商号的形式分散经营一种或几种商品，在一个固定的场所经营多种百货商品，则是从广东籍华侨开设的四大百货公司开始。所谓四大百货公司，是指先施、永安、新新、大新等四家百货公司。四大百货公司都是由广东商人所创建，它们共同的发展路径是先从香港开始起步，并逐步向国内投资发展。

最先投资百货商店的是马应彪。1900年，马应彪在香港开办了先施百货公司。先施公司的名称，来源于《中庸》的"先施以诚"，读音来源于英文"sincere"诚实可靠的音译。经过短短几年的经营，先施公司的盈利一路向上攀升。精明的马应彪开始把目光瞄向中国大陆市场，他在大陆选择的第一站是广州。1914年，他在广州长堤大马路建立了先施公司的第一个分行——先施粤行，并附设东亚大酒店，成为国内第一家现代百货公司。先施粤行大获成功，开业三年就盈利两倍。于是，马应彪又在广州十八甫和今中山五路分别开设分行。此时的先施公司已经成为广州市甚至是华南最大的企业之一。

商家以盈利为根本宗旨，马应彪自然也不例外。他在经营广州先施公司期间，就曾采用多种经营技巧，以招揽顾客，赚取利润。他在先施公司的顶楼开设天台游乐场，每晚7点至12点表演各种节目，包括电影、粤剧、杂技、魔术、舞蹈等，并在楼内安装电梯。这些项目在当时非常时髦，对顾客颇具吸引力，获得了丰厚的门票收入。

广州先施公司

为了招徕顾客，扩大零售收入，先施公司利用自身的优越条件，印售大量面额不等的"通天礼券"，顾客可凭礼券的面额，采购自己需要的商品。所谓"通天"，是指可以凭券在上海、香港及广州等地的先施公司任意选购商品。礼券不计利息，不记名，不得挂失，公司只认券而不认人。

第七章　传播西方文化　　187

"粤商文化"丛书

粤商好儒

"一元店""十元店"的营销方式在今天的广州随处可见。事实上，这种薄利多销的促销形式，在近代的先施公司就已出现。当时先施公司在售货场设立"一元商品"专柜，把残次和积压商品搭配成价值一元的商品包，实行一元交易，任人选购。因为价钱便宜，顾客乐于购买，生意颇为兴隆。

公司能否发展，人才是致胜的关键因素。为了留住人才，马应彪可谓绞尽脑汁，其中最为重要的就是用福利的手段吸引人才。先施公司的工资级别分得非常精细，额外福利更是多种多样，有年终双薪，公司如有盈利还要给职工分红，早晚提供免费就餐，每月每人给茶水费一元三角，聘请医师、理发师为职工免费看病、理发。甚至还对优秀员工出让股份，使其成为在职股东，享受公司年终分红。

先施百货公司的成功，大大刺激了广东商人创办新型百货公司的积极性，其他几家百货公司随之产生。

永安公司的创始人为中山人郭乐及其兄弟郭泉。郭乐幼时家境贫寒，1892年前往澳洲谋生，先后做过佣工、小贩和店员。1897年，他与同乡欧阳庆民、梁创、马祖星、彭容坤等集资澳币1400元，盘进一家果栏，改名为永安果栏。郭乐担任果栏的司理，从此开始了经商的生涯。1902年，郭乐又在斐济首都苏瓦埠（今苏瓦纳）开设生安泰果栏，由其弟郭泉主理。

郭乐像

马应彪在香港创办先施百货的消息传开后，郭氏兄弟静观其变了一段时间，认定这是一项有利可图的买卖，也动了去香港开百货公司的念头。这个任务最终落到年轻的郭泉肩上。1907年8月28日，郭泉步马应彪后尘，以16万港币创办香港永安有限公司，涉足百货零售业。相比先施，创业之初的永安颇为简陋，仅一间铺面、20余名员工，除百货外兼营金山庄的各种业务，如办理出国手续、投递信件、汇兑外币等，主要面向来往中国内地、澳洲的华人。

公司开业不久，营业额迅速上升，不但获取了巨额利润，而且在经营管理方面积累了丰富经验。1910年，永安公司在香山石岐设立银业部，专门负责吸收侨汇，为永安公司及其集团的发展获取了大量侨资支持。数年后，郭氏兄弟又将经商目标转向国内商业最发达的城市上海。1913年，郭乐等人正式决定筹建上海永安公司。此时的上海南京路已日渐繁荣，永安公司通过对路南和路北人流量的统计，决定选址路南行人较多的地方。确定地段后，他们订下了为期30年的租地合同。此举遭到当地人的讥笑，说广东人不会做生意，租地30年，地最后还要还回人家，做的是赔本生意。但永安公司对此十分乐观，他们经估算认为，在上海南京路的繁华路段租地30年，可以赚到20吨黄金。在筹备上海永安公司的过程中，特地从香港永安公司调来一批广东籍职工作为班底，这些员工具有浓厚的乡土观念，对公司十分忠诚。为了使这批广东籍员工尽快适应上海市场的需要，公司决策层还聘请了广东籍的老师带领他们学习上海地方语言。上海永安公司开幕时，共有职工350人。永安公司的员工大部分是上海本地人，但高级职员50人绝大部分为广东人，只有6名部长是上海本地人士。由此可见，上海永安公司虽然设在上海，但却是一个以广东人为核心的商业经营集团，实际管理大权一直操纵在以郭氏兄弟为首的郭氏家族手中。

1915年9月5日，上海永安公司在一片锣鼓声中正式开业。从公司开业第一天开始，郭氏兄弟就确定了以"统办环球货品发售，输出中华诸生土产"的经营方针。郭氏家族领导成员长期在海外生活，了解西方的先进管理理念，掌握了西方的现代经营方法。正如郭乐在回忆其经商经历时所说："余旅居雪梨（悉尼）十有余载，觉欧美货物新奇，种类繁多，而外人之经营技术也殊有研究。反观我国当时工业固未萌芽，则（即）商业一途也只小贩方式，默（墨）守陈法，孜孜然博蝇利而自足，既无规模组织，更茫然于商战之形势。余思我国欲于外国人经济侵略之危机中而谋自救，非将外国商业艺术介绍于祖国，以提高国人对商业之认识，急起直追不可。"

永安公司之所以能够在上海能独领风骚，依靠的就是先进的经营理念。公司确立了经营环球百货为主、同时兼营其它附属事业的营业方针，在此方针指引下，永安公司以环球百货为中心，同时兼营旅社、酒楼、游乐场等服务业。在永安百货公司的大楼里，郭乐还创办了大东旅社。大东旅社的规模和设备在上海均属于一流水平，里面设有各种娱乐设施，有力地

带动了百货公司旅游产业的发展。永安公司也因此成为以经营环球百货为主、兼营服务游乐业的综合商业企业。此前上海最大的百货公司是英商惠罗公司和福利公司,先施公司和永安公司创办以后,惠罗公司和福利公司立即沦为二流公司。而相比之下,永安公司在各方面又略胜先施公司一筹,在我国民族百货行业中独占鳌头,颇为国人引以为荣。

20世纪20年代以后,永安公司还进军纺织、保险等多个行业,成为上海滩声名显赫的华人资本集团。至1921年,永安集团在上海拥有多家联号企业,其中永安公司为集团主体,经营业务范围主要是环球百货,同时附设银业部;大东旅社附属于上海永安公司,主要经营范围包括旅馆、酒菜、茶室、弹子房、西菜间、跳舞室、饮冰室等;天韵楼游乐场的主要业务则是游乐场;另在1921年投资600万元(银圆)创办永安纺织印染公司,该公司下设上海永安

香港的永安公司前门

纱厂等五个纺织厂、一个印染厂,主要业务是纺织和印染棉纱棉布。公司经营成效显著,生产规模不断发展,计有纱锭24万枚、布机1500台,资本总额达到3600多万元,成为仅次于申新纺织品公司的上海第二大纺织企业。上海永安公司和上海永安纱厂齐头并进,郭氏的实业集团进入鼎盛发展时期。纱厂负责生产布匹,印染厂负责印染色布,永安公司则负责经销,从而形成了一条自产自销、以国货代替洋货的道路,并逐渐发展成为一个以商业为基础,兼

营工业、金融、服务业等多种行业的资本集团。由此可见，永安公司在上海实行的是跨行业经营，已具有了现代企业的头脑，他们不满足于把利润用于消费和购置地产，而是主要转化为资本，用于扩大经营规模和再生产。

永安的服务业以其高质量的服务和新奇的娱乐方式在一定程度上繁荣了上海滩的生活。以大东旅社为例，不仅供人住宿，还附设大东酒楼、弹子房和酒吧间，供旅客吃喝玩乐。大东酒楼既有中菜，也有西菜，每天有菜单分送各房间，旅客既可在房间里吃，也可在酒楼里吃。大东旅社的经营相当成功，当时上海南京路上的高楼并不多，永安公司屋顶上的"绮云阁"算是最高的建筑，永安利用这一点让游客到"绮云阁"鸟瞰上海全景，在当时对民众颇有吸引力。在天韵楼游乐场内则备有不同的玩具，如西洋镜、打球磅、拳击磅、射枪、弹子房等。这些设施均可供游客玩耍，但要另外收取费用，永安公司得以从中大赚一笔。

此外，永安公司还开设了小吃部和卖各种吃食的摊档，不论吃饭小酌，随心所欲。永安公司将这些摊位交给社会上的小贩经营，自己从中收取高额租金。从其经营效果看，永安公司的管理者确实具有聪慧的商业头脑，并且做到了充分利用每一寸土地获取利润。大东旅社、天韵楼都是以消费为主导经营方向，它们的出现，刺激了上海第三产业的发展，推动了社会生活方式从传统向现代的转变，可谓是广东商人对上海城市发展所做出的重大贡献。

四、中西合璧的建筑文化

明清以来，广东商人通过与海内外商人的贸易交流，从中西文化中获益良多。粤商主持或参与修建的岭南建筑大多杂糅了中西文化的成分。其中最为典型的就是广州十三行商馆。广州十三行外国商馆，俗称"洋馆"，是中国内地出现的第一批"洋楼"，也是近代中西交流的重要场所。十三行商馆的建筑群落也是中西文化交流的成果。在西方人眼中，十三行商馆是中国文化的缩影，但实际上他们的建筑风格并不纯粹，而是中西风格的混合。一方面，洋行公所的建筑宽敞漂亮，从建筑基调看，他们属于西式风格。但另一方面，这些建筑也透着十足的中国味道。1839年9月，英国人博尔热就曾写到，"陌生人一登上广州，就会对夹杂在中国房屋之中的欧洲商馆的建筑所制造的非凡效果感到无比震惊。因此，我首先要描述这个被至高无上的皇帝出让给野蛮人的小小的地盘。……所有的商行都有台阶与河相连，用以装卸货物。……最后一个区是东印度公司的商行，它带有一个由柱子支撑的突出平台，使其他的行都相形见绌，它的确是广州的外国建筑中最漂亮和最有价值的"。这个地盘就是十三

第七章 传播西方文化

"粤商文化"丛书

粤商好儒

十三行商馆区（部分）

行江边的著名一景——夷楼，一家挨一家的外国商馆，一律坐北朝南面向珠江。广州老百姓称之为"夷楼"，又称"鬼子楼"。

对于内地人来讲，广州最吸引他们眼球的地方就是这些成片的洋楼。1782年，有个叫曾七如的山东籍举人路过十三行，并在日记中记录下其参观荷兰馆的印象：洋楼前悬挂着荷兰旗，守门的洋人长着深蓝的眼睛，卷曲的头发，屋里地面上是猩红色的地毯，天花板上悬吊着水晶灯，可以贮火50盏。这一切让他大开眼界，禁不住赞叹异国风情。如果静下心来仔细观察，人们也不难发现，欧式商馆里也到处弥漫着中国风情，比如商馆多是灰瓦灰墙，这是典型的中国式建筑特点。1814年法国人伊凡一行进入广州考察，也住进了十三行商馆。在伊凡的眼中，这些楼房像是一座迷人的宫殿，欧式的屋顶有着宽阔的露台，上面铺着花岗岩，阳光照射过来，就像点缀着一颗颗熠熠闪光的钻石。但所有房间的装饰都体现了欧洲奢华与中国典雅艺术的融合，有华丽的

广州西关外国商馆区

镜子、英法式的钟表,以及本地出产的玩具和象牙饰品。当然,中西合璧的建筑风格在瑞典商馆得到了最为充分的体现。

十三行广场上的外国商馆多以"馆"命名,比如著名的英国馆、美国馆、荷兰馆等,但瑞典商馆不以馆命名,却模仿中国商家的"行"而称为"瑞行"。瑞行后半部分建筑属于西式风格,但头进大屋和前部分门楼却呈现出中国风格,屋檐飞檐斗拱,屋顶琉璃瓦铺盖。更为有趣的是,瑞典馆的门上挂着招牌,上书"Sui Hong",虽是西文,但这个西文却是广州话"瑞行"的拼音。这些商馆的设计者多为洋人,而建造者则多是中国人。按照当时的规定,中国政府不许外国人在这里盖房子,这些商馆都是十三行商人的资产。通过建造功能齐全的商馆,投洋人所好,是广东商人招揽外商的一种有效手段。当然,经营中西贸易的粤商家中也呈现出中西合璧的特点。1793年12月19日,访华的英国马嘎尔尼使团从北京南下到达广州,据副使斯当东的回忆录记

"粤商文化"丛书
粤商好儒

载,"使节团被招待住在西岸馆舍,共有庭院若干进,非常宽敞方便。其中有些房间陈设成英国式样,有玻璃窗及壁炉"。

鸦片战争后,广州出现了一批现代商业、海关、金融、邮局等西式大型公共建筑。这些建筑采用当时先进的钢筋混凝土或工字钢建筑材料,外表颇具西洋风格。在广州等地还出现了教堂、教会学校、医院以及洋楼别墅,仅广州一地在1731年以前就有天主教堂7间,鸦片战争至1935年有天主教堂12间;从1846年至1911年,建基督教堂16间。这些教堂充分展现了西方建筑风格。如1888年建成的广州天主教石室圣心堂,是全国唯一纯花岗石结构的"哥特式"教堂建筑,体现了典型的法国哥特式建筑风格,建筑格局基本上是法国巴黎圣母院的移植,由于建造年代比巴黎圣母院晚700多年,它进一步综合和集成了其他欧洲哥特式教堂的艺术成就,造型艺术更为高超、结构更为精细,在艺术和技术上更趋成熟。

西方建筑风格通过商馆、教堂等传入中国,对官方建筑、民间住宅、工厂以及商业建筑均产生了显著影响。如晚清广州陈家祠深受西方建筑风格的影响,大量采用铁铸饰件,在主体建筑聚贤堂前的露台石雕栏杆中嵌有大小16块铸铁饰件,在后进的连廊共有32根铸铁廊柱。这些铁铸饰件铸工精湛,使连廊显得轻巧通透。清末所建的广东咨议局大楼也是中西合璧,议事厅为西方古典建筑风格外,其余建筑均为中国传统建筑风格。

此外,广州沙面集中了数以百计的各类西方建筑,包括领事馆、银行、洋行、教堂和学校等,这些建筑总体以英式和法式为主,并有哥特式、新古典式、新巴洛克式等。他们的建筑风格各异,体现西方各国多种建筑风情,有"西方古典建筑的巨型博物馆"之称。

清代广州富商园林,也采用了西方装饰。《法兰西公报》1860年4月11日登载的寄自广州的信,记述了法国人参观的广州某富商宅园,地板是大理石的,房子里也装饰着大理石的圆柱,极高大的镜子、名贵木料做的家具漆着日本油漆,天鹅绒或丝质的地毯装点着一个个房间,镶着宝石的枝形吊灯从天花板上垂下来。美国商人亨特在《旧中国杂记》一书中就记述了十三行潘家位于广州泮塘的园林式豪宅"海山仙馆",整个园林由两三米高的砖墙围着,大门是用泰国进口的柚木制作的,非常厚重。园林内分布着各自独立的别墅,弯弯的屋顶,上面屋脊中央雕刻着一个大大的球形或兽形的东西,看上去很醒目。房子周围有宽阔的游廊,隔离房间的间壁多用镂花木雕,雕刻着花鸟或乐器。房中摆放着一些古代的青铜器、香炉、瓷花瓶,案台上则陈设着古铜镜,有圆形、方形和刀形以及古代兵器等。海山仙官的具体位置在何处,今人已无法知晓确切的信息。据广州地方史专家考证,其范围大致在现今的荔湾湖公园一带，南至蓬莱路，北至泮塘，东至龙津西路，西至珠江边。馆园是一座集居住、游玩、休憩、聚宴、接待和收藏于一体的艺术园林建筑，园内的建筑格局不但有东方式的古典富丽，也有极其华贵的西洋装饰品，所以有"一草一木，备尽华夷所有"的说法。广州富商家居也多采用西方装饰。

除广州外，湛江成为法租界的广州湾，开埠城市汕头、海口也出现了西式建筑，全省各地都有外国传教士兴建的教堂及附属建筑。这些地区也有许多商人修建的中西合璧建筑。如梅县联芳楼为民国初年印尼华侨商人回国后所建，正面为西方古典式样，双柱式门楣，后部是传统的客家围屋。澄海陈慈黉宅第，各院落组群中间为传统的平房，四周是二层洋楼，屋檐、斗拱、门窗装饰有各式嵌瓷样式，图纹杂有西式风格。清代粤东私家园林，师法江南园林的小巧玲珑，善于叠山理水，同时也在许多方面模仿西方建筑形式。潮阳西园居住部分为两层混凝土楼房，楼梯以天顶采光，正面置多立克叠柱和瓷瓶式栏杆，假山中设有螺旋梯，上至洋式凉亭，下连水池中的水晶宫，透过玻璃窗仰望园景。

在西方建筑风格的影响下，近代广东建筑更多地体现中西合璧的特点。各处的私家园林在效法江南园林的小巧玲珑、叠山理水的同时，更吸取了西方建筑的长处，颇具文化内涵。夏威夷商人陈芳回国后，在家乡珠海梅溪建起了岭南风格与夏威夷风格合璧的大宅。罗马拱门，云石地板构成的舞厅和夏威夷式游廊，文艺复兴式的窗棂，彩色

海山仙馆一角

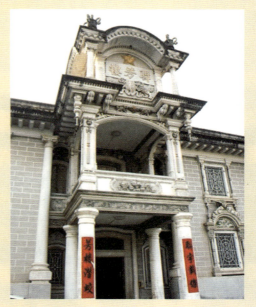

梅县联芳楼

"粤商文化"丛书
粤商好儒

玻璃，百叶窗，上下拉合的窗式，室内的旋转式楼梯以及电灯、自来水与古老的岭南趟栊门相辉映。陈芳还从美国运来夏威夷火山灰砖和所需的五金件。他喜爱中国雕刻，连接舞厅的花厅几乎无处不雕花，无处不镂刻。屋外则以细腻的巴洛克浮雕和中国砖雕装饰。梅溪陈家大宅花了6年的时间才完成，占地面积6300多平方米。这座中西合璧的私人庭院式建筑，现已经列为国家级重点文物保护单位。

珠海市陈芳故居舞厅

清末开始流行于广东城镇的骑楼，也是中西合璧的产物。骑楼既适应广东潮湿多雨、商业楼宇密集等特点，又借鉴西方建筑技术。一般高3层左右，楼上住人，楼下做商铺，其跨出街面的骑楼，既扩大居住面积，又遮挡雨水和阳光，保障顾客自由选购商品。在建筑风格上，骑楼保留了栏杆式建筑上实下虚的痕迹，多以青砖或红砖砌墙，正门以麻石砌筑，柱式和临街一面又引进西式券廊和石柱，有"洋式店面"之称。它不拘一格地采用中西拼合的装饰手法，诸如套色玻璃、卷铁窗花、瓶式栏杆、拱形门窗、几何形水池等，在岭南城镇曾经风靡一时，成为近代广东建筑不可缺少的组成部分。

20世纪30年代广州太平南路骑楼建筑

在侨乡，不少华侨回乡建屋，所建民居也具有侨居国的建筑特点。如建于1892年的孙中山故居即呈现中西结合的风格。广东开平地区是我国著名的侨乡，华侨中不乏众多的商人。开平建筑最令人关注的就是碉楼，这是融中西建筑艺术于一体的华侨乡土建筑群体。清末和民国年间，生活在世界各地的开平华侨回到家乡，按照所在国的建筑式样建造碉楼，现存1800多座，其建筑风格既有中国传统的硬山顶式、悬山顶式，也有国外不同时期的建筑形式和风格，如希腊式、罗马式、拜占庭式、巴洛克式等，千姿百态，异彩纷呈。

中西合璧的开平侨乡碉楼

20世纪初，五邑华侨回乡还建造了大量的侨墟，分布在今台山各镇村，建筑风格大多以骑楼及中西合璧为主，每处侨墟都是碉楼、洋楼、墟市并存，是对外贸易和地方集市的基地。

明清以来，粤商以广东本土为大本营，积极开拓国内市场，足迹踏遍大江南北。广东商人在外地的活动几乎都围绕着广东会馆展开，因此，他们对会馆建筑十分讲究。各地粤商会馆几乎都十分注意建筑材料的来源，许多建筑材料都是从家乡运进。这一场景

台山侨墟一瞥

使人很容易联想到影视剧中，老华侨回国探亲，包裹家乡的土壤带回国外的情景，这就是故土的凝聚力量。通过兴建会馆等途径，广东商人对会馆所在地的省区建筑文化也产生了影响。如1903年，天津的广东会馆在广东籍人士唐绍仪、梁炎卿等人倡议下筹建。1907年落成，整个工程

"粤商文化"丛书
粤商好儒

设计完全凸现岭南特色，展现了浓郁的南国乡情。会馆建筑"所有砖瓦木料，多自粤购来"。梁炎卿以怡和洋行买办的身份，资助从广东运送建筑材料到天津。会馆建成后，受到当地商民的好评，对当地建筑风格产生了影响。

晚清以来，安徽芜湖成为长江沿线的重要米粮贸易基地。广东商人旅居芜湖者，"以米业为大宗，皆拥厚资而来，起居颇为阔绰"。他们在芜湖也以"最笃乡谊"而引人注目。据1890年正月二十日《字林沪报》报道，随着粤商在芜湖"生意日盛"，他们决定建立一个联谊聚会议事的场所，这个场所就是广东公所，其实也就是会馆。芜湖的广东会馆建筑材料以及会馆内的装饰物，也大多从故土运来，所有铺陈各件，皆自粤省办来，五光十色，令人目不暇接。正因为如此，广东公所建成后，在芜湖成为标志性的建筑，"美轮美奂，金彩辉煌"。广东公所的建筑雄伟壮观，引起了当地官府的格外关注，每年新春之际，广东商人都会在公所内举办团拜活动，除了在芜湖的广东"同乡官商"一定会出席外，设在芜湖的盐务总办、洋务局委员、海关大员等，均在大年初二日午刻齐集公所，参加团拜活动，"各字号绅商，皆乘兴而来"。官商济济一堂，借助团拜宴会联谊，"入席畅饮，尽欢而散"。公所能邀请到当地官员捧场，说明广东商人在芜湖米市中有相当大的号召力。

江西的鄱阳湖是广东商人由梅岭古道贩运货物进入长江的必经水上航线，因此，鄱阳湖周边的码头也就成了粤商的重要落脚点。号称明清"江西四大镇"之一的吴城镇，就位于鄱阳湖沿岸，各地商帮云集吴城镇，建立了许多商业会馆，其中就有广东会馆和潮州会馆。广东商帮在吴城镇建立会馆时，由于粤商在当地经营有方，吴城镇地方乡绅的商业活动可能受到影响，因此他们禁止粤商动用当地的一砖一瓦来建立会馆。其实，粤商原本也没有打算用当地建材。粤商当时运往江西的货物主要以糖货为主，他们众志成城，在运往江西的糖船中，大家在每袋糖包中都夹带一块砖瓦，仅用了一两年时间，一座规模宽敞的广东会馆就屹立在吴城镇的繁华街道上。

我们不能肯定各地的广东会馆建材全部是从广东运去的，但是，至少粤商在外地建立广东会馆时，主要建筑材料都会从故土运来。不管这一行为是主动还是被动，其对粤商产生的凝聚力十分明显。因为船只运输货物有固定的载重量，而建筑材料往往十分沉重，这样就会减少船只的货物装载量，但运输成本却没有变，利润自然就会降低。粤商义无反顾地承担了这种损失，除了说明粤人有雄厚的经济实力，还充分凸现了粤商精诚团结的一面。用广东材料，建筑具有岭南特色的会馆，促进当地建筑风格的多样化，加速了岭南建筑文化在这些地区的发展与传播。

五、模仿西方军事科技

鸦片战争作为中国近代史的开端,最先从广东爆发。而中国在战争中的惨败,粤商在自家门口看得清清楚楚,心灵受到的刺痛也最为强烈。

1839年,林则徐奉旨从京城匆忙赶到广州,此行目的就是查禁鸦片。他在广东调研后发现,当时英国战船体积至大,其中大三板船可载人六七十名,小三板船或二三十名或四五十名不等。另外,逐层有炮百余位,亦逐层居人,又各开有窗扇,平时借以眺远,行军即为炮眼,其每层前后,又各设有大炮,约重七八千斤,炮位之下,设有石磨盘,只需转移磨盘,炮即随其方向。其次则中分两层,炮亦不少。船体全部采用木板,以铜钉合而成,内外夹以厚板,船身船底包裹铜片,非常坚固耐用。

面对如此强大的船只,只靠中国传统的长矛、大刀,根本无法与英人相抗衡,要想在战争中取胜,就必须"以毒攻毒"。用当时官绅之间流行的话语就是"师夷长技以制夷"。他于是开始购置、仿制西洋武器,而粤商的合作和参与,是他购买、制造武器的一支最重要的力量。出于备战的需要,林则徐下令购买一批外国船舶并仿造西方夹板船,以抗击英军入侵。

十三行行商们用实际行动加速了中国仿制欧美船只和水雷等的速度,也算是积极响应了林则徐的号召,这也表明林则徐在广东奉命查禁鸦片得到多数行商的积极支持。虽然林则徐在第二年便被道光皇帝撤职,但一些行商还是继续捐赀制造洋枪、洋火药和修建炮台,特别是看到英国侵略军船坚炮利和可能受到林则徐仿造夹板船的启示,他们更重视购买、仿制英美兵船和仿制破坏兵船的水雷,冀图改变广东水师的装备,增强与侵略者的作战能力。据历史文献记载:"洋商伍敦元购买美利坚夷船一只,潘绍光购买吕宋夷船一只,驾驶灵便。"这两艘似均为夹板船。这是我国最早购买和仿制外国夹板船的一大创举,且能仿照西方国家的兵船,自行绘制图样。特别值得指出的是,在一些行商购买、仿制夹板船的同时,行商潘世荣已在"雇觅夷匠"仿制火轮船(即蒸汽轮船)。

红顶商人潘仕成独立捐资仿效外国战船加以制造。他是盐茶富商,也有人说他出身行商。反正他和同文行潘家同族,这是大家公认的事实。鸦片战争之后,十三行的洋商们在中英交战中元气大伤,日子并不好过。他另辟蹊径,不仅继续从事商业活动,而且和林则徐团结一心,承办海防和战船,帮办当时夷务,屡屡受到朝廷的嘉奖。

1841年初,英军攻破虎门,广州垂危,潘仕成受林则徐之托,出资雇募300名海防

第七章 传播西方文化

"粤商文化"丛书
粤商好儒

兵勇，保卫广州城安全。他因在"剿办广东夷匪"中出力最大，受到朝廷赏给花翎顶戴的荣誉。

盐商潘仕成是出资出力最多的商人，他意识到"要制敌必制其炮，要制其炮必先制其船"，于是自己花钱寻找良匠，让他们仿照美国战船的样式，自行监制打造战船一只，为保证船只的坚固，船底船身都用铜铁包裹。据文献记载，潘仕成"自觅良匠，照战船之式，加倍工料，自行监制战船一只，船底船身，用铜铁包裹，布列炮眼，作为样式，以期坚固"。道光皇帝一方面命两广总督祁贡等将此船拨归水师旗营，广州靖逆将军奕山立即将这艘海船，调拨给水师营官兵在珠江白鹅潭驾驶操练，演放大炮。1842年，潘仕成又造成新船一只，"捐造之船，极其坚实"。同时，还有两只战船正在建造之中。道光皇帝对潘仕成捐资造船的爱国举动十分赞赏，指示地方大员，如果潘仕成制造的战船能用的话，以后所有战船的制造，均交广东省制造，然后分运各省军营，而且所有战船的制造全由潘仕成一手经理，"断不许令官吏涉手，仍致草率偷减"。并规定造船"所需工价，准其官为给发"。对于一个商人来说，皇帝的这种信任可谓是无上的光荣。这一年，潘仕成捐银造船、制炮、练勇，合计费用至少在3万两以上。

潘仕成在制造战船的同时，道光二十二年（1842）10月，潘仕成又不惜重赀雇请美国海军军官壬雷斯做技术顾问，在广州一处僻静的寺观秘密配制火药，制造新式攻击战船的水雷；经过9个月的实验，终于在道光二十三年（1843），水雷制造成功，广东地方大员一起参观了在珠江河面的多次演试，水雷爆炸时，轰起水高两丈有余，即使是坚重木排，也能被轰断炸碎，水雷具有巨大的破坏威力。

新式水雷制造成功后，潘仕成因在广东督造战船，不能亲身进京，他派李光铨将制造水雷的过程缮绘成《水雷图说》一册，总结制造水雷的技术与经验，并将造好的20颗水雷、火药400斤，由李光铨护送到北京恭候御览。这些水雷送到北京后，清廷派人运到天津，交给官兵选择在水深宽敞之处试演，再次展现出巨大的轰击力量。因直隶总督讷尔经额认为没有人能将水雷送入船底，水雷难以正式投入生产和使用，水雷制造技术的推广才暂时搁置。

道光二十四年（1844），潘仕成参照外国战船样式制造的四艘战船全部竣工，共计花费了7.6万两银子，又仿照美国兵船式样制造成一只大号战船，花费工料银4.3余两，并捐助其他军需银8万两。

潘仕成只是鸦片战争期间众多捐资助战粤商中的一个代表。其实，广东商人捐资爱国的行为，早在道光十五年（1835）时，广东水师提督关天培拟在虎门要塞添铸大炮40门，增修炮台和铸造炮子，共需银5.2万两，就由十三行的行商认捐。

鸦片战争后，大部分的广东商人都在纷乱动荡的年代做出了理智的选择，心中装着"天下兴亡，匹夫有责"的理念，积极捐输报效，襄办夷务。粤商出资仿制西方舰船和先进武器的实践，是对"师夷之长技以制夷"舆论的积极响应。

十三行行商购买和仿制外国夹板船，开创了我国购买和仿制外国夹板船的先河。粤商购买和仿造外国船舶和水雷的创举，对于增加广东水师的战斗能力、加固海防具有积极意义。正如魏源所言："或仿粤中所造西洋水雷，黑夜泅送船底，出其不意，一举而轰击之。"鸦片战争期间，广东十三行行商仿制西方轮船和水雷的实践探索，构成了魏源"师夷之长技以制夷"著名理论的基石，影响极为深远。

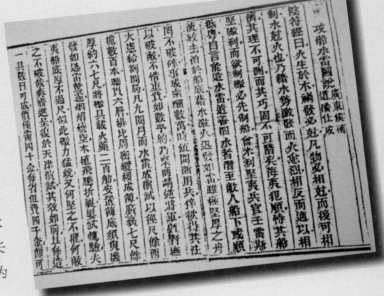

潘仕成《攻船水雷图说》影印

综上所述，广东商人注重引进和学习西方先进的教育、科学和文化知识，对于丰富岭南文化的内容、促进岭南文化的近代转型具有重要推进作用；粤商是西学东渐的桥梁与媒介，在西方军事技术的引进方面立下了汗马功劳，成绩卓著，功不可没。

主要参考书目

1. 汪敬虞. 唐廷枢研究. 北京：中国社会科学出版社，1983。

2. 夏东元. 郑观应集. 上海：上海人民出版社，1982。

3. 徐润. 徐愚斋自叙年谱. 台北：台湾食货出版社，1977。

4. 吴建新. 陈启沅. 广州：广东人民出版社，2012。

5. 黄启臣. 广东海上丝绸之路史. 广州：广东经济出版社，2003。

6. 潘刚儿，黄启臣，陈国栋. 潘同文（孚）行. 广州：华南理工大学出版社，2006。

7. 黄启臣，梁承邺. 梁经国天宝行史迹. 广州：广东高等教育出版社，2003。

8. 山东商报社. 鲁商：山东商帮财富之道. 太原：山西人民出版社，2011。

9. 房学嘉等. 张弼士为商之道研究. 广州：华南理工大学出版社，2012。

10. 香港大学冯平山图书馆. 香港大学冯平山图书馆金禧纪念论文集：1932-1982. 香港：香港大学冯平山图书馆出版，1982。

11. 金炳亮. 文化奇人王云五. 广州：广东人民出版社，2006。

12. 上海社会科学院经济研究所. 上海永安公司的产生、发展与改造. 上海：上海人民出版社，1981。

13. 郭绪印. 老上海的同乡团体. 上海：文汇出版社，2003。

14. 宋钻友. 广东人在上海 1843-1949. 上海：上海人民出版社，2007。

15. 周晓. 潮人先辈在上海. 香港：香港艺苑出版社，2001。

16. 刘正刚. 话说粤商. 北京：中国工商联合出版社，2008。

17. 刘正刚. 广东会馆论稿. 上海：上海古籍出版社，2006。

18. 邱捷. 晚清民国初年广东的士绅与商人. 桂林：广西师范大学出版社，2012。

19. 程美宝. 把世界带进中国：从澳门出发的中国近代史. 北京：社会科学文献出版社，2013。

20. 梁碧莹. 近代中美文化交流研究. 广州：中山大学出版社，2009。

21. 梁嘉彬. 广东十三行考. 广州：广东人民出版社，1999。

22. （美）郝延平著. 李荣昌译. 十九世纪的中国买办：东西间桥梁. 上海：上海社会科学院出版社，1988。

23. 上海市档案馆，中山市社科. 近代中国百货业先驱. 上海：上海书店，2010。

24. 李昭醇，倪俊明. 广东百年图录. 广州：广东教育出版社，2002。

25. 罗雨林. 荔湾明珠. 北京：中国文联出版公司，1998。

26. 广州博物馆. 海贸遗珍. 上海：上海古籍出版社，2005。

27. 广州近代史博物馆. 近代广州. 北京：中华书局，2003。

后 记

2008年，我应中国工商联合出版社寿乐英老师的邀请，参加了她策划的《中国传统商人营销策略丛书》，撰写了一部普及本的《话说粤商》。由于寿老师的营销策略好，这本书的销路还算不错，许多相识或未曾谋面的人，因为某种机缘看到过这本书，给了我不少鼓励。

现在摆在读者面者的《粤商好儒》，就是因为《话说粤商》这本书流传的缘故，所以被一些专家、出版社看中，于是中山大学出版社在决定出版"粤商文化"丛书时，有人不断敦促我加盟，我也就稀里糊涂上了船。我在正常的教学与科研工作之余，根据以往的工作经验，带着研究生们查阅资料，然后在电脑面前将一些想法敲入。这期间，中山大学出版社李文老师不时来电话催促，但我的进度一直缓慢，直到春季后才完成文字稿。这本书的读者群是面向社会大众，为了增加可读性，出版社要求所有论著做到图文并茂，我花费周折，也最终将图片补齐。感谢我的硕士生黄建华同学，他毕业后进入广州近代史博物馆工作，他的工作性质为我查找图片资料提供了极大便利。

其实，在学术层面上要想将粤商研究再深入已很难，因为粤商研究自20世纪初以来一直是学者关注的对象，至少我们已很难完成像梁嘉彬先生《广东十三行考》那样的专著。再以后，我的硕士导师黄启臣教授也长期从事粤商研究，出版了多部研究粤商专著。因而在当下没有新史料发现的情况下，有关这一领域的研究几乎无法超越前人，至少对我而言如此。但从学术层面难以对粤商深入研究，并不代表不能另辟蹊径，寻求突破。正是在这样的心态下，我尝试在别人已有的基础上，将原本为象牙塔中的高深学术成果转化为面向社会大众的通俗读本，进而向社会广泛传播粤商文化。这对广东建设文化强省和国家提出的文化强国战略，应该是一件有意义的事。这是我最终接受这部书稿撰写的重要因素之一。

广东在历史上就被中原仕宦认为是荒蛮烟瘴之地，不仅经济落后，而且文化发展也无法与中原相比，唐宋时期一直是朝廷流放被贬谪官员的地方。改革开放以后，广东的经济发展得益于国家特殊政策，一直走在全国前列。广东人富裕起来了，但却仍被外地人视为文化沙漠。因此之故，作为一名历史工作者有责任尝试从历史的视角，发掘明代粤商崛起以来，广东商人在大力发展经济、推动中国近代化的同时，又关注精神产品生产、投资文化建设的事实，率先将西方先进的、现代化的新式文化输送到社会大众中，亮出"粤商好儒"的特质。这不仅充分展示了广东商人是我国文化建设的传播者，而且也为当下粤商关注文化事业提供历史的借鉴。这是我愿意接受本书的另一个重要因素。

  这本书能够完成，要感谢的人很多。首先要感谢我指导的在读研究生们，他们帮我查阅资料，草拟初稿，为此付出了劳动！其次要感谢广东外语外贸大学的申明浩教授、广州大学的冷东教授和中山大学出版社的李文三任，还要感谢中山大学历史系的黄国信教授，他们或鼓动我加盟粤商文化研究队伍，或给我在精神或学术上指导！暨南大学法学院乔素玲教授参与了部分章节的撰写，谨此表示感谢！书中某些内容、图片的来源除了参考书目所列外，还有少数来自网络。在此向网络上不知名的学人致谢！

刘正刚
2015 年 10 月 30 日于暨南大学文学院西 306 室